# 古代歷史文化研究輯刊

## 二十編

王明蓀 主編

## 第 5 冊

### 先秦文獻中的「古帝」傳說研究
#### ——「託古」範式下的諸子政治思想演變（上）

孔祥來 著

國家圖書館出版品預行編目資料

先秦文獻中的「古帝」傳說研究——「託古」範式下的諸子政
治思想演變（上）／孔祥來 著 — 初版 — 新北市：花木蘭文
化事業有限公司，2018〔民 107〕
目 2+158 面；19×26 公分
（古代歷史文化研究輯刊 二十編；第 5 冊）
ISBN 978-986-485-537-7（精裝）
1. 中國政治思想
618                                                    107011985

ISBN-978-986-485-537-7

古代歷史文化研究輯刊
二十編　第五冊　　　　　　　　ISBN：978-986-485-537-7

# 先秦文獻中的「古帝」傳說研究
## ——「託古」範式下的諸子政治思想演變（上）

作　　者　孔祥來
主　　編　王明蓀
總 編 輯　杜潔祥
副總編輯　楊嘉樂
編　　輯　許郁翎、王筑　美術編輯　陳逸婷
出　　版　花木蘭文化事業有限公司
發 行 人　高小娟
聯絡地址　235 新北市中和區中安街七二號十三樓
　　　　　電話：02-2923-1455／傳真：02-2923-1452
網　　址　http://www.huamulan.tw 信箱 hml810518@gmail.com
印　　刷　普羅文化出版廣告事業
初　　版　2018 年 9 月
全書字數　275812 字
定　　價　二十編 25 冊（精裝）台幣 66,000 元　　　版權所有·請勿翻印

# 先秦文獻中的「古帝」傳說研究
## ——「託古」範式下的諸子政治思想演變（上）

孔祥來　著

## 作者簡介

孔祥來（1978 年～），男，山東曹縣人，現任浙江科技學院經濟與管理學院講師。浙江大學歷史學博士，主要研究先秦儒學、先秦思想史。曾發表學術論文《民國初年的省制改革》、《田齊「高祖黃帝」考論》、《先秦文獻中的「五帝說」說新考》、《孔子「祖述堯舜」探微》等，參加點校《越絕書》、《和靖尹先生文集》，主編《杜維明思想學術文選》，擔任 2017 年「中國社會科學詞條庫（經濟學）」項目中國經濟思想史分支撰稿人編撰「中國古代功利思想」、「義利論」等詞條。近兩年正主持課題「戰國治道演變的思想史研究」和「《尚書》詮釋的漢宋之變──孔傳與蔡傳的比較研究」。

## 提　　要

　　長期以來，學術界多致力於考辨先秦文獻中「古帝」傳說的真偽，以探求遠古的史影，而事實上先秦學者依託附會「古帝」傳說主要在於闡發自己的政治思想主張，所以那些「古帝」傳說的政治思想內涵才是它們最寶貴的價值。研究先秦文獻中「古帝」傳說的政治思想意涵及其演變，是一個新的課題。

　　筆者根據對目前可見之傳世與出土先秦文獻的全面考察，發現黃帝、顓頊、帝嚳、堯、舜組成的「五帝」系統在先秦文獻中有著廣泛的共識性，其中又以黃帝、堯、舜傳說有著更為深刻的影響，而常常為先秦學者稱述依託以闡發思想治道。所以，本文最終確定黃帝、堯、舜的傳說為研究的具體對象。

　　春秋之末，禮崩樂壞，孔子「憲章文武」欲再造「東周」而不遇於諸侯，乃更於「道」的層面「祖述堯舜」。孔子「祖述堯舜」就是要傳承堯舜相授受的那個「允執其中」之道，這個「道」須在脩身齊家治國平天下中去實踐。堯舜身脩家齊國治，平天下惟在於「知人」「安民」，「知人」亦所以「安民」。經孔子的表彰，堯舜「政治」成為儒家王道政治的最高典範，戰國諸子或臧或否，鮮有不稱述以資議論者。

　　到了戰國前中期之際，三晉與田齊既篡，進而又有諸侯稱王，爭霸爭王的戰爭更為激烈。一些學者目睹諸侯養賢以資征伐的亂局，尋求改良現實政治而有堯舜「禪讓」傳說之鼓吹，還出現了「禪讓說」的理論闡釋，設想天下國家傳賢以致政治清明。只是戰國之世畢竟已不具備「禪讓」政治的條件，僅有的禪讓實踐導致了慘烈的後果，引起政治上的警惕和學術上的批判，「禪讓說」消沉下去，惟於一些學者的記憶中保留著一絲憧憬。

　　戰國中期之際，齊威王即位之初即立下「侉嗣桓文，高祖黃帝」的國策，欲以征伐霸諸侯王天下。黃帝傳說因而興起，儘管稷下學者囿於田齊的明確目標未對黃帝傳說有太多的發揮，但戰國後期的學者越來越多地依託附會黃帝傳說闡發治道，卻遠遠超出了田齊「高祖」的旨意，漸形成了所謂的「黃帝之學」。「黃帝之學」以「無為」為旨歸而雜合諸子百家，闡發「帝道」的思想，欲為將要形成的帝業提供思想上的指導。

　　由孔子「祖述堯舜」到一些學者鼓吹堯舜「禪讓」，再到「黃帝之學」的出現，重要的不是它們之間存在著思想理路上的內在邏輯，而在於它們皆蘊含著不同歷史時期的學者改良現實政治的努力與理想，反映著春秋以至戰國時期諸侯由爭霸而爭王而爭帝的政治發展。

# 目次

# 凡　例

一、本文的寫作嚴格遵循《浙江大學研究生學位論文編寫規則》和《浙江大學人文學科類研究生論文寫作格式》的規定。

二、本文的主要參考文獻皆是先秦兩漢古籍，文中更是涉及許多文字訓詁和字義辨析，爲了行文的需要，根據《浙江大學人文學科類研究生論文寫作格式》的規定，採用了規範正體字書寫。

三、本文述及古人一般用通稱，曰「某子」、「某氏」，或稱其字號；述及近現代學者則一般稱爲「某某先生」；惟不知其具體身份者，徑稱姓名。

四、文中稱引先秦兩漢傳世古籍，徑於引文後（　）注明書名及篇章卷次，相關古籍的版本信息詳列於「參考文獻」。具體來說：「十三經」中除《論語》、《大學》、《中庸》、《孟子》外皆用阮元校刻《十三經注疏》本，《論語》、《大學》、《中庸》、《孟子》用朱熹《四書章句集注》本，《大戴禮記》用王聘珍《大戴禮記解詁》本，諸子著述皆用中華書局《新編諸子集成》本，《國語》用徐元誥《國語集解》本，《逸周書》用朱右曾《逸周書集訓校釋》本，《戰國策》用范祥雍《戰國策箋證》本，《山海經》用郝懿行《山海經箋證》本，《楚辭》用洪興祖《楚辭補注》本，《史記》、《漢書》用中華書局標點本，等等。

五、對於先秦文獻形成年代的說明見附錄一，本文所用先秦紀年見附錄二。

六、本文所參考的刻本古籍皆是「中國基本古籍庫」圖像版，特別於此一併說明，不再於腳注或「參考文獻」中重複這一信息。

七、「參考文獻」中的「古代文獻」，參考《四庫全書總目》分爲經、史、子、集四個部分，其中經部的文獻依據《四庫》經部的分類排列，子、史、集部分的文獻則徑按大致的形成年代排列，惟將子部那些真僞尚存疑的先秦文獻姑皆臚列於戰國之末。

# 緒　論

## 一、研究對象與問題

　　先秦，一般指秦統一六國之前、即公元前 221 年之前的歷史時期。本文研究的時代範圍限定於秦統一之前，所以基本史料也以秦朝爲斷。但根據傳世與出土先秦文獻稱述依託「古帝」傳說以議論立說的情況來看，本文的研究主要是涉及西周、春秋與戰國三個時期。

　　本文的研究對象是先秦文獻中的「古帝」傳說，即先秦文獻中任何有關「古帝」的記載，不過不是要去考辨那些記載中的「古帝」言語行事是眞是僞，而是要探討它們的政治思想意涵。「思想研究貴乎闡明此一言說或文字所欲傳達的思想之眞意與精神，至於此一言說或文字所言之事是否爲眞與此思想之成立與否，並無關係。思想史研究並非不求眞，只是它所追求與看重的是『思想的眞』而不必是『歷史的眞』。」〔註1〕所論正是思想史研究之眞諦，本文之從思想史的視角研究先秦文獻中的「古帝」傳說，所貴者亦是「古帝」傳說中所蘊涵的「思想之眞意與精神」，所追求者亦是「『思想的眞』而不必是『歷史的眞』」，當然也會關照它們在不同時期的一個演變，但與「古帝」傳說中有多少遠古的史影或是否存在遠古的史影並無直接關係。

　　言及「古帝」，可能人們首先想到的便是黃帝、顓頊、帝嚳、堯、舜等五帝傳說，其實本文的研究對象也最終落實於黃帝、堯、舜。但筆者並沒有使

〔註 1〕　阮芝生：《論禪讓與讓國──歷史與思想的再考察》，《中央研究院第二屆國際漢學會議論文集：歷史與考古組（上冊）》，臺北：中央研究院，1989 年 6 月，第 486 頁。

用「五帝」一語，而是用了「古帝」，不僅是因爲文獻中有關「五帝」的系統不一，更是因爲先秦文獻所稱述之「帝」亦非以「五」爲限。

## 二、研究意義與目的

先秦文獻中存在著黃帝、堯、舜等許多「古帝」的傳說，它們往往並非是專門作爲「古史」被記述下來，而只是古人議論說理所稱述或依託。這種現象實際上反映了先秦人的一種獨特創作範式，一種獨特歷史心理。孔子曰：「我欲載之空言，不如見之於行事之深切著明也。」（《史記・太史公自序》）《禮記》云：「必則古昔，稱先王。」（《曲禮上》）《莊子》云：「古之人其備乎！」（《天下》）所以，立論說理必須稱述依託古人古事，借助於古帝先王和古代聖賢的名號便能增加說服力，越古越具有說服力。《淮南子》云：「世俗之人，多尊古而賤今，故爲道者必託之於神農、黃帝而後能入說。亂世闇主，高遠其所從來，因而貴之。」（《脩務訓》）必託於古昔然後能入說，以致到了戰國之世，諸子爲了宣揚自己的思想主張，不惜杜撰附會起古帝先王的傳說來了。

先秦學者固非不知道那些「古帝」傳說之茫昧無稽。孔子已云：「夫黃帝尚矣」，「先生難言之」（《大戴禮記・五帝德》）。荀子亦云：「五帝之外無傳人，非無賢人也，久故也。五帝之中無傳政，非無善政也，久故也。禹、湯有傳政而不若周之察也，非無善政也，久故也。」（《荀子・非相篇》）韓非則曰：「殷、周七百餘歲，虞、夏二千餘歲，而不能定儒、墨之眞，今乃欲審堯、舜之道於三千歲之前，意者其不可必乎！無參驗而必之者，愚也；弗能必而據之者，誣也。故明據先王，必定堯、舜者，非愚則誣也。」（《韓非子・顯學》）然孔子「祖述堯舜」（《中庸》），荀、韓在著述中也頻稱唐虞三代，蓋他們只是要闡發自己的思想主張，而非在於記述歷史。近代一個時期，學者們或沒能明白這個道理，完全從歷史的視角去看待那些古帝先王的傳說，致力於那些傳說眞僞的考辨，欲將那傳說的古史系統徹底推翻。

考證那些「古帝」傳說的眞僞以辨明古史，並非不是一件有意義的工作，但若因而完全否定了那些被證僞之傳說的價值，從思想史的角度來看，則無疑是丟掉了其中最寶貴的東西。劉起釪先生有一段評價先秦史料的話，曰：「他們當時都想用自己的學說來說服別人，說服的方法就是拿出古代的歷史來做證據，因此競相搜集古代文獻資料。但他們競相立說的本意只是要向前看，給社會治病開出新藥方；『向後看』只是他們的一個手法，他們所要求

的只是古人替他們背一塊『黃金時代』的招牌。就是說，只要這些資料爲自己的學說服務。有些文獻和自己的觀點不一致時，他們就隨自己的需要加以改寫；如果沒有符合自己學說的古史文獻時，他們就乾脆自己編造古史，這就是所謂『託古改制』，因而這時期也就出現了不少關於古史的傳說或資料，其中包括了西周的。」〔註2〕「向前看」或「向後看」未可一概而論，而「託古改制」一語則是將先秦文獻中依託附會的那些「古帝」傳說的思想史意義表達出來了。

　　本文從思想史的視角研究先秦文獻中的「古帝」傳說，正是要作一種新的嘗試，正是要發掘那些傳說中最寶貴的東西，即是要探討清楚先秦文獻中那些「古帝」傳說所蘊含的思想旨趣，同時也考察清楚那些「古帝」傳說在不同時期的演變以及這種演變與春秋戰國之際政治發展之間的互動關係。

## 三、研究綜述

　　古人或借傳說之「古帝」治道以立論，或以疑傳疑更加增飾，或因其荒誕不經而不以爲信史，鮮有對之進行認眞研究者。惟近代以來「疑古」思潮興起，疑古的學者認定了「古帝」傳說是戰國秦漢間人所僞造出的「古史系統」，要摧毀這一僞「古史系統」，才引發了對「帝」的義涵、「五帝」傳說、堯舜「禪讓」傳說的發生演變諸問題的考辨與探討，亦偶有論及「帝道」思想者。

### （一）「帝」字義涵的演變

　　吳氏云：古「帝」字蓋「如花之有蒂，果之所自出」，而後人增益之爲金文之「帝」，「象根枝形」〔註3〕。王國維先生則徑直認爲「帝者，蒂也」，古文「象花蕚全形」〔註4〕。郭沫若先生認爲吳氏的「象根枝形」之說「未爲圓滿」，認同王國維先生的「象花蕚全形」之說，並進一步發揮云「知帝爲蒂之初字，則帝之用爲天帝義者，亦生殖崇拜之一例也」〔註5〕。衛聚賢先生則進一步

〔註2〕 劉起釪著：《西周春秋戰國史史料》，陳高華、陳智超等著《中國古代史史料學（修訂本）》，天津：天津古籍出版社，2006年9月，第37～38頁。

〔註3〕 〔清〕吳大澂撰：《說文古籀補》附錄，清光緒七年刻本。

〔註4〕 王國維：《釋天》，王國維著《觀堂集林》上冊，北京：中華書局，1959年6月，第282～283頁。

〔註5〕 郭沫若：《甲骨文字研究・釋祖妣》，郭沫若著作編輯出版委員會編《郭沫若全集：考古編》第一卷，北京：科學出版社，1982年9月，第53、54頁。

認爲「帝」本象女子生殖器，原始人類崇拜女子生殖器因以爲神〔註6〕。

　　胡適先生認爲「帝」即是「天帝」，與「天」相同，是世界最古的字〔註7〕。劉復先生認爲「帝」的本義應試是「花蒂」，作「天帝」是它的第二義，「因爲天帝是萬能的，是無所不歸的」，正取花蒂來象徵此義〔註8〕。徐旭生先生認爲「古人所稱的帝就是現在人所稱的神」，卜辭中沒有神字，「古人對天神皆名爲帝」，「祭帝的禮也叫作帝」，後來加示，「帝」才作「禘」〔註9〕。康殷先生則認爲「帝本指上帝、神」，「商人用草制的模擬偶像爲帝，以借崇祀」〔註10〕。徐中舒先生主編的《甲骨文字典》解「帝」字亦作「象架木或束木燔以祭天之形，爲禘之初文」，由祭天而引申爲天帝之「帝」〔註11〕。陳夢家先生總結出「帝」在殷卜辭中有三種用法：「一爲上帝或帝，是名詞；二爲禘祭之禘，是動詞；三爲廟號的區別字，如帝甲、文武帝，名詞。」指出卜辭中上帝「有很大的權威，是管理自然與下國的主宰」，但其「上」字只是表示方位，與人王亦「無血統關係」〔註12〕。姚孝遂先生綜考諸家之說，認爲「花蒂」之說「至爲詳悉」，「但帝字究竟何所取象，仍然待考」〔註13〕。或認爲「帝」的產生「必然與早期神靈祭祀存在關聯」，至殷商時期「帝」已成爲「至上神」〔註14〕。與此直接相反的觀點則認爲「帝之原型是商人的祖先帝嚳」，其本質是「原始父家長權威在神界的延伸和升華」〔註15〕。

〔註6〕　衛聚賢：《三皇與五帝》，衛聚賢著《古史研究（第三集）》，上海：商務印書館，中華民國二十六年四月，第143頁。

〔註7〕　胡適：《論帝天及九鼎書》，顧頡剛編著《古史辨（一）》，上海：上海古籍出版社，1982年3月，第199頁。

〔註8〕　劉復：《「帝」與「天」》，顧頡剛編著《古史辨（二）》，上海：上海古籍出版社，1982年3月，第26頁。

〔註9〕　徐旭生著：《中國古史的傳說時代（增訂本）》，北京：文物出版社，1985年10月，第198、199頁。

〔註10〕　康殷：《說帝》，《南開學報》，1980年第5期，第62頁。

〔註11〕　徐中舒主編：《甲骨文字典》卷一，成都：四川辭書出版社，1988年11月，第7頁。

〔註12〕　陳夢家著：《殷墟卜辭綜述》，北京：中華書局，1988年1月，第562、580、591頁。

〔註13〕　于省吾主編：《甲骨文字詁林》第二冊，北京：中華書局，1996年5月，第1086頁。

〔註14〕　崔冠華：《孔子的「五帝」「三王」觀研究》，曲阜師範大學碩士學位論文，2006年4月，第4、5頁。

〔註15〕　陳筱芳：《帝、天關係的演變》，《西南師範大學學報（人文社會科學版）》第30卷第3期，2004年5月，第116頁。

大致來說，對於「帝」之古義存在著四種不同的看法，或認爲是「花蒂」之意，或作爲女性生殖器理解，或認爲即「禘」之古字，或認爲即主宰天地萬物之天神，其中以取「花蒂」之意者爲多。周新芳的研究綜述亦有類似的結論〔註 16〕。但無論主宰天地萬物之天神是「帝」的第一義還是衍生義，都是很古的一義，「帝」正是由這一義在某個時期發展爲人王的稱號。

顧頡剛先生似乎認爲「帝號的作爲職位和稱謂始于秦」〔註 17〕，只是未見他的考證文字。魏建功先生認同「帝號的作爲職位和稱謂始于秦」之說，並進一步推測「『帝』之用爲人王當在秦以後」，而「帝」之慣用爲人王則「至早只在第一世紀（劉向劉歆作僞時）開始之後」〔註 18〕。衛聚賢先生認爲原始人類因崇拜女子生殖器爲神而稱爲「帝」，亦欲崇拜其圖騰如堯舜等爲神而名之曰「帝」，戰國時諸侯多稱王而秦齊大國竟弄出個稱「帝」運動以示強於諸侯〔註 19〕。郭鼎堂（沫若）先生指出，「凡《詩》、《書》、彝銘中所稱的『帝』都是指天帝或上帝」，大抵到了殷末作爲至上神的「帝」開始被稱爲「上帝」，以相對於作爲「下帝」的人王，「帝」的稱號由天帝兼攝於人王〔註 20〕。胡厚宣先生專文探討了殷卜辭中的「上帝」和「王帝」，指出「從武丁到帝乙，殷王對於其死了的生父都以帝稱」，所以武丁以後的卜辭中有了「上帝」的稱謂，祖庚、祖甲以後的卜辭中又有了「王帝」的稱謂，以資分別至上神與人王〔註 21〕。康殷先生亦認爲商王無自稱「帝」之例，「晚商才偶有稱其晚期的『先王』爲帝之事，似亦不普遍、經常」，東周中期以前的周王未有自稱「帝」或追尊先王爲「帝」的現象，古傳說中的諸帝，包括五帝等「大都出於春秋戰國時人的杜撰臆造和僞託」〔註 22〕。裘錫圭先生基本持相同的觀點，只是進一步指出「到戰國時代，隨著傳說中天帝的人王化，地上的統治者也開始作稱帝的嘗試」，但至直秦始皇才眞正把這個企圖實現〔註 23〕。

〔註 16〕　周新芳：《先秦帝王稱號及其演變》，《史學月刊》，2004 年第 6 期，第 35 頁。

〔註 17〕　顧頡剛：《論今文尚書著作時代書》，顧頡剛編著《古史辨（一）》，第 205 頁。

〔註 18〕　魏建功：《讀「帝與天」》，顧頡剛編著《古史辨（二）》，第 28、30 頁。

〔註 19〕　衛聚賢：《三皇與五帝》，衛聚賢著《古史研究（第三集）》，第 143～144 頁。

〔註 20〕　郭鼎堂著：《先秦天道觀之進展》，上海：商務印書館，中華民國二十五年五月，第 6 頁。

〔註 21〕　胡厚宣：《殷卜辭中的上帝和王帝（下）》，《歷史研究（月刊）》，1959 年第 10 期，第 109 頁。

〔註 22〕　康殷：《說帝》，《南開學報》，1980 年第 5 期，第 62、63 頁。

〔註 23〕　裘錫圭：《讀書簡記（九則）・「登立爲帝，孰道尚之」解》，裘錫圭著《古代

周新芳認爲「帝」字在晚周才開始用作人王的稱謂，並在「造聖運動」和「帝制運動」中出現了「五帝之稱」，將「古聖先王」亦稱作「帝」〔註24〕。崔冠華認爲「帝」在春秋時已兼作「人王」的稱謂，至戰國時秦齊一度稱「帝」，至秦始皇稱「皇帝」，「帝」乃「由先民中的至上神變爲人間的至上統治者」〔註25〕。

那麼「帝」是如何發展爲人王之稱謂的呢？劉復先生認爲「帝」之作爲人王的稱謂，乃是後世對確曾存在過或虛構的先王不斷神化的產物〔註26〕。衛聚賢先生認爲因「帝」本爲至上神主宰人類的一切，「古有聖德統一的共主可稱帝」，蓋「帝」有高於「王」之意〔註27〕。郭沫若先生認爲「帝」爲宇宙之眞宰，「人王乃天帝替代，因而帝號遂通攝天人矣」〔註28〕。胡厚宣先生則認爲「上帝」是人王的反映，「結合著社會上專制人王的出現，全能上帝的崇拜才因而產生」，「天上至上神的統一，只不過是統一的東方暴君的副本而已」，因而作爲至上神的「上帝」「始終是爲人王服務的，它成了地上皇帝統治人民的有利工具」，人王配天也可以稱「帝」，「上帝主宰著自然和人間的一切，人王也就天生的掌握著人世的一切」。「不過上帝和王帝，在殷人心目中，究竟也還有所不同。殷人以爲上帝至上，有著無限尊嚴。他雖然掌握著人間的雨水和年收，以及方國的侵犯和征伐，但如有所禱告，則只能向先祖爲之，要先祖在帝左右轉請上帝，而不能直接對上帝有所祈求。這是上帝和王帝不同的地方。」〔註29〕

### （二）「五帝」傳說考辨

早期「古史辨」派的研究基本上是完全否定「五帝」傳說中存在著遠古的史影，不免有疑古過當之譏，同時或後來的學者乃試圖運用考古學、人類學的知識，從更寬廣的視角對「五帝」傳說進行新的闡釋。

文史研究新探》，南京：江蘇古籍出版社，1992 年 6 月，第 147 頁。

〔註24〕周新芳：《先秦帝王稱號及其演變》，《史學月刊》，2004 年第 6 期，第 32 頁。

〔註25〕崔冠華：《孔子的「五帝」「三王」觀研究》，曲阜師範大學碩士學位論文，2006 年 4 月，第 8 頁。

〔註26〕劉復：《「帝」與「天」》，顧頡剛編著《古史辨（二）》，第 22～23 頁。

〔註27〕衛聚賢：《三皇與五帝》，衛聚賢著《古史研究（第三集）》，第 144 頁。

〔註28〕郭沫若：《甲骨文字研究・釋祖妣》，郭沫若著作編輯出版委員會編《郭沫若全集：考古編》第一卷，第 54 頁。

〔註29〕胡厚宣：《殷卜辭中的上帝和王帝（下）》，《歷史研究（月刊）》，1959 年第 10 期，第 89、110 頁。

### 1.「古史辨」派的基本觀點

顧頡剛先生是「古史辨」的發起者，提出了著名的「層累地造成的中國古史觀」，認爲戰國時期才有了黃帝〔註 30〕，而「堯舜是西周後期起來的」，他們通過禪讓說扯上關係，並變成儒家的道德模範〔註 31〕。顧氏懷疑「五帝」系統是西元前三世紀「帝制運動」的產物，是戰國人杜撰的古史，云黃帝是騶衍之世「學者所共述」的最古帝王，騶衍以後大約戰國後期有了「五帝」之說，他們是黃帝、顓頊、帝嚳、帝堯、帝舜〔註 32〕。

楊寬先生認爲「五帝」傳說出於神話，但「五帝」並非皆爲神而非人，如「黃帝出於『皇帝』之音變，本爲上帝之通名」，至若「帝俊帝嚳大皥帝舜之爲殷人東夷之上帝及祖先神話」，「顓頊堯之爲周人西戎之上帝及祖先神話」，「則皆由於原始神話分化演變而成者，固不免有原始社會之史影存乎其間」〔註 33〕。

蒙文通先生認爲「五帝」之說起自晚周，因於戰國中葉騶衍「五運」之說而興，「五帝」皆本神祇而非人，固無關於人事。指出《詩》、《書》中的「上帝」皆謂昊天上帝，「堯舜帝乙之稱『帝』，則皆歿而臣子尊之，史氏述之，然後王者有『帝』號，謂配天耳」。夏商周「三王」曾列於「五帝」之中，後來乃被屬於「五帝」之後，蒙氏認爲這是「後起之訛說也」，謂「東方之人言『王者五德終始』，而西方則謂既以王者配上帝，王者五而復，則上帝亦五其神；天有『五帝』，上世之王者亦『五帝』，巫之『五帝』，史之『五帝』乃次第起也」〔註 34〕。

繆鳳林先生認爲「古之王者配『五帝』，其說不始西方，列顓頊於神之『五帝』，亦不始於《呂覽》。」「帝者天號」，「崇人爲神，則有神之『五帝』；假帝號以尊王，又有人之『五帝』。」人王之「五帝」與人神之「五帝」同起東周之世，「神之『五帝』由國神轉變而成，人之『五帝』亦不出於『神帝』，且與『五運』無關，與『三王更不衝突。」外「三王」以言「五帝」非後世之

〔註 30〕顧頡剛：《與錢玄同先生論古史書》，顧頡剛編著《古史辨（一）》，第 60 頁。
〔註 31〕顧頡剛：《討論古史答劉胡二先生》，顧頡剛編著《古史辨（一）》，第 133 頁。
〔註 32〕顧頡剛：《五德終始說下的政治和歷史》，顧頡剛編著《古史辨（五）》，上海：上海古籍出版社，1982 年 9 月，第 414、455～457 頁。
〔註 33〕楊寬：《中國上古史導論》，呂思勉、童書業編著《古史辨（七）》上冊，上海：上海古籍出版社，1982 年 11 月，第 70 頁。
〔註 34〕蒙文通：蒙文通與繆鳳林書，呂思勉、童書業編著《古史辨（七）》中冊，上海：上海古籍出版社，1982 年 11 月，第 315～317 頁。

訛說，先「五帝」以夏商周三王屬其後爲原始「五帝」說，「五帝」與「三王」與「五運」各有系統而不衝突。「黃帝堯舜之稱『帝』由來已久，『五帝』之說興，上不越黃帝，下又外『三王』，黃帝堯舜之間著者惟顓頊帝佶，則『五帝』捨五人莫屬。」至漢之經師，「或以太皞炎黃少皞顓頊爲『五帝』而人神不分；或加少昊於『五帝』而『五帝』有六人；僞孔安國皇甫謐進少昊而退黃帝，梁武帝又進少昊而黜帝舜，而『五帝』失其終始焉」〔註35〕。

童書業先生認爲「『五帝』之說當起於『五方帝』，而『五方帝』之說則起於『五行』」。「五帝」本爲神而非人，「鄒衍『五運』說起，即以最上天帝之黃帝爲人王，而置其時代於夏商周之前。其後『人之五帝』說起，病『青』『赤』『白』『黑』四帝之未人化也，乃以顓頊帝嚳堯舜與黃帝合爲『人之五帝』」，爲合於「三王」之分屬三代，並分「五帝」爲五代〔註36〕。至劉歆「五帝」系統乃亂。

呂思勉先生則指出「五帝」異說有三，其一爲「黃帝顓頊高辛唐虞」，其二爲「黃帝少昊顓頊高辛唐虞」，其三爲「少昊顓頊高辛唐虞」，認爲皇帝二名「雖出先秦之世，究爲後起之說」，蓋受了戰國中期秦齊稱帝運動的影響，論古史者亦於「三王」之前更立「五帝」之號。」帝者諦也，「取其審諦以治天下，猶上帝之居高而臨下土耳。」〔註37〕

按照「古史辨」派的基本觀點，則「五帝」傳說全爲先秦之人僞造，那麼商周之前的華夏古史將是一片空白。但全據傳世文獻用「默證法」爲斷，實在多有失之偏頗之處。王國維先生批評曰：「研究中國古史最爲糾紛之問題，上古之事傳說與史實混而不分，史實之中固不免有所緣飾與傳說無疑，而傳說之中亦往往有史實爲之素地，二者不易區別，此世界各國之所同也。」「而疑古之過，乃併堯舜禹之人物而亦疑之，其於懷疑之態度及批評之精神不無可取，然惜於古史材料未嘗爲充分之處理也。」〔註38〕張蔭麟先生認爲「禹是西周中期起來的，堯舜是春秋後期起來的」，堯舜禹的關係起於戰國

〔註35〕 繆鳳林：《繆鳳林復蒙文通書》，呂思勉、童書業編著《古史辨（七）》中冊，第 324、325、328 頁。

〔註36〕 童書業：《書業按》，呂思勉、童書業編著《古史辨（七）》中冊，第 334、335頁。

〔註37〕 呂思勉：《三皇五帝考》，呂思勉、童書業編著《古史辨（七）》中冊，第 338、343～344 頁。

〔註38〕 王國維著：《古史新證——王國維最後的講義》，北京：清華大學出版社，1994年 12 月，第 1～2 頁。

之說不能成立〔註39〕。同時代及後來的許多學者也對早期「古史辨」派的這些研究提出了不同程度的批評，並從不同的視角對「五帝」傳說進行了新的探討。

### 2. 對於「五帝」傳說不同闡釋

郭沫若先生認爲「五帝」傳說並非純爲虛構，舜禹「由帝而王」反映了由氏族社會向奴隸制國家的轉變。認爲黃帝以後的傳說「有一部分是自然發生，有一部分依然是人造」，例如五帝祖先的感天而生便「暗射出一個雜交時代或者羣婚時代的影子」，「是自然發生的現象」，而五帝三王是一家，都是黃帝的子孫，便完全是人造。他的結論是「五帝三王同出於黃帝之說爲周秦間的學者所改造」，「五帝古無疊承之跡，其發生祖孫父子之關係者當在五行生勝說發生以後」，並指出「後人言五帝者亦無定說」〔註40〕。

徐旭生先生也對「古史辨」派的觀點提出批評，認爲「五帝」傳說並非全爲神話故事，更非戰國人有意造僞。認爲「在我國古代帝與王的名號木無大分別」，「到周朝初年帝與王的稱號才開始有分辨」，「到戰國後期五帝的說法才盛行起來」，雖然有關「五帝」的說法頗不一致，「可是大家全相信古代的元首稱爲帝，卻無疑義」。認爲「五帝」處於三皇與三代之間，「性質淆雜，頗不容易定他們爲神爲人」。認爲黃帝、舜、嚳等皆是族氏英雄成爲氏族神，並因配「超氏族的」的「帝」而亦被稱爲「帝」。認爲「五帝」傳說的興起，乃是戰國後期五行說興盛、學術昌明的結果，雖然必然存在錯誤卻非作僞。特別強調「是先有五帝的觀念，以後才去找五位帝的名字來充實它」，「並不是先有五位帝而後有五帝的名詞」。還指出先秦時代只存在的兩種「五帝」說：一是齊魯學者的「黃帝、顓頊、嚳、堯、舜」，一是秦的少皞、太皞、黃帝、炎帝、顓頊。指出戰國後期「五帝」的說法雖已成立，可是「數目並不怎樣確定」，且「帝與王的分別並不很嚴」，後來又有許多新的說法，蓋「帝」不以五爲限〔註41〕。

陳啓雲先生贊同黃帝、舜、嚳等皆是族氏英雄成爲氏族神，並因配「超氏族的」的「帝」而亦被稱爲「帝」的觀點，認爲卜辭帝乙、帝辛既可指在

---

〔註39〕　張蔭麟：《評近人對於中國古史之討論》，顧頡剛編著《古史辨（二）》，第271～288頁。

〔註40〕　郭沫若著：《中國古代社會研究》，北京：人民出版社，1964年10月第2版，第10、196、200頁。

〔註41〕　徐旭生著：《中國古史的傳說時代（增訂本）》，第197、202～204、213頁。

生在位的帝，也可指已沒而受後代子孫拜祭之祖宗神。陳先生還指出西方漢學大多認爲西周爲了統戰融和各地方部族的需要，在制度上建立了分封各國的「封建」制，在文化統戰上把地方宗族部族的祖宗神崇拜神話傳統整理條理成「五」數（按卜辭已有四方風，四方神，再加上「中」便成五數）。春秋時只是把「五」數符號化，抽象化，本質化，發展成「五行」「五德」。後來中華的文化地域更擴大了，非「五」數所能盡包，故又出現了「復性的組合性的帝」，如黃帝又名軒轅，神農又是炎帝等等〔註42〕。

劉起釪先生考察了古文獻中各種不同的「五帝」說：第一種發生於戰國後期，是「黃帝、顓頊、帝嚳、堯、舜」。第二種是「庖犧、神農、黃帝、堯、舜」。第三種是「太昊、炎帝、黃帝、太昊、顓頊」〔註43〕。第四種是「少昊、顓頊、嚳、堯、翼」，這一說基本成爲我國晉以後所共尊的「五帝」說〔註44〕。第五種是「嚳、堯、舜、禹、湯」，新莽所造。第六種是「黃帝、少昊、顓頊、嚳、堯」，南朝梁武帝自創。另有鄭玄一說，即黃帝、少昊、顓頊、嚳、堯、舜。另外還有天上五帝說，曰東西南北中「五方帝」或青赤白黑黃「五色帝」，後又有配乙太昊、炎帝、黃帝、少昊、顓頊者。認爲「古帝本出於神話」，無論哪種「五帝」說，「全都是些妄誕悠謬之說，都是不可信的」。顯然，他是認同了「古史辨」派的基本觀點。但不同於早期「古史辨」派對於「五帝」傳說的武斷態度，劉氏同時也認爲應對他們探求近於正確的理解。他的「近於正確的理解」便是：「『五帝說』所涉及的那些人物，則主要是我們祖先從母系氏族公社的盛期之後，到父系家長制的部落聯盟盛期及其解體時，由各族始祖神，到各族的傑出首領，到實行軍事民主制時期的各軍事首長人物。不過他們各自出身的部族不同，如黃帝、炎帝出自西方的部族，太皞、少皞出自東方的部族，顓頊、帝嚳雖原出東方，但卻在東西各部族長期交揉融合之後，作爲維繫各族成爲有血緣關係的兩大支的宗神而出現，堯、舜、禹則是東西各族在中原大地上實現了部落聯盟時相繼的聯盟軍事首長。由於民族融合爲統一的華夏族實現於周代，所以就把姬周族自己的始祖黃帝，作爲統一的全華夏族的共同始祖。所以黃帝最初就成了五帝的首一帝，後面各帝都成了他的血親後裔，反映偉大的華夏族經過融合已形成爲親密無間的渾然一

---

〔註42〕 茲是陳啓雲先生審閱本文提出的案語，詳細論述見其正在整理的《古代文化論析史稿》一書。

〔註43〕 「太昊」當作「少昊」。

〔註44〕 「翼」當作「舜」。

體了。」〔註45〕

　　蘇秉琦先生認爲「五帝」之前的歷史應屬後人推想，「並非眞實歷史的傳說」，「而五帝則可能實有其人其事，所以司馬遷著《史記》時徑直從《五帝本紀》開始」。他亦認同「五帝」說形成於戰國的說法，惟指出各家所說不盡相同，古書還有許多別的「帝」，「只是後來人用千古一系的思想整理古史，把本來比較複雜的情況簡單化了」。認爲「五帝」的時代究竟相當於考古學上的哪個時代雖尙無法論定，也非毫無邊際。他推斷「五帝」時代的下限「應是龍山時代」，「五帝」時代的上限「應不早於仰韶時代後期」。並按照古史傳說將「五帝」的時代劃分爲兩大階段：「黃帝至堯以前是第一階段，堯及其以後是第二階段」，懷疑堯舜禹的禪讓很可能是「不同部落禪遞掌權」〔註46〕。

　　走出「疑古時代」〔註47〕，將「五帝」看作「是人們對於上古傳說中的英雄的美稱」〔註48〕，將「五帝」時代作爲一個歷史時期來看待，已爲越來越多的學者所接受。韓建業即認爲，儘管「實際上並不存在嚴格意義上的『五帝』。但這並非說納入『五帝』名單的那些古人沒有實際存在過，或者『五帝』的名單可以隨便開具。可以設想，從眾多傳說的古人中僅僅挑選出五個人來做爲『帝』，那應當是一件十分審愼的工作，只有在傳說中舉足輕重者才可以入選。在這個意義上，我們就可以使用『五帝時代』這個概念，指稱以『五帝』爲代表的那個時代。」〔註49〕

　　張豈之先生主編的《中國思想學說史（先秦卷）》以「五帝」時代爲「古代宗教形成時代」，「原始宗教受政治影響逐漸加入人爲因素。書中採用「黃帝、顓頊、帝嚳、堯和舜」這一「五帝」說，指出「五帝時代不僅指這五位帝王及其部落的歷史，還指這個時代的中國歷史」。認爲「五帝時代是中國文明的起源時期，時間包括夏代建國前若干世紀，空間包括整個中國疆域。黃

〔註45〕 劉起釪：《幾次組合紛紜錯雜的「三皇五帝」》，劉起釪著《古史續辨》，北京：中國社會科學出版社，1991 年 8 月，第 97～119 頁。

〔註46〕 蘇秉琦：《序言》，白壽彝總主編《中國通史》第二卷，上海：上海人民出版社，1994 年 6 月，第 18～19 頁。

〔註47〕 李學勤著：《走出疑古時代》，長春：長春出版社，2007 年 1 月。

〔註48〕 孫錫芳：《〈史記‧五帝本紀〉五帝說淺析——兼論先秦時代產生的兩種五帝說》，《山西師大學報（社會科學版）》第 33 卷第 4 期，2006 年 7 月，第 87 頁。

〔註49〕 韓建業：《前言》，韓建業、楊新改著《五帝時代——以華夏爲核心的古史體系的考古學觀察》，北京：學苑出版社，2006 年 12 月，第 2 頁。

帝及其後裔所屬部落、部落聯盟文明發展狀況，是這個時代歷史最重要的內容，同時存在的其他部落、部落聯盟文明發展狀況，也是這個時代歷史的重要內容。」認為種植農業的發展、文字的發明、國家的形成和絕地天通的宗教改革是「五帝」時期的「重要事件」〔註50〕。

李桂民考察了先秦諸子的黃帝觀，指出先秦時期的黃帝崇拜肇始於祖靈崇拜，黃帝的文治武功構成了黃帝崇拜的重要內容，先秦諸子紛紛借黃帝立言，儘管對黃帝事蹟的傳說有不同，卻有著本質上的認同。正是在這種思想背景下，黃帝成了「成命百物」和「垂衣而治」的聖王，又進一步被尊為華夏族的祖先，並受陰陽五行說的影響由人世間走上神壇〔註51〕。

崔冠華考察了孔子的「五帝」觀，指出「『五帝』是在殷末『五方帝』基礎上演變而來，在西周、春秋時期廣為流行。孔子依據當時流傳的上古歷史事實，對其進行創造性地改造，形成了符合於儒家政治理念的『五帝』『三王』體系」。認為孔子「繼承上古三代時期的帝王理論，強化了帝王觀念的時代內涵」，「極力維護帝王的至上性與至尊性」，「極力凸現上古帝王的道德人格」，引發了戰國時期諸子百家的造「帝」運動以及秦齊的稱「帝」運動。經過孔子改造後的「黃帝、顓頊、帝嚳、帝堯、帝舜」這一「五帝」系統由於「符合中國古代社會政治統治的需要，因而在後世佔據了主導地位」。崔氏堅信「五帝」是「客觀存在的歷史人物」〔註52〕。

陶磊先生認為三皇五帝「也是一種認識上古歷史的理論模式」，「與後人講的太極圖的主要構成部分，即太極、兩儀、五行，用的是相同的模式，即三還可以分析為一與二，而三皇確實可以分析為泰皇與天、地二皇的組合」。認為：「帝的時代的歷史觀，最早的古帝模式當是《大戴禮記·五帝德》所記述的五帝模式，用現代學者傅斯年的夷夏東西說去對照，仍可保持其系統性的特徵。這實際上是提醒我們注意，古代五帝的模式，並不是古人隨意選擇的結果，創立這種模式的人，他同樣要考慮上古歷史的真實情況。」「即便是作為神的五帝，也並非只有一個系列，而是存在兩種不同性質的五帝，

---

〔註50〕 劉寶才：《緒論》，張豈之主編《中國思想學說史：先秦卷》上，桂林：廣西師範大學出版社，2007年8月，第1～2頁。

〔註51〕 李桂民：《先秦諸子的黃帝觀述論》，《西北大學學報（哲學社會科學版）》第35卷第6期，2005年11月，第77～80頁。

〔註52〕 崔冠華：《孔子的「五帝」「三王」觀研究》，曲阜師範大學碩士學位論文，2006年4月，第1、13～14、16、50頁。

一是由巫統神明而來的五帝，一是由血統神明而來的五帝。」並認爲「五帝的提法並不是自古即有的，它是西周人在商代方帝、巫帝的基礎上提出來的。」「五帝終始說所講的德，是金木水火土五行之德，是自然的；《五帝德》所講的德，則是人文性的。」「兩種帝德的觀念，與血統與巫統是對應的，人文性的德的觀念是血統的文化觀念，自然性的帝德，則是巫統的文化觀念。」〔註53〕

### （三）堯舜「禪讓」傳說研究

　　根據研究重點的不同，以 1990 年代爲界大致可以劃分爲兩個階段：在1990 年代之前，研究側重於對堯舜「禪讓」傳說眞僞的考辨；至 1990 年代以後，由於新材料的出土，研究重點轉向了對戰國「禪讓說」的探討。

　　堯舜「禪讓」就是堯傳位於舜、舜傳位於禹的傳說，先秦文獻中其實已存在著對這一傳說的不同說法，不過可能是因爲堯舜在儒家至上的聖王形象，古人還是相信其爲眞實者多，直至清末民初的一些傳統學者仍持有這樣的態度。如康南海認爲堯舜「禪讓」之說乃孔子「託古改制」之作〔註54〕，其實便是承認了堯舜「禪讓」傳說之「古」。夏曾佑先生編著《中國歷史教科書》，則將堯舜「禪讓」比附爲歐洲之「貴族政體」〔註55〕。蒙文通先生於古書錯亂之記載中求堯舜「禪讓」之眞相，曰：「蓋帝丹朱與舜并爭而帝，而諸侯歸舜；伯益與啓爭而爲天子，而諸侯歸啓。此虞夏間揖讓之實，其關鍵乃在得失諸侯也。」〔註56〕柳詒徵先生云堯舜「禪讓」之事無可疑者，惟其「在人而不在法，故至夏而變爲世襲之局」〔註57〕。

　　1920 年代，顧頡剛先生掀起「古史辨」運動，既認爲「堯舜是西周後期起來的」，他們通過禪讓說扯上關係，又提出「禪讓之說乃是戰國學者受了時勢的刺戟，在想像中構成的烏託邦」，堯舜「禪讓」的關係乃是爲「禪讓說」虛構的「歷史依據」〔註58〕。顧氏還將這一學說的「發明權」賦於了墨

〔註53〕陶磊著：《巫統、血統與古帝傳說》，杭州：浙江古籍出版社，2010 年 8 月，第 4、10、44、186、187 頁。

〔註54〕〔清〕康有爲撰：《孔子改制考》卷十二，民國《萬木草堂叢書》本。

〔註55〕夏曾佑著：《中國古代史》，重慶：商務印書館，中華民國二十二年十一月，第 27～28 頁。

〔註56〕蒙文通編：《古史甄微》，上海：商務印書館，中華民國二十二年三月，第 78 頁。

〔註57〕柳詒徵編著：《中國文化史》上冊，中正書局，中華民國三十六年十月，第 74 頁。

〔註58〕顧頡剛：《討論古史答劉胡二先生》，顧頡剛編著《古史辨（一）》，第 133 頁。

家〔註59〕。顧氏的觀點發表後，引起了對堯舜「禪讓」傳說的一系列討論。童書業先生為顧氏《禪讓傳說起於墨家考》一文的修訂提供過建議和資料，與顧氏合著的《鯀禹的傳說》一文中亦是堅持「禪讓說起於墨家」的觀點〔註60〕。楊寬先生進一步論證了堯舜之關係在《墨子·尚賢》三篇之間的演變，指出「禪讓說的曾經墨家改造而擴大推演，是不可否認的事實」，並且推定其出於上帝禪位的神話〔註61〕。

呂思勉先生認為堯舜「禪讓」之事的真相或如太伯伯夷之讓國者〔註62〕。錢穆先生認為唐虞之禪的傳說「殆古代一種王位選舉制之粉飾的記載」〔註63〕。而早於顧氏《禪讓傳說起於墨家考》一文的發表，郭沫若先生已提出堯舜「禪讓」是原始公有制下的政治民主，為儒家主張「哲人政治」所鼓吹〔註64〕。是呂、錢、郭三人皆認為堯舜「禪讓」傳說有其遠古史影而為儒家所鼓吹或粉飾。馮友蘭先生則依違其間，認為堯舜「禪讓」傳說即戰國時期說明「諸種政權轉移方式之純形式」的一種理論根據，或頗可能起於墨家，但其說究係大成於儒家〔註65〕。楊向奎先生總結出有關堯舜「禪讓」傳說的三種觀點，曰：「（一）選舉說；（二）爭奪說；（三）無其事而由於儒墨的創造宣傳說。」認為：「前兩種說法乃對於原來史料先取信任態度而後加以解釋，後一種乃先估定此種史料之價值然後考其來源。前者是彌縫工作，後者是史源學。」〔註66〕實質乃是贊成顧氏的觀點。

隨著民族學、人類學、考古學研究的深入，尤其是中國考古工作的進展，越來越多的學者傾向於認為堯舜「禪讓」的傳說自有其歷史的素地，是

〔註59〕 顧頡剛：《禪讓傳說起於墨家考》，呂思勉、童書業編著《古史辨（七）》下冊，上海：上海古籍出版社，1982 年 11 月，第 30～107 頁。

〔註60〕 顧頡剛、童書業：《鯀禹的傳說》，呂思勉、童書業編著《古史辨（七）》下冊，第 142～195 頁。

〔註61〕 楊寬：《讀〈禪讓傳說起於墨家考〉》，呂思勉、童書業編著《古史辨（七）》下冊，第 110～117 頁。

〔註62〕 呂思勉：《唐虞夏史考》，呂思勉、童書業編著《古史辨（七）》下冊，第 270 頁。

〔註63〕 錢穆：《唐虞禪讓說釋疑》，呂思勉、童書業編著《古史辨（七）》下冊，第 292 頁。

〔註64〕 郭沫若著：《中國古代社會研究》，第 104～107 頁。

〔註65〕 馮友蘭：《中國政治哲學與中國歷史中之實際政治》，呂思勉、童書業編著《古史辨（七）》下冊，第 300 頁。

〔註66〕 楊向奎：《書後》，呂思勉、童書業編著《古史辨（七）》下冊，第 108 頁。

原始社會末期民主選舉制的遺存，到春秋戰國時為儒家所粉飾和鼓吹。據筆者考察，1940 年代以來的許多歷史著述，包括范文瀾、呂振羽、繆鳳林、翦伯贊、白壽彝等重要學者編著的中國通史性著作，徐旭生先生的《中國古史的傳說時代》和徐中舒先生的《論堯舜禹禪讓與父系家族私有制的發生和發展》等〔註 67〕，皆採用了郭沫若先生的說法，認為「禪讓」是原始民主的遺存而為儒家所粉飾。朱鳳瀚、徐勇有關堯舜「禪讓」傳說研究的綜述亦與筆者的考察結果基本一致〔註 68〕。1990 年代以後，仍堅持堯舜「禪讓」傳說起於墨家者，所見惟楊寬、劉起釪二先生了〔註 69〕。

　　上述的研究無論觀點異同，皆是圍繞著兩個問題展開，即「堯舜禪讓是否純為虛構」以及「為哪一學派之主張」，其實主要還是考古學、歷史學的視角。這種研究取向直到 1990 年代末以後才發生轉變。1990 年代以後，郭店楚簡與上博簡先後發表，其中有《唐虞之道》和《子羔》、《容成氏》三篇先秦佚籍，三篇佚籍皆涉及堯舜「禪讓」傳說，重新引起了學術界對這一問題的關注，不過已轉變了研究的視角——不再是考證堯舜「禪讓」傳說的真實性，而是將之界定為一種思想學說，考察它的學派歸屬與發生問題。從學界對三篇佚籍的研究來看，似乎更支持了「禪讓說」起於儒家的觀點〔註 70〕，至少不能將之明確歸於墨家〔註 71〕。也有學者認為「禪讓說」既非墨家所造，亦不能簡單地歸於儒家，而是當時受到普遍關注的社會思潮〔註 72〕。對於「禪讓說」發生的時代，因對三篇佚籍及《尚書·堯典》、《論語·堯曰》等傳世文獻著作年代的判斷不同，或以為「禪讓說」起於春秋之末〔註 73〕，或以為

〔註 67〕徐中舒：《論堯舜禹禪讓與父系家族私有制的發生和發展》，徐中舒著《徐中舒歷史論文選輯》下冊，北京：中華書局，1998 年 9 月，第 971～993 頁。

〔註 68〕朱鳳瀚、徐勇編著：《先秦史研究概要》，天津：天津教育出版社，1996 年 7 月。

〔註 69〕劉起釪：《我國古史傳說時期綜考》，劉起釪著《古史續辨》，第 1～73 頁。楊寬著：《戰國史料編年輯證》卷十「周慎靚王三年」，上海：上海人民出版，2001 年 11 月，第 488 頁。

〔註 70〕如廖名春、彭邦本、鄭傑文、錢耀鵬、羅新慧、仝衛敏、蔣重躍、彭裕商等學者的研究，即認為禪讓傳說起於儒家。相關著述分別見參考文獻。

〔註 71〕〔美〕艾蘭：《楚竹書〈子羔〉與早期儒家思想的性質》，http://www.gwz.fudan.edu.cn/SrcShow.asp?Src_ID=108；收稿日期：2009 年 6 月 13 日；發佈日期：2010 年 2 月 21 日。

〔註 72〕如李存山、李振宏及裘錫圭先生的研究，即持此種觀點。相關著述分別見參考文獻。

〔註 73〕如廖名春、彭邦本、鄭傑文、錢耀鵬、羅新慧、蔣重躍、彭裕商等，皆認為

起於戰國前期〔註 74〕，或以爲起於戰國中期〔註 75〕。至於其發生的背景，多數學者仍認爲是受到了尚賢主義的刺激，個別學者認爲是三家分晉、田氏代齊的現實政治需要所導致〔註 76〕。

特別值得注意的是，也有研究意識到了「禪讓說」與堯舜「禪讓」傳說的區別。如丁四新先生認爲「禪讓學說的起源當在春秋後期或戰國前期」的儒家，堯舜「禪讓」傳說則是「源於先民們不斷重複的歷史記憶」〔註 77〕。梁韋弦則認爲堯舜「禪讓」的傳說啓發了戰國儒家的「禪讓說」〔註 78〕。這種區別其實早已隱含於顧頡剛先生的論點裏，可惜一直未能引起學者的注意，而顧氏因認定堯舜「禪讓」傳說是墨家爲著鼓吹「禪讓說」造出來底，亦將二者的關係弄顛倒了〔註 79〕。

## （四）其它的探討

羅根澤先生考察了先秦兩漢文獻中存在的皇、帝、王、霸之說，認爲以「帝」爲君或早於戰國中世，「而鑄成政治學之名詞，則在戰國之末」，必待王道霸道之辯發生後；至《淮南子‧本經訓》「而帝王霸君之政，遂如劃鴻溝，不得相踰也」；至《白虎通德論‧號篇》「而皇帝王霸之政治上之區別，鑿然較著，此後雖尚有論者，無有出其範圍者矣，故略而不述焉」〔註 80〕。楊兆

自孔子已稱述贊揚禪讓傳說，廖名春先生甚至認爲《唐虞之道》爲孔子之作。相關著述分別見參考文獻。

〔註74〕 如姜廣輝先生即認爲《唐虞之道》是子思子所作，「禪讓說」是子思子所倡。姜廣輝：《郭店楚簡與〈子思子〉──兼談郭店楚簡的思想史意義》，《中國哲學》第二十輯，瀋陽：遼寧教育出版社，1999 年 1 月，第 81～92 頁。

〔註75〕 如全衛敏認爲「禪讓說」是戰國中期尚賢主義發展到極致的產物，主要符合了儒家的尚賢思想。全衛敏：《從尚賢到禪讓──戰國政治思想變化的一個側面》，《南都學壇（人文社會科學學報）》第 25 卷第 3 期，2005 年 5 月，第 31～34 頁。

〔註76〕 彭邦本：《楚簡〈唐虞之道〉初探》，武漢大學中國文化研究院編《郭店楚簡國際學術研討會論文集》，武漢：湖北人民出版社，2000 年 5 月，第 263 頁。

〔註77〕 丁四新著：《郭店楚墓竹簡思想研究》，北京：東方出版社，2000 年 10 月，第 377 頁。

〔註78〕 梁韋弦：《郭店簡、上博簡中的禪讓學說與中國古史上的禪讓制》，《史學集刊》第 3 期，2006 年 5 月，第 3～7 頁。

〔註79〕 顧頡剛先生的論點是先有「禪讓說」，然後造出的堯舜禪讓的傳說，以作爲「禪讓說」的歷史依據。分別見顧氏《討論古史答劉胡二先生》一文和《禪讓傳說起於墨家考》一文。

〔註80〕 羅根澤：《古代政治學中之「皇」「帝」「王」「霸」》，羅根澤著《諸子考索》，北京：人民出版社，1958 年 2 月，第 115、126、129 頁。

貴注意到先秦「五至」論與帝、王、霸道的關係，認爲「帝道」就是指「三代帝王興起之道」，只是到了戰國後期，受到諸侯相繼稱王、稱帝的政治局勢的影響，諸子才「有意識地提出帝道說，並將帝凌駕於王、霸之上」。並指出「帝道」說是諸子對「國君怎樣統一天下及統一後怎樣治理」提出的對策，是「他們作爲知識份子在統一前後所扮演的角色和所能作出的貢獻而提出的看法」，是「對自己的價值和歷史作用進行自我反思的結果」〔註81〕。

　　此外，齊思和先生考察了黃帝制器的傳說，謂黃帝堯舜制器之說多爲後人附會〔註82〕。童書業先生考察了帝堯姓氏的問題，以爲堯和唐、舜和虞發生關係都是戰國人的僞造；堯和唐發生關係早則在戰國之末，遲或竟在漢代；舜爲堯後，五帝同屬虞代；堯與唐本無關係，因了禪讓說而結合起來〔註83〕。吳國武考察了帝舜的姓氏，認爲「帝舜應屬太皞氏一族，但並非該族主支」，「帝舜本爲風姓，其後得姓爲姚」，「陶、姚一聲之轉，帝舜之後得姓爲姚可能也與此有關」。吳氏並認爲「有虞氏屬於城邦的起源階段」，「有虞氏自太皞氏而出，發展成爲一個擁有東方多姓的城邦；在西遷的過程中，逐漸取得了部族盟主地位，故有所謂『帝虞』、『帝舜』的說法」〔註84〕。還有一些沒有特別見解的研究，此處不再贅述。

　　綜上所述，學術界有關「古帝」傳說的研究已不能算少，對於「帝」字的義涵、「五帝」傳說、堯舜「禪讓」傳說的演變等問題存在著各種觀點，有些觀點之間甚至存在著嚴重的對立。但在這些紛歧的觀點中，也可以找到一些基本的共識：即「帝」在春秋戰國時期已經成爲人王的稱謂，「古帝」傳說至少反映了春秋戰國時人對古史的認識或想像，並對當時的政治和思想學說產生了深刻的影響。這些基本的共識是本研究得以進行的重要前提。同時從研究的視角來看，也存在著一個特別值得注意的現象：即早期「古史辨」派的研究純粹從考古、歷史的角度去考辨「古帝」傳說的眞僞，到後來的學者則越來越多地嘗試從文化史、思想史的視角對「古帝」傳說進行新的解讀。儘管這些新的解讀中似乎還沒有完全放下對於傳說眞僞的關切，但它確是一

〔註81〕楊兆貴：《先秦「五至」論與帝道、王道、霸道說——由〈鶡冠子・博選〉篇說起》，《古代文明》第3卷第3期，2009年7月，第71、74頁。

〔註82〕齊思和：《黃帝之制器故事》，《古史辨（七）》中冊，第381～415頁。

〔註83〕童書業：《「帝堯陶唐氏」名號溯源》，《古史辨（七）》下冊，第1～30頁。

〔註84〕吳國武：《帝舜姓氏考辨——兼談先秦姓氏禮俗的幾個問題》，《中國典籍與文化》，2005年第2期，第84、86、87頁。

個十分重要的變化。正如前面研究意義中所討論的那樣，先秦學者依託附會「古帝」傳說的直接目的在於闡發自己的思想學說而非記載古史，考證那些傳說中的歷史因素雖不無意義，而從思想史的視角去探討它們的政治思想內涵則顯然更能發掘出它們本來的價值。茲正是本文的研究旨趣所在。

## 四、研究方法

探討先秦文獻中「古帝」傳說的政治思想意涵，顯然是一種思想史的視角，那麼首先用到的就是思想史研究的一般方法。又因爲是對先秦文獻中「古帝」傳說的研究，則不可避免地會用到出土文獻，用到文獻學、訓詁學的一般方法。此外，亦將用到社會科學中統計、比較與分析的方法。

**・思想探析**

考察不同歷史時期的先秦文獻中存在的各種「古帝」傳說，探析它們的政治思想內涵和主張。

**・歷史背景考察**

考察先秦文獻中「古帝」傳說演變的歷史背景，將之置於春秋戰國政治發展的大背景下探討其演變的歷史動因。

**・利用新材料**

充分利用長沙馬王堆漢墓帛書、山東銀雀山漢墓竹簡、郭店楚簡、上海博物館藏楚墓竹書、清華簡等新出土文獻，以補傳世文獻之不足。

**・文獻學的方法**

先秦文獻多非成於一時，亦非成於一人之手，甚至有後世所僞託者，故須考辨其形成年代，考辨其學派歸屬，以免史跡淆雜。

**・訓詁學的方法**

先秦文獻中的「古帝」傳說、尤其是出自經傳的那些，今日讀來已不容易理解，必須通過訓詁的方法先會通其義。

**・統計、比較與分析的方法**

統計先秦文獻中出現的「古帝」名號及其出現的次數，比較它們之間存在的差異，分析它們在先秦文獻中的影響與地位，以確定本文的研究範圍。也要比較分析同一「古帝」傳說在不同時期所蘊涵之政治思想的差異，以及不同「古帝」傳說之間所蘊涵之政治思想的差異。

## 五、文獻考辨與先秦史料

本文是基於文獻的研究，史料來源於各類相關文獻，包括傳世的與出土的先秦文獻，清人輯佚書中的先秦文獻，以及漢代以來的著述中所編纂或引述的先秦史料等，其中尤以傳世與出土的先秦文獻爲最主要的部分。但傳世的先秦文獻存在的問題也最多，不僅有在流傳過程中造成的訛脫增衍甚至人爲的刪改附益，還有一些後世「僞作」之書——那些書本來已佚失，但後世之人又搜輯殘篇佚句而增益其說，甚至完全出於杜撰，而冒稱本書。所以，在使用這些文獻之前，都不得不進行一番考辨的工作。

對先秦文獻的考辨工作自劉向校理中秘圖書時已肇其端，此後歷代學者皆有注意或用力於此者，尤其經過了清代與近代學者卓越的辨僞工作，以及最近三十年來學術界結合考古發現所進行的考辨工作，使得許多傳世先秦文獻的真僞越來越清楚。本文不再重複那些煩瑣的工作，惟仰承前人考辨之功，僅就本文研究所能應用到之各類史料作扼要說明。

### ・傳世的先秦文獻

這部分文獻有《周易》、《今文尚書》、《詩經》、《儀禮》、《春秋左傳》、《國語》、《周禮》、《禮記》、《大戴禮記》、《論語》、《逸周書》、《孫子兵法》、《墨子》、《孟子》、《管子》、《老子》、《莊子》、《荀子》、《楚辭》、《呂氏春秋》、《韓非子》、《戰國策》、《公孫龍子》、《商君書》、《鶡冠子》、《山海經》、《穆天子傳》等〔註85〕，有經有史有子有集，撰成年代有早有晚，早者或成於周代以前，晚者則不遲於戰國之末，雖然它們在流傳過程中難免訛脫和後世的改動，但經過眾多前輩學者的考證校勘和研究，其內容基本上保持了先秦之舊。即使其中有些文獻或其中的某些篇章一度被定爲僞書，如《公孫龍子》、《商君書》、《鶡冠子》等，也是因爲對古書的成書體例不了解所致〔註86〕。經學術界的考證研究，儘管對於它們的具體形成年代和作者還有爭議，但大致來說它們爲諸子後學編輯而成，成書於戰國末期當能達成一定共識，而其中的一些篇章可能流傳已久。

〔註85〕這一部分文獻的界定主要依據了劉起釪先生的《西周春秋戰國史史料》一文
　　　　（該文經中國社會科學院吳銳研究員修訂），見陳高華、陳智超等著《中國古
　　　　代史史料學（修訂本）》第二章，第35～70頁。惟其中《鶡冠子》一書，劉
　　　　先生文中未列爲可以信據的先秦史料，但多數學者，包括唐蘭、李學勤、裘
　　　　錫圭先生等，通過與長沙馬王堆漢墓帛書《老子》乙本卷前古佚書的比較，
　　　　皆認爲其是先秦文籍，大致成書於戰國之末，故此處亦列爲先秦史料。
〔註86〕余嘉錫著：《古書通例》，北京：中華書局，2007年10月。

而若《吳子》、《司馬法》、《文子》、《六韜》、《尹文子》、《尉繚子》、《素問》、《甘石星經》等文獻，過去皆被認爲是僞書〔註87〕，但現代學亦多認爲它們是重要的先秦史料〔註88〕，它們的基本內容也形成於先秦。但是，它們之所以被長期定爲僞書，也不全然沒有道理，因爲它們的文字爲後世改動較大，有的可以說是比較嚴重的竄改，儘管其基本的思想內容沒有變化，但已遠非先秦舊文。如其中的《文子》、《六韜》等，與出土的漢代簡文相比較，思想雖然基本一致，可以論定其是成書於先秦，但傳世本的文字篇章與簡文已有很大差異。若也將之作爲直接的先秦文獻來使用，則必然難以得出可靠的結論。就本文的研究來說，對先秦文獻的原貌要求更高，那麼這部分文獻就僅有間接的參考價值了。

・出土的先秦文獻

20 世紀以來，中國的考古工作取得長足進展，各地出土了大批甲骨簡牘帛書銘文，有卜辭、遣策、日書、曆譜、禱語、醫書、律曆、文書、語叢、記事、著述等，內容涉及經濟政治、思想文化、文學藝術以及社會生活各方面，其中有不少的先秦史料以及諸子的佚籍佚篇，對本文的研究尤爲重要。與本研究直接相關，且已經公布或部分公布了釋文的出土先秦文獻主要有：湖南長沙子彈庫楚墓帛書、湖北荊門郭店一號楚墓竹簡、上海博物館藏戰國楚竹書、山東臨沂銀雀山一號漢墓竹簡、湖南長沙馬王堆三號漢墓帛書、河北定縣西漢中山懷王墓竹簡、河北平山縣戰國中山王墓 M1 銅器銘文、清華大學藏戰國竹簡等。這些出土文獻中多爲佚籍佚篇，或記載了當時重要的史事，可補傳世文獻之不足，對本研究的重要性不亞於傳世文獻。

除此之外，其它一些出土文獻，或因殘損嚴重，或因內容不與本研究直接相關，如信陽長臺關一號楚墓竹簡、湖北江陵望山一二號楚墓竹簡、湖北江陵九店五六號和六二一號楚墓竹簡、湖北荊門包山二號楚墓簡牘、河南新蔡葛陵楚平夜君成墓、湖北雲夢睡虎地十一號秦墓竹簡、湖北江陵王家臺 15 號秦墓竹簡、安徽阜陽雙古堆西漢汝陰侯墓簡牘等，但它們往往涉及先秦的某方面的歷史，本文作爲背景資料予以參考。還有更多出土簡牘帛書文獻尚未公布釋文，無法獲知具體內容，只能留待以後補充了。

---

〔註87〕 《古今僞書考》、《古今僞書考補證》、《僞書通考》等幾部重要的辨僞著作皆持這樣的觀點。這幾部著作的具體信息見參考文獻。

〔註88〕 陳高華、陳智超等著：《中國古代史史料學（修訂本）》，天津：天津古籍出版社，2006 年 9 月第 1 版，第 35～70 頁。

**・輯佚文獻**

先秦文獻自秦嬴焚書以來，歷經數厄，流傳到今天的已不多，而既使流傳下來的這些文獻，也多有佚失。爲此，自宋代學者已開始了輯佚工作，至清代民國的學者，輯佚成績斐然。這些輯出的佚文佚書，若《竹書紀年》、《世本》，皆是本文的直接參考文獻。這類文獻還有《周易》、《尚書》、《左傳》、二戴《禮記》、《樂經》、《論語》、《孟子》、《荀子》、《老子》、《莊子》、《鶡冠子》、《管子》、《商君書》、《韓非子》、《公孫龍子》、《墨子》、《呂氏春秋》、《山海經》等先秦古籍之佚文佚句佚篇〔註89〕，以及嚴可均校輯的《全上古三代秦漢三國六朝文》中的《全上古三代文》等，雖只鱗片羽，質量參差，然或竟因此而得窺古史之眞。

**・秦漢以來的著述**

秦漢以來的許多重要著述，若《史記》中相關本紀、世家、傳、書、表，《漢書》中相關表、志，以及《尚書大傳》（輯本）、《春秋公羊傳》、《春秋穀梁傳》、《韓詩外傳》、《爾雅》、《新語》、《新書》、《淮南子》、《春秋繁露》、《新序》、《說苑》、《古列女傳》、《法言》、《新論》（輯本）、《白虎通》、《越絕書》、《吳越春秋》、《說文》、《五經異義》（輯本）、《駁五經異義》（輯本）、《古史考》（輯本）、《帝王世紀》（輯本）、《水經注》、《北堂書鈔》、《藝文類聚》、《初學記》、《羣書治要》、《白氏六貼》、《開元占經》、《太平御覽》、《稽古錄》、《通鑒外紀》、《資治通鑒》、《古史》、《皇王大紀》、《路史》等〔註90〕，都不同程度地編纂或引述了大量的先秦史料，亦是本文重要的參考。

在傳世文獻中，那些已被證實的先秦「僞書」，如《連山》、《歸藏》、《古三墳書》、孔傳本《古文尚書》、《子夏易傳》、《亢倉子》、《子華子》、《於陵子》、《晉史乘》、《楚檮杌》等；其中雖包含一些先秦舊文，但爲後世竄改附益嚴重，已遠非原貌的文獻，如《列子》、《孔子家語》、《孔叢子》、《今本竹書紀年》等；那些雖不能定讞爲僞書，但學術界對其眞僞仍存在較大爭議的文獻，如《鬻子》、《關尹子》、《鄧析子》、《鬼谷子》、《陰符經》、《尸子》、《愼子》、《子思子》、《伊尹》等；以及學術界對其作者與成書年代還存在較大爭議的

〔註89〕　孫啓治、陳建華編撰：《中國古佚書輯本目錄解題》，上海：上海古籍出版社，2009 年 5 月。

〔註90〕　陳高華、陳智超等著：《中國古代史史料學（修訂本）》，天津：天津古籍出版社，2006 年 9 月第 1 版，第 35～70 頁。

文獻，如《孝經》：出於謹慎起見，一概不作爲先秦史料採用。

　　既確定了主要的參考文獻範圍，還有一個重要問題需要交待，那就是上述各類先秦文獻的形成年代。先秦文獻的形成有不同於後世著述的獨特體例，余嘉錫先生對此有精彩詳細的論述，曰：「蓋古人著書，不自署姓名，惟師師相傳，知其學出於某氏，遂書以題之，其或時代過久，或學未名家，則傳者失其姓名矣。即其稱爲某氏者，或出自其人手著，或門弟子始著竹帛，或後師有所附益，但能不失家法，即爲某氏之學。古人以學術爲公，初非以此爭名；故於撰著之人，不加別白也。」「約而言之，則周、秦之書，其中無書疏問答，自稱某某，則幾全書不見其名，或並姓氏亦不著。門弟子相與編錄之，以授之後學，若今之用爲講章；又各以所見，有所增益，而學案、語錄、筆記、傳狀、注釋，以漸附入。其中數傳以後，不辨其出何人手筆，則推本先師，轉相傳述曰：此某先生之書云耳。既欲明其師法，又因書每篇自爲起訖，恐簡策散亂，不可無大題以爲識別，則於篇目之下題曰某子，而後人以爲皆撰人姓名矣。」〔註91〕是先秦文獻既非成於一時，亦非成於一人之手，名曰「某子」者並不意味著即是全書作者，如此則形成年代的考辨誠非易事，作爲一篇思想史性質的論文，惟於已有研究成果擇善而用之。因涉及篇幅過長，不宜列於緒論之中，乃綴之於附錄一。

## 六、研究重點與難點

### ・研究重點

　　本研究重點探討先秦文獻中「古帝」傳說的政治思想內涵，並考察其在不同歷史時期發生的演變。

### ・研究難點

　　本文的難點在於探析不同「古帝」傳說之間的關係，這種關係不是彼此思想理路上存在的必然邏輯，而是需要置於春秋戰國政治發展的大背景中去考察。

## 七、研究架構

　　全文大致分爲七個部分，第一部分是緒論，最後一部分是結束語，中間五章是論文的主體。具體來說：緒論部分主要界定研究的對象、問題、意義、

〔註91〕余嘉錫著：《古書通例》，第 204、208～209 頁。

目的，綜述研究的現狀，並說明研究方法、基本史料、重點、難點和文章的基本架構；第二部分即第一章，考察先秦文獻中存在的「古帝」傳說，確定研究的範圍——落實於黃帝、堯、舜；第三部分即第二章，考察先秦文獻中堯舜「政治」的發生演變，探討其思想內涵，考察其演變；第四部分即第三章，考察先秦文獻中堯舜「禪讓」傳說的演變，探討其發生的原因與思想內涵；第五部分即第四章，考察先秦文獻中黃帝傳說與「黃帝之學」的興起，探討「黃帝之學」的思想內涵；第六部分即第五章，探析先秦文獻中「古帝」傳說演變的歷史背景，考察其與春秋戰國政治發展的互動關係。最後一部分是結束語，總結本文的基本認識、創新點與不足。

# 第一章　先秦文獻中的「古帝」傳說

　　學術界對五帝傳說的研究已經比較多了，但就傳世的與出土的先秦文獻來看，它們所稱述的「古帝」決不止於「五」，「五帝」一說顯然不足以涵蓋先秦文獻稱述「古帝」傳說的多樣性和複雜性，這也正是本研究題目中使用「古帝」一語而不用「五帝」的原因所在。

　　事實上，許多有關五帝傳說的研究認為先秦時期存在著若干不同的五帝系統，不管這一結論是否正確，皆表明了先秦文獻中存在更多的「古帝」傳說，但研究者往往拘泥於「五帝」這一成數，而沒有對先秦文獻稱述「古帝」的情況進行更全面深入的考察。本研究既欲超越「五帝」這一說法的局限，探討先秦文獻所稱述之「古帝」傳說的思想內涵，那麼全面考察它們所稱述「古帝」傳說的基本狀況即是首要的任務。就本研究的論題而言，此一首要任務可以通過以下工作來完成：一，考察先秦文獻中稱述了哪些「古帝」；二，考察那些被稱述次數較多的「古帝」在先秦文獻中的影響狀況；三，考定在先秦文獻中具有廣泛影響的「古帝」傳說以作為本文的中心研究對象。下面即分為三節去完成以上工作，以便進一步展開下面的研究。

## 一、先秦文獻中稱述的「古帝」

　　先秦文獻中稱述了哪些「古帝」呢？《緒論》中已界定了「先秦」和「先秦文獻」的範圍，即以各種先秦文獻中所稱述之「帝」是否可以確指作為取捨的標準，在所見到的出土與傳世的先秦文獻中，共統計得到太皞、炎帝、赤帝、黃帝、帝鴻、少皞、帝乾荒、顓頊、高陽、□帝、黑帝、白帝、帝嚳、

帝俈、帝摯、帝堯、唐、帝朱、帝舜、虞、帝江、帝夋、禹、帝夷羿、帝相、帝杼、帝宁、帝芬、帝泄、帝降、帝扃、帝廑、帝臯、帝皐、湯、帝開甲、帝甲、帝乙、帝辛、帝奄等四十個「古帝」名號。

在上面的許多「古帝」名號中，有些是異稱同謂，如炎帝又名赤帝，顓頊即高陽，帝嚳又作帝俈，帝堯曰陶唐，帝舜曰有虞，帝宁也作帝杼，帝臯同於帝皐，在古代文獻中已是常識，茲不贅述。

「帝夋」之稱出於子彈庫帛書《乙篇》，而不見於其它先秦古籍。皇甫謐《帝王世紀》云帝嚳「生而神異，自言其名曰夋」〔註 1〕。《山海經‧海經》部分有「帝俊」，郭璞注《大荒西經》以爲帝俊宜爲帝嚳，其餘皆以爲帝舜；郝懿行既以帝俊爲帝嚳，又疑其爲顓頊，非專指一人〔註2〕。王國維先生認爲「三占從二，郭璞以帝俊爲帝舜，不如皇甫以夋爲嚳名之當」〔註3〕。王氏以下之學者，或認爲帝俊即帝嚳〔註4〕，或認爲帝俊是帝舜〔註5〕，莫衷一是。考上述之各派觀點，皆以帝俊同於帝夋，惟不知此帛書之「帝夋」是否即《山海經‧海經》中的「帝俊」。又考《山海經‧海經》部分既稱述有帝俊，而同時亦出現了帝舜、帝嚳、帝顓頊等名號，無以判斷「帝俊」之確指，不如仍將此帛書「帝夋」單列。

「帝奄」之稱一見於銀雀山漢墓竹簡《孫臏兵法‧見威王》，曰：「帝奄反，故周公淺之。」注釋以爲「『帝』字當是『商』字誤寫。」〔註 6〕考當時史事，作「商奄」誠是〔註7〕。

若《呂氏春秋》於十二《紀》中所稱「其帝太皞」、「其帝炎帝」、「其帝黃帝」、「其帝少皞」、「其帝顓頊」，《山海經‧西山經》所稱「其神白帝少昊」，

---

〔註 1〕 徐宗元輯：《帝王世紀輯存》，北京：中華書局，1964 年 6 月，第 30 頁。

〔註 2〕 〔清〕郝懿行撰：《山海經箋證》，清嘉慶十四年阮氏琅環仙館刻本。

〔註 3〕 王國維：《殷卜辭中所見先公先王考》，王國維著《觀堂集林》上冊，第 413 頁。又見王國維：《殷卜辭中所見先公先王續考》，王國維著《觀堂集林》上冊，第 438 頁。

〔註 4〕 如袁珂先生即認爲「帝俊」就是「帝嚳」。見袁珂校注：《山海經校注》卷九，成都：巴蜀書社，1993 年 4 月，第 397～398 頁。

〔註 5〕 如章太炎、郭沫若、顧頡剛、童書業、揚寬、劉起釪諸先生即持此種觀點，具體著述見「參考文獻」。

〔註 6〕 《孫臏兵法‧見威王》，銀雀山漢墓竹簡整理小組編《銀雀山漢墓竹簡（壹）》，北京：文物出版社，1985 年 9 月，第 48、49 頁。

〔註 7〕 《尚書大傳‧金縢》曰：「周公以成王之命殺祿父，遂踐奄。」《史記‧周本紀》曰：「召公爲保，周公爲師，東伐淮夷，殘奄。」

「有神焉……實爲帝江」，皆是神帝而非人王。然而，儘管《山海經‧西山經》稱「白帝少昊」，少昊又作少皞，漢以後的文獻也多以爲白帝即少昊／少皞，但《世本‧帝王世本》中的帝少皞系黃帝之子，「代黃帝而有天下」〔註8〕，銀雀山漢墓竹簡《孫子兵法‧黃帝伐赤帝》的白帝則爲黃帝所伐〔註9〕，顯然二者不是同一人。

因此，四十個「古帝」名號中共有炎帝／赤帝、黃帝、帝鴻、帝少皞、帝乾荒、顓頊／高陽、□帝、黑帝、白帝、帝嚳／帝佶、帝摯、帝堯／唐、帝朱、帝舜／虞、帝夋、禹、帝夷羿、帝相、帝杼／帝宁、帝芬、帝泄、帝降、帝扃、帝廑、帝皋／帝皐、湯、帝開甲、帝甲、帝乙、帝辛等三十個名號實指人王，可以成爲本文的研究對象。但本文重在探討先秦文獻所稱述「古帝」傳說的思想內涵，故而研究對象的確定必須考慮其在先秦文獻所稱述之「古帝」傳說中的代表性，這一點可以從兩個方面考察：一是稱述文獻的總篇目數，二是稱述文獻分布的歷史時期。

### （一）「古帝」稱述的文獻篇目統計

三十位「古帝」在先秦文獻中的出現頻率是不一樣的，也就是說每一位「古帝」被稱述的次數是不同的，有的「古帝」可能有十幾甚至幾十篇文獻稱述，有的「古帝」可能只是偶見於某一篇文獻。下面以表格的形式羅列出三十位「古帝」分別被稱述的文獻篇目：

表一

| 古帝 | 稱述的文獻【篇數】 |
|---|---|
| 赤帝／炎帝 | 《國語‧晉語四‧文公在狄十二年》、《左傳‧昭十七年》、《左傳‧哀九年》、《大戴禮記‧五帝德》、《管子‧封禪》、《逸周書‧嘗麥》、銀雀山漢墓竹簡《孫子兵法‧黃帝伐赤帝》、王家臺秦簡《易占》、子彈庫帛書《乙篇》【9】 |
| 黃帝 | 《周易‧繫辭下》〔註10〕，《國語》之《魯語上‧海鳥曰爰居》、《晉語四‧文公在狄十二年》、《左傳》之《僖二十五年》、《昭十七年》、《禮記》之《樂記》、 |

〔註8〕 茆泮林輯：《世本》，〔漢〕宋衷注，〔清〕秦嘉謨等輯《世本八種》，北京：中華書局，2008年8月，第8頁。

〔註9〕 《孫子兵法‧黃帝伐赤帝》，銀雀山漢墓竹簡整理小組編《銀雀山漢墓竹簡（壹）》，第32頁。

〔註10〕 馬王堆漢墓帛書《繫辭》所稱述內容同。見張政烺：《馬王堆帛書〈周易‧繫辭〉校讀》，陳鼓應主編《道家文化研究》第三輯，上海：上海古籍出版社，1993年8月，第27～35頁。

| | |
|---|---|
| | 《祭法》，《大戴禮記》之《武王踐阼》〔註11〕、《五帝德》、《帝繫》、《虞戴德》，《管子》之《法法》、《五行》、《任法》、《封禪》、《桓公問》、《地數》、《揆度》、《國准》、《輕重戊》，《商君書》之《更法》、《畫策》，《莊子》之《齊物論》、《大宗師》、《在宥》、《天地》、《天道》、《天運》、《繕性》、《至樂》、《田子方》、《知北遊》、《徐無鬼》、《盜跖》、《天下》，《呂氏春秋》之《孟春紀》、《仲春紀》、《季春紀》、《孟夏紀》、《仲夏紀》、《季冬紀》、《有始覽》、《孝行覽》、《審應覽》、《離俗覽》、《慎行論》、《士容論》，《韓非子》之《揚權》、《十過》、《外儲說左上》、《五蠹》，《戰國策》之《秦一‧蘇秦始將連橫說秦惠王》、《趙二‧武靈王平晝間居》、《魏二‧五國伐秦無功而還》，《逸周書‧嘗麥》，《古本竹書紀年‧五帝紀》，《世本‧帝王世本》，《山海經‧西山經》，《穆天子傳》卷二，馬王堆漢墓帛書《二三子問》、《十六經》，銀雀山漢竹簡《孫子兵法》之《行軍》〔註12〕、《黃帝伐赤帝》，《孫臏兵法》之《見威王》、《勢備》，王家臺秦簡《易占》【66】 |
| 帝鴻 | 《左傳‧文十八年》【1】 |
| 帝少皥 | 《世本‧帝王世本》【1】 |
| 帝乾荒 | 《古本竹書紀年‧五帝紀》【1】 |
| 顓頊／高陽 | 《左傳‧昭十七年》，《大戴禮記》之《五帝德》、《帝繫》，《墨子‧尚賢中》〔註13〕，《楚辭‧離騷》，《呂氏春秋》之《孟夏紀》、《仲夏紀》，《古本竹書紀年‧五帝紀》，《世本‧帝王世本》【9】 |
| □帝 | 銀雀山漢竹簡《孫子兵法‧黃帝伐赤帝》【1】 |
| 黑帝 | 銀雀山漢竹簡《孫子兵法‧黃帝伐赤帝》【1】 |
| 白帝 | 銀雀山漢竹簡《孫子兵法‧黃帝伐赤帝》【1】 |
| 帝嚳／帝俈 | 《國語》之《周語下‧王將鑄無射問律於伶州鳩》、《魯語上‧海鳥曰爰居》，《禮記‧祭法》，《大戴禮記》之《五帝德》、《帝繫》，《管子‧封禪》，《呂氏春秋》之《孟夏紀》、《仲夏紀》，《世本‧帝王世本》【9】 |
| 帝摯 | 《大戴禮記‧帝繫》【1】 |

〔註11〕 《上海博物館藏戰國楚竹書（七）》亦有《武王踐阼》一篇，內容與《大戴禮記‧武王踐阼》篇有差異，但亦記武王問於師尚父曰：「不知黃帝、顓頊、堯、舜之道在乎？意微喪不可得而睹乎？」見陳佩芬：《武王踐阼》，馬承源主編《上海博物館藏戰國楚竹書（七）》，上海：上海古籍出版社，2008年十2月，第151頁。

〔註12〕 此篇稱述曰「凡四軍之利，黃帝之……」，「之」下文字損壞。見銀雀山漢墓竹簡整理小組編《銀雀山漢墓竹簡（壹）》第18頁。傳世本《孫子兵法‧行軍篇》亦有此句，曰：「凡此四軍之利，黃帝之所以勝四帝也。」文字雖稍有不同，但皆稱述「黃帝」則是無疑。

〔註13〕 《墨子‧尚賢中》曰：「若昔者伯鯀，帝之元子，廢帝之德庸，既乃刑之于羽之郊，乃熱照無有及也，帝亦不愛。」考《大戴禮記》之《五帝德》、《帝繫》和《世本‧帝王世本》皆謂鯀為帝顓頊之子，故據以斷此處所謂「帝」為帝顓頊。

| 帝堯／唐 | 《尚書・堯典》，《禮記・樂記》，《大戴禮記》之《五帝德》、《帝繫》，《管子・法法》，《孟子》之《萬章章句》上、下，《莊子》之《天運》、《秋水》、《盜跖》，《荀子》之《非相篇》、《議兵篇》，《呂氏春秋》之《孟夏紀》、《仲夏紀》、《恃君覽》，《古本竹書紀年・五帝紀》，《世本・帝王世本》，《韓非子・忠孝》，郭店楚簡《唐虞之道》【19】 |
|---|---|
| 帝朱 | 《古本竹書紀年・五帝紀》【1】 |
| 帝舜／虞 | 《尚書》之《堯典》、《皋陶謨》，《國語・吳語・吳王夫差既許越成》、《左傳》之《昭八年》、《昭二十九年》，《禮記》之《樂記》、《表記》，《大戴禮記》之《五帝德》、《帝繫》，《管子・法法》，《孟子・公孫丑章句上》，《莊子》之《天運》、《秋水》、《盜跖》，《荀子》之《非相篇》、《議兵篇》，《呂氏春秋》之《孟夏紀》、《仲夏紀》、《有始覽》、《恃君覽》、《士容論》，《古本竹書紀年・五帝紀》，《世本・帝王世本》，上博簡《子羔》【24】 |
| 帝夋 | 子彈庫帛書《乙篇》【1】 |
| 禹 | 《荀子・議兵篇》【1】 |
| 帝夷羿 | 《左傳・襄四年》【1】 |
| 帝相 | 《古本竹書紀年・夏紀》【1】 |
| 帝杼／帝宁 | 《古本竹書紀年・夏紀》、《世本・帝王世本》【2】 |
| 帝芬 | 《世本・帝王世本》【1】 |
| 帝泄 | 《古本竹書紀年・夏紀》【1】 |
| 帝降 | 《世本・帝王世本》【1】 |
| 帝扃 | 《古本竹書紀年・夏紀》【1】 |
| 帝廑 | 《古本竹書紀年・夏紀》【1】 |
| 帝皋／帝皐 | 《古本竹書紀年・夏紀》、《世本・帝王世本》【2】 |
| 湯 | 《荀子・議兵篇》【1】 |
| 帝開甲 | 《古本竹書紀年・殷紀》【1】 |
| 帝甲 | 《國語・周語下・敬王十年劉文公與萇弘》、《古本竹書紀年・殷紀》【2】 |
| 帝乙 | 《尚書》之《酒誥》、《多士》、《多方》，《周易》之《歸妹》與《泰》卦「六五」爻辭、《歸妹・象》，《左傳・哀九年》，《古本竹書紀年・殷紀》【8】 |
| 帝辛 | 《逸周書・克殷》、《周語上・穆王將征犬戎》、《古本竹書紀年・殷紀》【3】 |

　　從上表可以很清楚地看出，各「古帝」被稱述文獻篇目的數量差別很大，被稱述篇目最多的「古帝」是黃帝，共有 66 篇文獻，被稱述最少的「古帝」則只有 1 篇文獻稱述。如果以稱述篇目由多到少為序，這三十位「古帝」的順序依次是：黃帝〔66〕、帝舜／虞〔24〕、帝堯／唐〔19〕、顓頊／高陽〔9〕、

帝嚳／帝佶〔9〕、赤帝／炎帝〔9〕、帝乙〔8〕、帝辛〔3〕、帝杼／帝宁〔2〕、帝皋／帝皇〔2〕、帝甲〔2〕，其餘若帝少皥、帝鴻、帝乾荒、□帝、黑帝、白帝、帝摯、帝爻、帝朱、禹、帝夷羿、帝相、帝芬、帝泄、帝降、帝扃、帝廑、湯、帝開甲等十九位「古帝」皆只有 1 篇文獻稱述。被稱述文獻篇目的多少，一定程度上反映了他們「帝」的身份被認可的程度。有更多文獻稱述的「古帝」，意味著其「帝」的身份得到了更廣泛的認可，相對那些偶被稱及，同時也沒有其他名分出現於先秦文獻中的「古帝」，一般也意味著其傳說在先秦時代有更廣泛的影響〔註 14〕。那些偶被某篇文獻稱述爲「帝」者，如果不是其傳說渺茫，則意味著其「帝」的身份不被廣泛認可，或者他們以其它名分存在於先秦文獻之中。

### （二）不同時期的「古帝」稱述情況

「先秦」代表的是一個相當長的歷史時期，各種先秦文獻的著作年代也差距很大，尤其是許多文獻本身，像《禮記》、《管子》等，也是由不同時代的著述編集而成，僅僅以被稱述文獻篇目的多少還不能全面的反映這些「古帝」被稱述的眞實情況，因而有必要分時期分階段地考察三十位「古帝」被稱述的狀況。下面筆者將先秦分爲西周、春秋、戰國三個時代，每個時代再分爲前、中、後三個時期，每個時期再分爲三個階段：

表二

| 時期＼時代 | | 西周<br>1046 B.C.～771 B.C. | 春秋<br>770 B.C.～477 B.C. | 戰國<br>476 B.C.～221 B.C. |
|---|---|---|---|---|
| 前期 | 前葉 | 1046 B.C.～1016 B.C. | 770 B.C.～738 B.C. | 476 B.C.～448 B.C. |
| | 中葉 | 1015 B.C.～985 B.C. | 737 B.C.～705 B.C. | 447 B.C.～419 B.C. |
| | 後葉 | 984 B.C.～955 B.C. | 704 B.C.～673 B.C. | 418 B.C.～391 B.C. |
| 中期 | 前葉 | 954 B.C.～924 B.C. | 672 B.C.～640 B.C. | 390 B.C.～362 B.C. |
| | 中葉 | 923 B.C.～893 B.C. | 639 B.C.～607 B.C. | 361 B.C.～334 B.C. |
| | 後葉 | 892 B.C.～863 B.C. | 606 B.C.～575 B.C. | 333 B.C.～305 B.C. |

〔註 14〕 例如，禹、湯在先秦文獻中一般是作爲「王」稱述的，他們被稱述的次數應不低於黃帝。此外，由於「黃帝」的名號中含有「帝」字，使其統計數據占了很大優勢，而實際上堯、舜傳說在先秦文獻中被稱述的次數遠遠高於黃帝。對於這些具體情況，下面的考察中將一一詳細說明。

| | | | | |
|---|---|---|---|---|
| 後期 | 前葉 | 862 B.C.～832 B.C. | 574 B.C.～542 B.C. | 304 B.C.～277 B.C. |
| | 中葉 | 831 B.C.～801 B.C. | 541 B.C.～509 B.C. | 276 B.C.～249 B.C. |
| | 後葉 | 800 B.C.～771 B.C. | 508 B.C.～477 B.C. | 248 B.C.～221 B.C. |

　　表二中各歷史時期和歷史階段的劃分，只是爲了方便對不同時期的先秦
文獻稱述「古帝」情況的考察，並沒有其它的特殊意義。西周、春秋、戰國
三個時代的起訖時間皆採用傳統說法〔註15〕，不同歷史時期或階段之間可能
有一年的誤差。表二中對於不同歷史時期階段的劃分，也適用於其它章節。
按照表二的時代劃分將稱述「古帝」的各篇文獻排列起來，就可以看出稱述
「古帝」的情況在不同歷史時的變化趨勢。

　　表一稱述「古帝」各篇文獻的寫成或寫定的大致時代，筆者於《附錄一》
中有比較詳細地考證，此處惟按照上述時期劃分將稱述「古帝」的各篇文獻
和其稱述的「古帝」皆以表格的形式列舉出來：

表三

| 文獻篇目 | 著作時代 | 稱述的古帝 |
|---|---|---|
| 《尚書》之《酒誥》、《多士》、《多方》，《周易》之《泰・六五》、《歸妹・六五》，《逸周書・克殷》 | 西周前期前葉 | 帝乙、帝辛 |
| 《逸周書・嘗麥》 | 西周前期後葉 | 赤帝、黃帝 |
| 《國語・周語上・穆王將征犬戎》 | 西周前期後葉至中期前葉 | 帝辛 |
| 《左傳》之《僖二十五年》、《文十八年》，《國語》之《魯語上・海鳥曰爰居》、《晉語四・文公在狄十二年》 | 春秋中期中葉 | 炎帝、黃帝、帝鴻、帝嚳 |
| 《左傳・襄四年》 | 春秋後期前葉 | 帝夷羿 |
| 《左傳》之《昭八年》、《昭十七年》、《昭二十九年》，《國語》之《周語下・王將鑄無射問律於伶州鳩》、《周語下・敬王十年劉文公與萇弘》 | 春秋後期中葉 | 炎帝、黃帝、顓頊、帝嚳／虞帝／帝舜、帝甲 |

〔註15〕西周起始年代採用「夏商周斷代工程」的結論，定在武王滅商之年公元前 1046
　　　年。見夏商周斷代工程專家組編著：《夏商周斷代工程 1996～2000 年階段成
　　　果報告（簡本）》，北京：世界圖書出版公司，2000 年 10 月，第 88 頁。春秋、
　　　戰國時代的起訖年皆採用通常的說法。

| 文獻 | 時期 | 古帝 |
|---|---|---|
| 《左傳・哀九年》、《國語・吳語・吳王夫差既許越成》、《尚書・堯典》、《尚書・皋陶謨》 | 春秋後期後葉 | 炎帝、帝堯、帝舜、帝乙 |
| 銀雀山漢竹簡《孫子兵法》之《行軍》、《黃帝伐赤帝》 | 春秋後期後葉至戰國前期前葉 | 黃帝、赤帝、□帝、黑帝、白帝 |
| 《周易》之《歸妹・象》、《繫辭下》 | 戰國前期前中葉 | 帝乙、黃帝 |
| 《禮記・表記》、《山海經・西山經》 | 戰國前期中葉 | 黃帝、虞帝 |
| 上博簡《子羔》、《墨子・尚賢中》 | 戰國前期中後葉 | 舜、顓頊 |
| 《禮記・樂記》，《大戴禮記》之《武王踐阼》、《五帝德》、《帝繫》 | 戰國前期後葉 | 黃帝、顓頊、帝嚳、帝堯、帝舜、帝摯 |
| 馬王堆漢墓帛書《二三子問》 | 戰國前期後葉至中期前葉 | 黃帝 |
| 郭店楚簡《唐虞之道》 | 戰國中期中葉 | 堯 |
| 銀雀山漢竹簡《孫臏兵法》之《見威王》、《勢備》，《禮記・祭法》，《大戴禮記・虞戴德》，子彈庫帛書《乙篇》 | 戰國中期中後葉 | 黃帝、炎帝、帝嚳、帝爰 |
| 《戰國策》之《趙二・武靈王平晝閒居》、《秦一・蘇秦始將連橫說秦惠王》，《楚辭・離騷》 | 戰國中期後葉 | 黃帝、高陽 |
| 《管子》之《法法》、《五行》、《任法》、《封禪》、《桓公問》，《孟子》之《公孫丑章句上》、《萬章章句上》、《萬章章句下》，《莊子》之《齊物論》、《大宗師》 | 戰國中期後葉至後期前葉 | 黃帝、炎帝、帝倍、舜／唐、堯／虞 |
| 《戰國策・魏二・五國伐秦無功而還》、《古本竹書紀年》之《五帝紀》、《夏紀》、《殷紀》，《穆天子傳》卷二 | 戰國後期前葉 | 帝乾荒、黃帝、顓頊、堯、帝朱、舜、帝相、帝宁、帝泄、帝扃、帝廑、帝皋、帝開甲、帝甲、帝乙、帝辛 |
| 《管子》之《地數》、《揆度》、《國准》、《輕重戊》 | 戰國後期中葉 | 黃帝 |
| 《荀子》之《非相篇》、《議兵篇》，馬王堆漢墓帛書《十六經》 | 戰國後期中後葉 | 堯、舜、禹、湯 |
| 《呂氏春秋》之《孟春紀》、《仲春紀》、《季春紀》、《孟夏紀》、《仲夏紀》、《季冬紀》、《有始覽》、《孝行覽》、《審應覽》、《離俗覽》、《恃君覽》、《慎行論》、《士容論》，《商君書》之《更法》、《畫策》，《韓非子》之《揚權》、《十過》、《外儲說左上》、《五蠹》、《忠孝》，王家臺秦簡《易占》，《世本・帝王世本》 | 戰國後期後葉 | 炎帝、黃帝、顓頊、帝嚳、帝堯、帝舜、帝少皞、帝杼、帝芬、帝降、帝皋、 |
| 《莊子》之《在宥》、《天地》、《天道》、《天運》、《繕性》、《秋水》、《至樂》、《田子方》、《知北遊》、《徐無鬼》、《盜跖》、《天下》 | 戰國後期 | 黃帝、堯、舜 |

　　為了簡潔明瞭，那些沒有文獻稱述「古帝」的時期便沒有在表三中列出，而稱述文獻的寫成時代有交叉者則單獨列出。不過有一個問題需要說明的是，《禮記‧樂記》所稱述黃帝、帝堯、帝舜，《禮記‧表記》所稱述虞帝，《大戴禮記‧五帝德》所稱述黃帝、帝顓頊、帝嚳、帝堯、帝舜，馬王堆漢墓帛書《二三子問》所稱述「黃帝」，皆是引述孔子語，沒有證據顯示這些話是依託，如同《論語》的情形一樣，也只能認為他們真為孔子所述。那麼，這些稱述就不僅是到上述幾篇文獻的寫成或寫定時才存在，而是在孔子時已經存在。《左傳‧襄四年》所稱述帝夷羿乃是引用周辛甲大夫《虞人之箴》中話，同樣也可以說帝夷羿的說法在西周初年已經存在〔註16〕。

　　但是，從表三中還不能清楚地看出每位「古帝」被稱述的時期分布，有必要再作進一步的處理，即以「古帝」為綱，將有文獻稱述他們的歷史時期匯總起來。見下表：

表四

| 古帝名號 | 稱述的歷史時期 |
|---|---|
| 炎帝／赤帝 | 西周前期後葉、春秋中期中葉、春秋後期中葉、春秋後期後葉、春秋後期後葉至戰國前期前葉、戰國中期中後葉、戰國中期後葉至後期前葉、戰國後期後葉 |
| 黃帝 | 西周前期後葉、春秋中期中葉、春秋後期中葉、春秋後期後葉至戰國前期前葉、戰國前期前中葉、戰國前期中葉、戰國前期後葉、戰國前期後葉至中期前葉、戰國中期中後葉、戰國中期後葉、戰國中期後葉至後期前葉、戰國後期前葉、戰國後期中葉、戰國後期中後葉、戰國後期後葉、戰國後期 |
| 帝鴻 | 春秋中期中葉 |
| 少皞 | 戰國後期後葉 |
| 帝乾荒 | 戰國後期前葉 |
| 顓頊／高陽 | 春秋後期中葉、戰國前期中後葉、戰國前期後葉、戰國中期後葉、戰國後期前葉、戰國後期後葉 |
| □帝 | 春秋後期後葉至戰國前期前葉 |
| 黑帝 | 春秋後期後葉至戰國前期前葉 |
| 白帝 | 春秋後期後葉至戰國前期前葉 |

〔註16〕這兒使用「已存在」一詞而不是「才發生」一詞，乃是因為我們現在所能看到的先秦文獻十分有限，只能就看到的稱述認定其「已存在」，而不能據以臆斷其「才發生」。

| 帝嚳／帝俈 | 春秋中期中葉、春秋後期中葉、戰國前期後葉、戰國中期中後葉、戰國中期後葉至後期前葉、戰國後期後葉 |
|---|---|
| 帝摯 | 戰國前期後葉 |
| 帝堯／唐 | 春秋後期後葉、戰國前期後葉、戰國中期中葉、戰國中期後葉至後期前葉、戰國後期前葉、戰國後期中後葉、戰國後期後葉、戰國後期 |
| 帝朱 | 戰國後期前葉 |
| 帝舜／虞 | 春秋後期中葉、春秋後期後葉、戰國前期中葉、戰國前期中後葉、戰國前期後葉、戰國中期後葉至後期前葉、戰國後期前葉、戰國後期中後葉、戰國後期後葉、戰國後期 |
| 帝夋 | 戰國中期中後葉 |
| 禹 | 戰國後期中後葉 |
| 帝夷羿 | 春秋後期前葉 |
| 帝相 | 戰國後期前葉 |
| 帝宁／帝杼 | 戰國後期前葉、戰國後期後葉 |
| 帝芬 | 戰國後期後葉 |
| 帝泄 | 戰國後期前葉 |
| 帝降 | 戰國後期後葉 |
| 帝扃 | 戰國後期前葉 |
| 帝厪 | 戰國後期前葉 |
| 帝皋／帝皐 | 戰國後期前葉、戰國後期後葉 |
| 湯 | 戰國後期中後葉 |
| 帝開甲 | 戰國後期前葉 |
| 帝甲 | 春秋後期中葉、戰國後期前葉 |
| 帝乙 | 西周前期前葉、春秋後期後葉、戰國前期前中葉、戰國後期前葉 |
| 帝辛 | 西周前期前葉、西周前期後葉至中期前葉、戰國後期前葉 |

　　從表四可以清楚地看出，黃帝、帝舜／虞、帝堯／唐、炎帝／赤帝、顓頊、帝嚳／帝俈等六位「古帝」在更多歷史時期被稱述，這說明這他們「帝」的身份不僅廣泛而且持續地得到認可。而那些在較少時期被稱述者，則意味著其「帝」的身份沒有得到廣泛而持續的認可，如果他們沒有以其它名分被先秦文獻更多地稱述，一般也意味著他們的傳說在先秦時代的影響微乎其微。

再結合表一的內容，可以看出無論是就稱述文獻篇目的數量而言，還是就稱述歷史時期的廣泛性而言，都表明黃帝、帝舜／虞、帝堯／唐、顓頊／高陽、帝嚳／帝佶、赤帝／炎帝六位「古帝」之「帝」的身份在先秦時代得到廣泛而持續的認可。不過就這六位「古帝」而言，表一與表四顯示的結果也存在一些差異，即表一顯示顓頊／高陽、帝嚳／帝佶、赤帝／炎帝三位「古帝」皆有 9 篇文獻稱述，而表四則顯示赤帝／炎帝比顓頊／高陽、帝嚳／帝佶在更多的歷史時期被稱述。考先秦文獻對赤帝／炎帝之稱述始於西周前期後葉，對顓頊／高陽之稱述始於春秋後期中葉，對帝嚳／帝佶之稱述始於春秋中期中葉，表明赤帝／炎帝比顓頊／高陽、帝嚳／帝佶在先秦時代有更悠久的影響。但從三位「古帝」被稱述歷史時期的分布來看，則表明顓頊／高陽、帝嚳／帝佶以「帝」的名分在戰國時期比赤帝／炎帝有更高的出現頻率，相對在戰國時期也應該有更廣泛的影響。從先秦文獻的記載來看，黃帝、帝舜／虞、帝堯／唐、顓頊／高陽、帝嚳／帝佶正是孔子以降的文獻中時常稱述的「五帝」，第二節將集中考察這個影響深遠的五帝系統。

稱述帝乙的文獻有 8 篇，分布於四個歷史階段，也應該算是一位在先秦時代被廣泛而持續認可的「古帝」。但實際上帝乙乃是商代的倒數第二個王，雖稱「帝乙」，在先秦文獻中卻基本上是被作為「王」看待。在上面所說的三十個「古帝」中，有同樣情形的不止帝乙，禹、帝夷羿、帝相、帝杼／帝宁、帝芬、帝泄、帝降、帝局、帝廑、帝皋／帝皐、湯、帝開甲、帝甲、帝辛，皆是夏殷之后王。禹、湯連同周之文、武在先秦文獻中一般被稱作「三王」，夷羿是「因夏民以代夏政」的「有窮之后」（《左傳·襄四年》），帝相、帝杼／帝宁、帝芬、帝泄、帝降、帝局、帝廑、帝皋／帝皐、帝開甲、帝甲、帝辛在先秦文獻中也被稱作「后某」、「祖某」，或直接被稱名，如帝辛則常被稱為「紂」或「受」。考稱述帝乙、帝辛的文獻，主要成於西周之初，蓋「帝某」乃是殷人對先王之通稱〔註17〕，《尚書》、《周易》以致《古本竹書紀年》、《世本》只是襲用了那樣的稱呼而已。

## 二、先秦文獻中的五帝系統

這兒所說的「五帝」並不是五位「古帝」的簡單組合，而是一種認識古

---

〔註17〕王國維：《殷卜辭中所見先公先王考》，王國維著《觀堂集林》上冊，第 432 頁。

史傳說的「模式」〔註18〕，代表著特定的治道，特定的古史傳說階段。它是一個系統，在這個系統中作爲代表的五位「古帝」後面還有一系列的古帝。明白了這一點，才不致於將那任何並列稱述的五位古帝王皆視爲一個五帝系統。當然，這只是就先秦文獻中所稱述的作爲「人」的五帝系統而言。

　　先秦文獻中存在著兩種不同性質的五帝系統，一是作爲「神」的五帝系統，一是作爲「人」的五帝系統〔註19〕。《周禮》中的「祀五帝」和《楚辭·九章·惜誦》中的「令五帝以折中兮」之「五帝」，顯然是神而非人。此一五帝系統，諸儒注疏多以《禮記·月令》與《呂氏春秋·十二紀》中的春帝大皞、夏帝炎帝、中央黃帝、秋帝少皞和冬帝顓頊當之〔註20〕，又曰五方帝或五色帝〔註21〕，蓋以其生時能著德立功，死而民祀焉〔註22〕。不過這個「五神帝」的系統與本文的關係不大，此處所考察的乃是先秦文獻中所稱述的「五人帝」系統。

## （一）先秦文獻中的「五帝」系統考辨

### 1. 黃帝、炎帝、共工、大皞、少皞

出現「五帝」一語的最早文獻是《逸周書·嘗麥》篇，曰：

---

〔註18〕 陶磊先生認爲它是「一種認識上古歷史的理論模式」。見陶磊著：《巫統、血統與古帝傳說》，第4頁。

〔註19〕 陶磊先生稱爲是「一是由巫統神明而來的五帝，一是由血統神明而來的五帝」。見陶磊：《巫統、血統與古帝傳說》，第10頁。

〔註20〕 〔清〕孫詒讓撰：《周禮正義（一）》卷四《天官冢宰第一·大宰之職》，北京：中華書局，1987年12月，第135頁。劉起釪先生認爲此是戰國時期的第三個五帝系統，是神化的五帝系統，見劉起釪：《幾次組合紛紜錯雜的「三皇五帝」》，劉起釪著《古史續辨》，第100頁。

〔註21〕 曰：東方青帝太皞，南方赤帝炎帝，西方白帝少皞，北方黑帝顓頊，中央黃帝。所以鄭司農注《周禮·天官冢宰第一·掌次》「朝日祀五帝」即曰「五帝，五色之帝」（《周禮注疏》卷第六《天官冢宰第一·掌次》，〔清〕阮元校刻《十三經注疏》上冊，第677頁上），王逸注《楚辭·九章·惜誦》「令五帝以折中兮」即曰「五帝，謂五方神也」（〔宋〕洪興祖撰：《楚辭補注》卷四，北京：中華書局，1983年3月，第121頁）。

〔註22〕 鄭玄注《禮記·月令》以太皞爲伏羲氏，炎帝爲大庭氏，黃帝爲軒轅氏，少皞爲金天氏，顓頊爲高陽氏；高誘注《呂氏春秋》以太皞爲伏羲氏，炎帝爲神農氏，黃帝爲軒轅氏，少皞爲金天氏，顓頊爲高陽氏。但先儒又分大皞，炎帝，黃帝，少皞，顓頊爲神帝之名，伏羲、神農、軒轅、金天、高陽爲人帝之號，五人帝以其德而有有五天帝之號（見《禮記正義》卷第十四《月令第六》，〔清〕阮元校刻《十三經注疏》上冊，第1353頁中下。〔清〕孫詒讓撰：《周禮正義（五）》卷三十六《春官宗伯第三·小宗伯》，第1428～1429頁）。

宗揜大正，昔天之初誕作，二后乃設建典，命赤帝分正二卿，命蚩尤宇于少昊，以臨四方，司□□上天未成之慶。蚩尤乃逐帝，爭于涿鹿之河，九隅無遺。赤帝大懾，乃說于黃帝，執蚩尤殺之于中冀，以甲兵釋怒，用大正順天，思序紀于大帝，用名之曰絕轡之野。乃命少昊清司馬鳥師，以正五帝之官。故名曰質天，用大成，至于今不亂。……

命少昊者可能是天，但「以正五帝之官」中的「五帝」何指呢？從上面的這段話中無法直接看出。不過，「乃命少昊清司馬鳥師」一句有明顯引導作用，既然不用特別解釋，那麼說者聽者必然熟知相關的掌故。當然，說者與聽者所熟知的相關掌故後人已不可確知，但由那句話仍然可以很容易的聯想到《左傳・昭十七年》中郯子講述的「少皞氏鳥名官」傳說：

秋，郯子來朝，公與之宴。昭子問焉，曰：「少皞氏鳥名官，何故也？」郯子曰：「吾祖也，我知之。昔者黃帝氏以雲紀，故為雲師而雲名。炎帝氏以火紀，故為火師而火名。共工氏以水紀，故為水師而水名。大皞氏以龍紀，故為龍師而龍名。我高祖少皞摯之立也，鳳鳥適至，故紀於鳥，為鳥師而鳥名。……自顓頊以來，不能紀遠，乃紀於近，為民師而命以民事，則不能故也。」(《左傳・昭十七年》)

少昊即少皞，兩處史事似乎相合，朱右曾、黃懷信正以其中的黃帝、炎帝、共工、大皞、少皞比附《嘗麥》篇中的「五帝」〔註23〕。但是，《左傳・昭十七年》中并沒有說黃帝、炎帝、共工、大皞、少皞即五帝，注疏也從沒有作過這樣的解釋，尤其是未見共工氏在先秦文獻中被稱為「帝」者，所以這個合理「聯想」的五帝組合，只是可以解釋《逸周書・嘗麥》篇中的「五帝」一語，只是就所涉及的「古帝」數目而計，或許並不能視為一個五帝系統。更何況還有顓頊呢？顓頊在先秦文獻中明確地稱為帝，何以排斥在五帝之外？而若以「五帝六人」說解之〔註24〕，則先生之少皞焉得正後生顓頊之官乎？

〔註23〕　見〔清〕朱右曾撰，嚴可均輯，林春溥撰：《逸周書集訓校釋》，臺北：世界書局，2010 年 1 月，第 166 頁。黃懷信著：《逸周書校補注譯（修訂本）》，西安：三秦出版社，2006 年 9 月，第 295 頁。

〔註24〕　陶磊：《巫統、血統與古帝傳說》，第 44～45 頁。

## 2. 包犧、神農、黃帝、堯、舜

劉起釪先生認爲包犧、神農、黃帝、堯、舜亦是一個五帝系統〔註25〕，這個五帝系統出於《周易・繫辭下》（亦見於馬王堆漢墓帛書《繫辭》），而《戰國策・趙二・武靈王平晝閒居》中也有稱述，《商君書・更法》襲用其文〔註26〕：

> 古者包犧氏之王天下也，仰則觀象於天，俯則觀法於地，觀鳥獸之文與地之宜，近取諸身，遠取諸物，於是始作八卦，以通神明之德，以類萬物之情。作結繩而爲罔罟，以佃以漁，蓋取諸離。包犧氏沒，神農氏作，斫木爲耜，揉木爲耒，耒耨之利，以教天下，蓋取諸益。日中爲市，致天下之民，聚天下之貨，交易而退，各得其所，蓋取諸噬嗑。神農氏沒，黃帝、堯、舜氏作，通其變，使民不倦，神而化之，使民宜之。……（《周易・繫辭下》）

> 古今不同俗，何古之法？帝王不相襲，何禮之循？宓戲、神農教而不誅，黃帝、堯、舜誅而不怒，及至三王，觀時而制法，因事而制禮，法度制令，各順其宜；衣服器械，各便其用。故禮（理）世不必一其道，便國不必法古。……（《戰國策・趙二・武靈王平晝閒居》）

由於認爲《周易・繫辭》晚出，劉氏實際是依據《武靈王平晝閒居》篇中的稱述提出這一五帝系統的，推其邏輯，蓋以篇中既云「帝王不相襲」，又依次追述宓戲、神農、黃帝、堯、舜及三王，三王即是「王」，宓戲、神農、黃帝、堯、舜當然是「五帝」。但問題在於「帝王」於後面的宓戲、神農、黃帝、堯、舜是否有這樣的對應關係？且稱述中明以宓戲、神農爲一組，黃帝、堯、舜爲一組，三王爲一組，其法不相同，何以合宓戲、神農、黃帝、堯、舜而爲一個系統？先秦文獻中並列稱述黃帝、堯／唐、舜／虞的情況是很多，尤其是在戰國中期以後的文獻中，黃帝之前還往往冠以伏羲、神農或燧人，與其說《周易・繫辭下》和《戰國策・趙二・武靈王平晝閒居》中的宓戲、神農、黃帝、堯、舜爲一五帝系統，毋宁說是其稱述的古史傳說於黃帝之前的層纍延伸。

---

〔註25〕 劉起釪：《幾次組合紛紜錯雜的「三皇五帝」》，劉起釪著《古史續辨》，第 98 頁。

〔註26〕 注 1，諸祖耿編撰：《戰國策集注匯考（增補本）》中冊，南京：鳳凰出版社，2008 年 12 月，第 970 頁。楊寬著《戰國史料編年輯證》卷十二「周赧王八年」，第 606～608 頁。

3.（黃帝）、少皞、顓頊、帝嚳、堯、舜

唐儒於《周易‧繫辭下》上述那段文字的正義曰：「此歷序三皇之後至堯舜之前所爲君也。此既云黃帝即云堯舜者，略舉五帝之終始，則少皞、顓頊、帝嚳在其間也。」〔註 27〕按照這句話的意思，以黃帝爲五帝之始，堯舜爲五帝之終，其間有少皞、顓頊、帝嚳，則是五帝六人曰黃帝、少皞、顓頊、帝嚳、堯、舜。不過這個六人的五帝說非是直接源於《繫辭》的稱述，而是受了鄭玄五帝六人說或《世本》的影響。《古文尚書序》正義曰：「鄭玄注《中候》依《運斗樞》以伏犧、女媧、神農爲三皇，又云五帝座：帝鴻、金天、高陽、高辛、唐、虞氏」，「或爲之說云德協五帝座，不限多少，故六人亦名五帝」〔註 28〕。

但是，《古文尚書序》正義則詆康成之說，並貶《大戴禮記‧五帝德》和《史記‧五帝本紀》，以爲「說五帝而以黃帝爲首者，原由《世本》經於暴秦爲儒者所亂」〔註 29〕，然殊無根據。那麼《世本》是否提供了一個以黃帝、少皞、顓頊、帝嚳、堯、舜六人爲五帝或以少皞、顓頊、帝嚳、堯、舜爲五帝的系統呢？考宋衷於少皞之注曰：「玄囂青陽，是爲少昊，繼黃帝而立者，而史不敘，蓋少昊金德王，非五運之次，故敘五帝不數之也。」〔註 30〕若《世本》原以六人爲五帝，則宋衷不當有此注；若《世本》原以黃帝、顓頊、帝嚳、堯、舜爲五帝，則不當厠少皞於其間。故由宋注可以推知《世本》原無五帝之說，只是順次列黃帝、少皞、顓頊、帝嚳、堯、舜之世系，所以最稱「引書之謹嚴」的茆泮林輯本即以黃帝、少皞、顓頊、帝嚳、堯、舜、夏、商、周之世系曰《帝王世本》，次之者有雷學淇輯本以黃帝至禹之世系曰《帝繫》。

《古文尚書序》將黃帝列於三皇，以少皞、顓頊、帝嚳、堯、舜爲五帝，並沒有提出有力的文獻依據，正義竟讚成其說，曰：「孔君今者意以《月令》春曰太昊、夏曰炎帝、中央曰黃帝依次以爲三皇，又依《繫辭》先包犧氏王，沒，神農氏作，又沒，黃帝氏作，亦文相次，皆著作見於《易》，此三

---

〔註 27〕　《周易正義》卷第八《繫辭下第八》，〔清〕阮元校刻《十三經注疏》上冊，第 86 頁下。

〔註 28〕　《尚書正義》卷一《尚書序》正義，〔清〕阮元校刻《十三經注疏》上冊，第 113 頁下。

〔註 29〕　《尚書正義》卷一《尚書序》正義，〔清〕阮元校刻《十三經注疏》上冊，第 114 頁上。

〔註 30〕　〔清〕茆泮林輯：《世本》，〔漢〕宋衷注、〔清〕秦嘉謨等輯《世本八種》，第 8 頁。

皇之明文也。《月令》秋曰少昊，冬曰顓頊，此爲五帝然。」〔註31〕此說蓋依皇甫謐《帝王世紀》，俱以《繫辭》中黃帝、堯、舜制作之事歸諸黃帝也〔註32〕。

　　郭象、成玄英於《莊子‧天運》篇的注疏也採用了《古文尚書序》中的「三皇五帝」說。《莊子‧天運》篇中有依託子貢與老聃的一段對話：

　　　　子貢曰：「夫三王五帝之治天下不同，其係聲名一也。而先生獨以爲非聖人，如何哉？」老聃曰：「小子少進！子何以謂不同？」對曰：「堯授舜，舜授禹，禹用力而湯用兵，文王順紂而不敢逆，武王逆紂而不肯順，故曰不同。」老聃曰：「小子少進！余語女三皇五帝之治天下。黃帝之治天下，使民心一，民有其親死不哭而民不非也。堯之治天下，使民心親，民有爲其親殺其殺而民不非也。舜之治天下，使民心競，民孕婦十月生子，子生五月而能言，不至乎孩而始誰，則人始有夭矣。禹之治天下，使民心變，人有心而兵有順，殺盜非殺，人自爲種而天下耳，是以天下大駭，儒墨皆起。其作始有倫，而今乎婦女，何言哉！余語女，三皇五帝之治天下，名曰治之，而亂莫甚焉。三皇之知，上悖日月之明，下暌山川之精，中墮四時之施。其知憯於蠆 / 虿蠆之尾，鮮規之獸，莫得安其性命之情者，而猶自以爲聖人，不可恥乎，其無恥也？」子貢蹵然立不安。（《莊子‧天運》）

　　在這段對話中，子貢稱「三王五帝」，例舉堯、舜、禹、湯、文、武，「三王」即是三代之王，指禹、湯、文、武無疑，那麼「五帝」也就只能以堯、舜爲代表了。然老聃卻稱「余語女三皇五帝之治天下」，例舉黃帝、堯、舜、禹。同一對話場境中，雙方的話題應該一致，何以子貢稱「三王五帝」，老聃稱「三皇五帝」呢？《釋文》曰：「『夫三王』本或作三皇，依注，作王是也。餘皆作三皇。」〔註33〕疏於子貢之語曰：「堯舜二人，既是五帝之數，自夏禹以降，便是三王。」又於老聃「余語女三皇五帝之治天下」之語曰：「三皇者，

---

〔註31〕　《尚書正義》卷一《尚書序》正義，〔清〕阮元校刻《十三經注疏》上冊，第114頁上。

〔註32〕　《周易正義》卷第八《繫辭下第八》，〔清〕阮元校刻《十三經注疏》上冊，第87頁上。

〔註33〕　注1，〔清〕郭慶藩撰，王孝魚點校：《莊子集釋》中冊，北京：中華書局，2004年1月，第526頁。

伏羲神農黃帝也。五帝，少昊顓頊高辛唐虞也。」〔註 34〕郭象注「子貢蹵然立不安」一句曰：「子貢本謂老子獨絕三王，故欲同三王於五帝耳。今又見老子通毀五帝，上及三皇，則失其所以爲談矣。」是注、釋文與疏者皆以子貢稱「三王五帝」，老聃非「三皇五帝」也，而成玄英解「三皇五帝」正用《古文尚書序》、《帝王世紀》之說。不過同篇中師金與顏淵語稱「三皇五帝之禮儀法度不矜於同而矜於治」則例舉周公之法，故呂思勉先生疑「三皇本亦作三王，而爲妄人所改」〔註35〕，不無道理。

　　《莊子》一書對黃帝的稱述主要集中在屬於莊子後學作品的外、雜篇中，劉笑敢先生將外、雜篇中的作品分爲「述莊」、「黃老」、「無君」三派，就與《天運》篇同屬於「黃老派」的諸篇來看〔註 36〕，《天道》篇以黃帝、堯、舜並稱，《繕性》篇燧人伏羲高於神農黃帝，神農黃帝又高於唐虞，至唐虞始「興治化之流」爲禮儀法度，《天下》篇則述黃帝、堯、舜、禹、湯、文、武之作樂，故若依《天道》、《天下》篇的稱述，則黃帝當同於堯舜，若依《繕性》篇的稱述，則師金不當稱「三皇」，老聃不當責黃帝。又若那不屬於「黃老派」的《至樂》篇依託孔子曰「吾恐回與齊侯言堯舜黃帝之道，而重以燧人神農之言」，明明白白是以堯、舜、黃帝同道而不若燧人、神農也；《盜跖》篇以神農之世爲「至德之隆」，黃帝「不能致德」，也是明明白白以黃帝不若神農。

　　綜上所論，《古文尚書序》與《繫辭》正義中的解釋，不過是從先秦文獻中爲其五帝說尋找依據，不得謂先秦文獻中眞有這兩個五帝系統。《莊子·天運》篇的注疏則是以後世的三皇五帝說附會文獻所述，而文獻稱述本身卻并不能明確支持那樣的五帝說。不然，《呂氏春秋·孟秋紀·蕩兵》篇曰：「兵所自來者久矣，黃、炎故用水火矣，共工氏固次作難矣，五帝固相與爭矣。」是否亦可以認爲是一個包括黃帝、炎帝、共工在內的新的五帝系統？

### 4. 黃帝、帝顓頊、帝嚳、帝堯、帝舜

　　在傳世與出土的先秦文獻中，提出了一個明確的五帝系統的只有《大戴禮記·五帝德》，它所稱的五帝即是黃帝、帝顓頊、帝嚳、帝堯、帝舜，是一個「五

---

〔註34〕注1，〔清〕郭慶藩撰，王孝魚點校：《莊子集釋》中冊，第 527 頁。

〔註35〕呂思勉：《三皇五帝考》，呂思勉、童書業編著《古史辨（七）》中冊，第 342 頁。

〔註36〕劉笑敢著：《莊子哲學及其演變》，北京：中國社會科學出版社，1988 年 2 月，第 85 頁。

人帝」的系統。《五帝德》中雖然也稱及赤帝，尤其對禹之功德敘述頗詳，但它的五帝系統中顯然不包括赤帝和禹。赤帝只是因爲與黃帝的戰爭被提及，但黃帝戰敗了他，即所謂「三戰，然後得行其志」，銀雀漢墓竹簡《孫臏兵法·黃帝伐赤帝》篇亦記黃帝伐滅赤帝事，「天無二日，土無二王」，當然他就不能與黃帝平起平坐而躋身於五帝之列了。不過《五帝德》中宰我緊承帝舜而問禹，似乎是以禹與黃帝、帝顓頊、帝嚳、帝堯、帝舜并列，很容易引起人們的誤會〔註37〕。筆者認爲《五帝德》中的五帝系統不包括禹，且看原文：

> 宰我問於孔子曰：「昔者予聞諸榮伊令，黃帝三百年。請問黃帝者人邪？抑非人邪？何以至於三百年乎？」孔子曰：「予！禹湯文武成王周公可勝觀也。夫黃帝尚矣，女何以爲？先生難言之。」宰我曰：「上世之傳，隱微之說，卒業之辨，闇昏忽之意，非君子之道也，則予之問也固矣。」孔子曰：「黃帝，少典之子也，曰軒轅。……以與赤帝戰于版泉之野。三戰，然後得行其志。……生而民得其利百年，死而民畏其神百年，亡而民用其教百年，故曰三百年。」宰我請問帝顓頊。孔子曰：「五帝用記，三王用度，女欲一日辨聞古昔之說，躁哉予也！」……孔子曰：「顓頊，黃帝之孫，昌意之子也，曰高陽。……」宰我曰：「請問帝嚳。」孔子曰：「玄囂之孫，蟜極之子也，曰高辛。……」宰我曰：「請問帝堯。」孔子曰：「高辛之子也，曰放勳。……」宰我曰：「請問帝舜。」孔子曰：「蟜牛之孫，瞽叟之子也，曰重華。……舜之少也，惡頑勞苦，二十以孝聞乎天下，三十在位，嗣帝所，五十乃死，葬于蒼梧之野。」宰我曰：「請問禹。」孔子曰：「高陽之孫，鯀之子也，曰文命。……」（《大戴禮記·五帝德》）

從這段文字中，可以找出三點證據證明禹不在五帝之列，至少是該篇文獻的編撰者未將其列於五帝系統。其一，如上所述，在敘述宰我問黃帝、顓頊、帝嚳、堯、舜時皆曰「帝某」，但在問禹時卻獨不曰「帝禹」。其二，孔子曰「予！禹湯文武成王周公可勝觀也。夫黃帝尙矣，女何以爲？先生難言之。」明確以「禹湯文武成王」爲一系列以別於黃帝。其三，孔子曰「五帝

---

〔註37〕 陶磊先生提出五帝最早六人，似乎認爲《五帝德》中并行稱述黃帝、顓頊、帝嚳、堯、舜、禹六人即是五帝六人的痕迹。見陶磊著：《巫統、血統與古帝傳說》，第44～45頁。

用記，三王用度」，是五帝、三王之有別，即曰「五帝」，則不當有六人，而黃帝、帝顓頊、帝嚳、帝堯、帝舜正合於五帝之數。

太史公《史記·五帝本紀》即採用此一五帝系統，但唐儒認為「《大戴禮》、《本紀》出於《世本》」，而「《世本》經於暴秦為儒者所亂」，故謬以黃帝為五帝耳〔註38〕。唐儒的說法恐怕純屬臆測，《世本》中沒有五帝說已於前面辨證，謂《本紀》出於《世本》亦於史無據——太史公撰《五帝本紀》主要依據《尚書》、孔子所傳《五帝德》、《帝繫姓》及《春秋》、《國語》〔註39〕，并沒有提及《世本》，若《五帝本紀》果出於《世本》，太史公為何對帝少皞隻語未及？

「五帝德」這一篇題固為編定者所加，但這一篇文獻的內容到底與孔子有無關係呢？由《左傳》、《國語》、《山海經》等文獻證之，黃帝、顓頊、帝嚳、堯、舜的傳說在孔子之前已經存在，孔子博聞強識，不可能不知道，雖以事蹟渺茫不必傳學，但若因人之問而稱述其說則亦未必不可能。考《五帝德》中孔子對「黃帝三百年」的解釋，與《韓非子·外儲說左下》中孔子對「古者有夔一足」的解釋，風格很一致，都體現了「子不語亂力怪神」（《論語·述而》）的謹嚴態度。而就該篇的內容來看，宰我只是因問黃帝之事而順及顓頊帝嚳堯舜禹，并非限於五帝，編定者冠以「五帝德」的篇題而又保留了禹的傳說，恰是材料原始面貌的反映。所以，太史公所謂「孔子所傳《宰我問五帝德》及《帝繫姓》」（《史記·五帝本紀》「太史公曰」）的話未必全然不可信。

《五帝德》記孔子曰：「五帝用記，三王用度，女欲一日辨聞古昔之說，躁哉予也！」但孔子并沒有特別說明「五帝」具體何指，宰我也沒有問，而問黃帝、顓頊、帝嚳、堯、舜、禹六人獨不稱「帝禹」，似乎二人皆明確地知道五帝即是黃帝、帝顓頊、帝嚳、帝堯、帝舜五人，意編定者亦是當然地作此理解，固而擬以「五帝德」的篇題。那麼，這是否意味著至少春秋以後存在著一個共同認可而周知的五帝系統呢？

---

〔註38〕　《尚書正義》卷一《尚書序》正義，〔清〕阮元校刻《十三經注疏》上冊，第114頁上。

〔註39〕　太史公曰：「學者多稱五帝，尚矣。然《尚書》獨載堯以來；而百家言黃帝，其文不雅馴，薦紳先生難言之。孔子所傳《宰予問五帝德》及《帝繫姓》，儒者或不傳。……予觀《春秋》、《國語》，其發明《五帝德》、《帝繫姓》章矣，顧弟弗深考，其所表見皆不虛。……」（《史記·五帝本紀》）

### （二）先秦文獻中共識性的五帝系統

如果以寫成時代而論，春秋及春秋以前的文獻，只有《逸周書·嘗麥》篇中出現了「五帝」一語，但那可以視作一個特殊的用法，上面已經考辨，此處不再贅述。春秋以後的文獻，則以《大戴禮記·五帝德》為最早稱述「五帝」一語者，并明確提出了一個五帝系統。《五帝德》以後稱述「五帝」的文獻逐漸增多，茲臚列如下：

#### 表五

| 著作時代 | 引文與文獻篇目 |
|---|---|
| 西周前期後葉 | 1. 乃命少昊清司馬鳥師，以正五帝之官。（《逸周書·嘗麥》） |
| 戰國前期後葉 | 1. 五帝用記，三王用度。（《大戴禮記·五帝德》）<br>2. 五帝殊時，不相沿樂；三王異世，不相襲禮。（《禮記·樂記》）<br>3. 故商者，五帝之遺聲也。（《禮記·樂記》） |
| 戰國前期後葉至中期前葉 | 1. 凡養老，五帝憲，三王有乞言。五帝憲，養氣體而不乞言，有善則記之為惇史。（《禮記·內則》） |
| 戰國中期中後葉 | 1. 德不若五帝。（銀雀山漢竹簡《孫臏兵法·見威王》） |
| 戰國中期後葉 | 1. 夫徒處而致利，安坐而廣地，雖古五帝、三王、五伯，明主賢君，常欲坐而致之，其勢不能，故以戰續之。（《戰國策·秦一·蘇秦始將連橫說秦惠王》）<br>2. 古之五帝、三王、五伯之伐也，伐不道者。（《戰國策·齊一·秦伐魏陳軫合三晉》） |
| 戰國中期後葉至後期前葉 | 1. 夫五帝三王所以成功立名顯於後世者，以為天下致利除害也。（《管子·正世》） |
| 戰國後期中葉 | 1. 五帝之聖而死，三王之仁而死，五伯之賢而死……（《戰國策·秦三·范雎至》） |
| 戰國後期中後葉 | 1. 五帝之外無傳人，非無賢人也，久故也。五帝之中無傳政，非無善政也，久故也。（《荀子·非相篇》）<br>2. 詰誓不及五帝，盟詛不及三王，交質子不及五伯。（《荀子·大略篇》）<br>3. 五帝用之，以杌（扤）天地……（馬王堆帛書《十六經·成法》） |
| 戰國後期 | 1. 故夫三皇五帝之禮義法度，不矜於同而矜於治。故譬三皇五帝之禮義法度，其猶柤棃橘柚邪！其味相反而皆可於口。（《莊子·天運》）<br>2. 子貢曰：「夫三王五帝之治天下不同，其係聲名一也。而先生獨以為非聖人，如何哉？」……老聃曰：「小子少進！余語女三皇五帝之治天下。……三皇五帝之治天下，名曰治之，而亂莫甚焉。……」（《莊子·天運》）<br>3. 五帝之所連，三王之所爭，仁人之所憂，任士之所勞，盡此矣。（《莊子·秋水第十七》） |

| 戰國後期後葉 | 1. 天地大矣，生而弗子，成而弗有，萬物皆被其澤、得其利而莫知其所由始，此三皇、五帝之德也。（《呂氏春秋・孟春紀・貴公》） |
| --- | --- |
| | 2. 五帝先道而後德，故德莫盛焉。三王先教而後殺，故事莫功焉。五伯先事而後兵，故兵莫疆焉。（《呂氏春秋・季春紀・先己》） |
| | 3. 至於道此五帝之所以絕，三代之所以滅。（《呂氏春秋・孟夏紀・尊師》） |
| | 4. 夫取於眾，此三皇、五帝之所以大立功名也。（《呂氏春秋・孟夏紀・用眾》） |
| | 5. 五帝三王之於樂盡之矣。（《呂氏春秋・季夏紀・明理》） |
| | 6. 兵所自來者久矣，黃、炎故用水火矣，共工氏固次作難矣，五帝固相與爭矣。（《呂氏春秋・孟秋紀・蕩兵》） |
| | 7. 上稱三皇五帝之業以愉其意，下稱五伯名士之謀以信其事。（《呂氏春秋・孟秋紀・禁塞》） |
| | 8. 夫精，五帝三王之所以成也。（《呂氏春秋・有始覽・應同》） |
| | 9. 其次非知觀於五帝三王之所以成也……（《呂氏春秋・有始覽・謹聽》） |
| | 10. 夫孝，三皇五帝之本務，而萬事之紀也。（《呂氏春秋・孝行覽》） |
| | 11. 士有若此者，五帝弗得而友，三王弗得而師，去其帝王之色，則近可得之矣。（《呂氏春秋・慎大覽・下賢》） |
| | 12. 五帝三王之君民也，下固不過畢力竭智也。（《呂氏春秋・審分覽・勿躬》） |
| | 13. 變化應求而皆有章，因性任物而莫不宜當，彭祖以壽，三代以昌，五帝以昭，神農以鴻。（《呂氏春秋・審分覽・執一》） |
| | 14. 若五種之於地也，必應其類，而蕃息於百倍，此五帝三王之所以無敵也。（《呂氏春秋・離俗覽・適威》） |
| | 15. 既畜王資而承敵國之釁，超五帝侔三王者，必此法也。（《韓非子・五蠹》） |
| | 16. 五帝在前，三王在後，上德已衰矣，兵知俱起。（《鶡冠子・世兵》） |

從表五中可以明確地看出，自《五帝德》以後稱述「五帝」的文獻逐漸增多，到戰國後期後葉僅一部《呂氏春秋》就有 14 處稱述「五帝」，這說明「五帝」的說法流傳越來越廣。更重要的一點是，寫成於不同時代的各篇文獻對「五帝」的稱述皆沒有特別說明或提示它具體的指代，而是當然地將之作為一個不言自明的說法使用，這顯然意味著這些文獻對「五帝」說法存在著共識，或者說這些文獻所稱述的「五帝」皆有共同的指代，即在先秦文獻中存在一個統一的五帝系統。不然，遊說、對話、思想爭鳴與學術傳承皆無從談起。再綜合考慮先秦文獻稱述「五帝」一語在《五帝德》以後的趨勢及第一部分對先秦文獻中五帝系統的考辨，筆者認為這個統一的五帝系統即是黃帝、帝顓頊、帝嚳、帝堯、帝舜的組合。

　　除了上面的推測，將《五帝德》中的五帝系統視爲先秦文獻中共識性的五帝系統也有一定的文獻依據，那就是黃帝、顓頊、帝嚳、堯、舜的組合多次出現於先秦文獻稱述的古史系統之中。最早稱述這個組合的是《國語・魯語上・海鳥曰爰居》篇展禽所說祀典，曰：「黃帝能成命百物，以明民共財，顓頊能修之，帝嚳能序三辰以固民，堯能單均刑法以儀民，舜勤民事而野死，……」《禮記・祭法》中也稱述了這段話。《管子・封禪》中管仲所記的那「封泰山，禪梁父」的十二家，黃帝、顓頊、帝佶、堯、舜序列其中。尤其《呂氏春秋・孟夏紀第四・尊師》篇歷述黃帝、帝顓頊、帝嚳、帝堯、帝舜之尊師，《仲夏紀・古樂》篇歷述黃帝、帝顓頊、帝嚳、帝堯、帝舜之作樂，特別於五者稱「帝」，正同於《五帝德》的稱述。這樣的排列組合，筆者認爲與將「五帝」作爲一個不言自明的說法使用的情形一樣，也是一個共識——代表著五帝系統。

　　其實，寫定於魏襄王卒年（公元前 296 年）的《古本竹書紀年》也可以是一個很好的佐證。輯本《古本竹書紀年・五帝紀》中有黃帝、顓頊、堯、舜和帝乾荒，但帝乾荒不可能在五帝系統之中，因爲它在先秦文獻中僅此一見，而被廣泛稱述的五帝系統不可能納入一個罕見的「古帝」爲代表。據此，筆者認爲那所佚的一位即是帝嚳，《古本竹書紀年・五帝紀》中的五帝系統亦同於《大戴禮記・五帝德》所記。

## 三、黃帝、堯、舜，帝之隆也

　　黃帝、帝顓頊、帝嚳、帝堯、帝舜的組合是先秦文獻中具有共識性的五帝系統，先秦文獻在稱述這個五帝系統時，更多時候不是徑稱「五帝」——如表五所示共 32 處，而是具體例舉黃帝、顓頊、帝嚳、堯、舜。但是，既便同在此五帝之列，彼此在先秦文獻中的影響也存在很大的差異。這種差異從第一節的表一與表四中已可以看出，即稱述黃帝、堯、舜的文獻篇目及它們分布的歷史時期階段明顯多於顓頊、帝嚳。不過，表一和表四的統計以稱述中是否明確稱爲「帝」作爲標準，乃使得名號中不帶「帝」字的顓頊、堯、舜在先秦文獻中被稱述的情況未能得全面的反映。實際上，儘管先秦文獻中存在「時代愈後，傳說的古史期愈長」的現象〔註40〕，然通常所稱述者則多爲黃帝、堯、舜。

---

〔註40〕顧頡剛：《與錢玄同先生論古史書》，顧頡剛編著《古史辨（一）》，第 60 頁。

## （一）先秦文獻中的黃帝、堯、舜

### 1. 先秦文獻中的古史系統

西周前期前葉的文獻中稱述古史不過夏、殷二代，最古的傳說人物乃是禹。若《尙書》中的《召誥》、《多士》、《多方》、《立政》等篇皆稱夏、殷之興衰，以殷之繼夏，周之繼殷。若《詩經》中的《大雅・文王有聲》云「豐水東注，維禹之績」，《大雅・生民》和《周頌・思文》皆追述后稷之功。周初文獻稱述的夏、殷史事蓋有文獻依據，若《尙書・多士》所謂「惟爾知，惟殷先人有冊有典，殷革夏命」。

存世的西周文獻並不多，不過有一篇大致寫成於西周前期後葉的文獻《逸周書・嘗麥》〔註41〕，則稱述一段黃帝、赤帝、蚩尤的傳說，並曰「乃命少昊清司馬鳥師，以正五帝之官」，或即以《左傳・昭十七年》「少皞氏鳥名官」那段傳說相比附，以黃帝、炎帝、共工、大皞、少皞爲「五帝」〔註42〕。在此一時期或稍後，《國語・周語上》記祭公謀父諫周穆王曰：「昔我先王后稷，以服事虞、夏。」是於夏之上又有虞代。大致形成於西周後期後葉的文獻《國語・鄭語・桓公爲司徒》記史伯爲鄭桓公分析當時形勢，稱述了楚的世系，堯、舜在傳世文獻中第一次出現。不過，直到春秋中期中葉，各類文獻稱述古史傳說再未有超出黃帝者。

《國語・魯語上・海鳥曰爰居》和《晉語四・文公在狄十二年》大致皆是形成於春秋中期中葉的文獻。《國語・魯語上・海鳥曰爰居》中展禽論祀典稱述了一個由黃帝、顓頊、帝嚳、堯、舜以致鯀、禹、契、冥、湯、稷、文王、武王的完備的古史傳說系統，並述及虞、夏、商、周之世系。《晉語四・文公在狄十二年》中司空季子曰「少典娶于有蟜氏，生黃帝、炎帝」，是又將古史傳說系統延至黃、炎以上至少典。《國語・周語下・靈王二十二年穀洛鬭》篇記太子晉之語曰「夫亡者豈繄無寵？皆黃、炎之後也。」是在春秋後期前葉之際已認黃帝、炎帝爲華夏之祖矣。

儘管春秋後期中葉以後文獻中越來越多地稱述夏殷以前的古史傳說，但古史傳說系統的再一次延伸則是到了戰國前期中葉之際。大致寫成於戰國前

---

〔註41〕 李學勤：《〈嘗麥〉篇研究》，李學勤著《古文獻叢論》，上海：上海遠東出版社，1996 年 11 月，第 87～95 頁。

〔註42〕 見〔清〕朱右曾撰，嚴可均輯，林春溥撰：《逸周書集訓校釋》，第 166 頁。黃懷信著：《逸周書校補注譯（修訂本）》，第 295 頁。

期中葉的《周易·繫辭下》曰：「古者包犧氏之王天下也，……包犧氏沒，神農氏作，……神農氏沒，黃帝、堯、舜氏作，……」長沙馬王堆漢墓帛書《繫辭》亦有這段文字，很明顯包犧氏、神農氏是在黃帝之前，當亦在少典之前，古史傳說系統又向前延伸了。

不過，《周易·繫辭下》中的古史傳說系統很快便被打破。上博簡中有一篇《容成氏》，大致寫成於戰國中期前中葉之際，所存第一簡曰：「盧氏、赫胥氏、喬結氏、倉頡氏、軒轅氏、神農氏、樟<sub></sub>氏、墰遟氏之有天也……」整理者疑其前尚脫一簡：「昔者訟成是、□□是、□□是、□□是、□□是、□□是、□□是、□□是、□□是、□□是、□□是、□□是、□□是、尊」〔註43〕。佚脫的簡文中應當有包犧氏的名號，兩簡共稱及有天下者二十一氏，遠遠超出了《周易·繫辭下》中包犧氏、神農氏、黃帝堯舜氏的古史傳說系統。

形成於戰國中期後葉至後期前葉之際的一些文獻中，古史傳說系統進一步延長。《管子·治國》篇曰「昔者七十九代之君」，稱述時代之古遠，不必知其名號。《管子·封禪》篇曰：「古者封泰山，禪梁父者，七十二家，而夷吾所記者，十有二焉。」所謂「十有二家」者，曰無懷氏、虙羲、神農、炎帝、黃帝、顓頊、帝倍、堯、舜、禹、湯、周成王，於宓羲、神農之前又有無懷氏。

《管子·治國》篇的「昔者七十九代之君」大概應是存世的先秦文獻所稱述的最古遠的古史傳說系統了，大致寫成於戰國後期中葉的《管子·地數》篇曰「封於泰山，禪於梁父，封禪之王七十二家」，蓋襲取《封禪》之文，寫成於戰國後期後葉的《呂氏春秋》之《慎大覽·察今》、《慎行論·求人》篇曰「古之有天下」者「七十一聖」，《鶡冠子·天則》篇曰「九皇之制」云云，是皆尚未及「七十九代」。不過戰國後期的文獻稱述的古史傳說亦有新的內容，於虙羲、神農之前也出現了一些新名號，若《莊子·胠篋》篇稱述昔者「至德之世」曰「昔者容成氏、大庭氏、伯皇氏、中央氏、栗陸氏、驪畜氏、軒轅氏、赫胥氏、尊盧氏、祝融氏、伏犧氏、神農氏」之時，《呂氏春秋·仲夏紀·古樂》篇稱述朱襄氏、葛天氏、陶唐氏、黃帝、帝顓頊、帝嚳、帝堯、帝舜、禹、湯、文王、武王之制樂，《韓非子·五蠹》稱述「上古之世」有巢氏、燧人氏之制作，等等。

───────────────

〔註43〕李零：《容成氏》釋文，馬承源主編《上海博物館藏戰國楚竹書（二）》，上海：上海古籍出版社，2002年十2月，第250頁。

上博簡《容成氏》已損佚不可盡知，《莊子‧胠篋》稱述的古史傳說系統中有十二個「有天下者」名號，如果下接黃帝以至周武王，則戰國後期的古史傳說系統乃致有二十餘個「有天下者」名號。不必擔心它的冗長，文獻中往往簡煉爲「三皇五帝三王五伯」的認識模式〔註44〕，或例舉這個模式中的代表——若五帝中多稱堯、舜、黃帝。

### 2. 孔子以下皆稱堯、舜

堯、舜之稱始見於《國語‧鄭語‧桓公爲司徒》篇，但孔子以前的文獻稱述古史傳說比較紛雜，堯、舜的傳說並不特別突出，直到孔子才改變了這種情形。孔子「祖述堯、舜，憲章文、武」（《禮記‧中庸》），修撰《尚書》「斷自唐、虞」，《論語》、二戴《禮記》等文獻中載孔子之言，所稱述者基本上止於堯、舜，惟《禮記‧樂記》、《大戴禮記‧五帝德》和馬王堆漢墓帛書《二三子問》偶及黃帝、顓頊、帝嚳等。孔門後學當然師承孔子的思想，二戴《禮記》的稱述於三王以上大致以堯、舜爲主，孟子「學孔子」（《孟子‧公孫丑上》）言多稱堯、舜〔註45〕，荀子稱述亦無過於堯、舜者。

孔子道堯、舜，墨子亦道堯、舜。《墨子》的一個特點就是往往以「堯舜禹湯文武」並稱，儘管它的重點是在於闡發「三代聖王」禹湯文武之道。《墨子》一書除了墨子本人的作品，還有許多篇章是墨子後學的作品，既非作於一人，亦非成於一時，但全書稱述的古史傳說系統保持了相當的一致性，惟《尚賢中》偶云伯鯀爲「帝之元子」〔註46〕，其餘的稱述未有超出堯、舜以上者。

不僅孔子、儒、墨道堯、舜，《管子》、《莊子》、《商君書》、《呂氏春秋》、《韓非子》以至《戰國策》，無論批評揶揄還是鼓吹贊揚，亦往往稱述堯、舜傳說以立論，依託堯、舜以造說。除了於議論敘事中片斷性地稱述，若《尚書‧虞書》、郭店楚簡《唐虞之道》、上博簡《子羔》，又可謂記堯、舜傳說之專篇。

---

〔註44〕三皇、五帝、三王、五伯分別代表著不同的歷史傳說階段與治道，它們的發生與演變是一個複雜的過程，需專門撰文討論，茲不贅述。

〔註45〕孟子曰：「我非堯舜之道，不敢以陳於王前，故齊人莫如我敬王也。」（《孟子‧公孫丑下》）又曰：「滕文公爲世子，將之楚，過宋而見孟子。孟子道性善，言必稱堯舜。」（《滕文公上》）考《孟子》一書，孟子議論眞可謂口不離堯舜之道也。

〔註46〕《大戴禮記‧五帝德》孔子謂禹爲「高陽之孫，鯀之子也」，《帝繫》亦曰：「顓頊產鯀」。帝顓頊古於堯、舜。

### 3.百家言黃帝

從存世的先秦文獻來看，黃帝之被稱述比堯、舜要早，但可能因其傳說更爲闇忽隱微，「先生難言之」（《大戴禮記·五帝德》），所以孔子「祖述堯舜，憲章文武」（《禮記·中庸》），修撰《尚書》「斷自唐、虞」，固不多稱黃帝。宰我問孔子《五帝德》以語人，受到了孔子的嚴厲批評，故太史公曰：「孔子所傳《宰我問五帝德》及《帝繫姓》，儒者或不傳。」（《史記·五帝本紀》）二戴《禮記》除《樂記》、《祭法》、《武王踐阼》、《五帝德》、《帝繫》、《虞戴德》諸篇外，未有一及黃帝者。《易傳》僅《繫辭下》稱及黃帝、堯、舜之制作。《孟子》、《荀子》更未一言及黃帝者。據說墨子曾「學儒者之業，受孔子之術」（《淮南子·要略訓》），或受了此種態度的影響，其本人及其後學的作品亦皆未有稱述黃帝者。

直到戰國中期中葉之際，《管子》中的一些篇章才開始較多地稱述黃帝。《管子》一書由田齊稷下學者們編寫而成，主要是爲田齊的爭霸和王天下的事業提供歷史和理論借鑒。考《陳侯因𩵦敦銘文》有「高祖黃帝，佮嗣桓文」之語，郭沫若先生釋爲「高則祖述黃帝，佮則承嗣桓文」〔註47〕。高訓爲「遠」，佮可讀爲「迩」，蓋齊侯欲迩嗣齊桓晉文以霸，遠祖黃帝以王。陳侯因𩵦即齊威王嬰齊，此銘之作在齊威稱王之前，正與魏爭霸之時，至二十三年（公元前三三四年）與魏惠王會徐相王〔註48〕，霸業基本實現。又經過幾年的鞏固，大蓋到其晚年，當已開始「高祖黃帝」經營王天下之業，以至宣、湣之世。《管子》中最早稱述黃帝的《法法》、《五行》、《任法》、《封禪》、《桓公問》諸篇正寫成於此時（見《附錄一》對《管子》成書年代的考證），其所以更多的稱述黃帝，或即受了田齊國策的影響。

這種變化的影響到戰國後期更見顯著，《莊子》外、雜篇往往依託黃帝以

〔註47〕 郭沫若著：《兩周金文辭大系圖錄考釋（二）》，郭沫若著作編輯出版委員會編《郭沫若全集：考古編》第八卷，北京：科學出版社，2002 年十月，第 464～465 頁。徐中舒先生釋「高祖黃帝」爲「稱黃帝爲高祖」，考田齊爲陳之庶孽，陳奉虞帝之祀（《左傳·昭八年》「史趙語」），故田齊不當祖黃帝，徐說不妥。見徐中舒著：《徐中舒歷史論文選輯》上冊，北京：中華書局，1998 年 9 月，第 432 頁。

〔註48〕 魏齊相王之年，《史記》之《魏世家》、《田敬仲完世家》、《秦本紀》、《六國年表》、《孟嘗君列傳》所載彼此有出入，楊寬先生考證定於齊威王二十三年，即魏惠王後元元年，當周顯王三十五年（公元前 334 年）。見楊寬著：《戰國史料編年輯證》卷八「周顯王三十五年」，第 397 頁。

為說，《管子》中的「管子解」、「輕重」諸篇，《戰國策》中寫成於此一時期的一些篇章，以及《韓非子》、《呂氏春秋》等，皆多稱述黃帝以立論，其中尤以《呂氏春秋》的對黃帝的稱述為夥。這一時期還出現了依託黃帝闡發各種治道的文獻，今所見者有馬王堆漢墓帛書《十六經》。這些較多稱述黃帝的文獻所反映的思想流派，往往與稷下有著某種淵源。當然，說它們較多地稱述黃帝，只是相對戰國中期中葉以前之文獻稱述黃帝的情況而言，並不意味著它們就較少地稱述的堯、舜，稱述黃帝與稱述堯、舜不相悖。

綜合而論，堯、舜在孔子以後的文獻中得到普遍的稱述，黃帝則在戰國中期中葉以後的非儒非墨的文獻中才被較多地稱述，顓頊、帝嚳則一直未得較多的稱述。就稱述的主要形式而論，孔子以後的文獻稱述堯、舜多曰「堯……舜……」或「堯舜……」云云，戰國中期中葉以後的文獻稱述黃帝、堯、舜多曰「黃帝……堯……舜……」或「黃帝、堯、舜……」云云，先秦文獻中為數不多的並稱五帝的情形則曰「黃帝、顓頊、帝嚳、堯、舜……」或「黃帝……顓頊……帝嚳……堯……舜……」云云。

### （二）先秦文獻稱述五帝情況的基本統計

泛泛而論，不如實際的統計數據更能清楚地說明問題。在五帝之中，相對顓頊與帝嚳，有專門記載黃帝、堯、舜傳說或依託他們而作的文獻，若《尚書·虞書》、郭虞楚簡《唐虞之道》、上博簡《子羔》皆是專記堯舜的傳說，若馬王堆漢墓帛書《十六經》是依託黃帝而作，已可以顯示出黃帝、堯、舜相對顓頊、帝嚳的影響。為更直觀地反映五帝在先秦文獻中的地位，下表分別統計出他們在除《尚書·虞書》、郭虞楚簡《唐虞之道》、上博簡《子羔》和馬王堆漢墓帛書《十六經》以外的先秦文獻中被稱述的次數：

### 表六

| 著作時代 | 黃帝 | 顓頊 | 帝嚳 | 堯 | 舜 |
|---|---|---|---|---|---|
| 西周前期後葉 | 1 | | | | |
| 西周後期後葉 | | | | 1 | 1 |
| 春秋中期前葉 | | | | 1 | |
| 春秋中期中葉 | 9 | 5 | 3 | 9 | 10 |
| 春秋中期後葉 | | | | 1 | 1 |

| | | | | | |
|---|---|---|---|---|---|
| 春秋後期前葉 | 1 | | | | |
| 春秋後期中葉 | 1 | 5 | 1 | 1 | 5 |
| 春秋後期中後葉 | | 1 | | 1 | |
| 春秋後期後葉 | | | | 5 | 9 |
| 春秋後期後葉至戰國前期前葉 | 2 | | | | |
| 戰國前期前中葉 | 2 | | | 2 | 2 |
| 戰國前期中葉 | 1 | | | 1 | 1 |
| 戰國前期中後葉 | | 1 | | 21 | 25 |
| 戰國前期後葉 | 12 | 8 | 4 | 13 | 17 |
| 戰國前期後葉至中期前葉 | 1 | 1 | | 1 | |
| 戰國中期前葉 | | | | 1 | 2 |
| 戰國中期中葉 | | | | 12 | 12 |
| 戰國中期中後葉 | 7 | 3 | 4 | 3 | 4 |
| 戰國中期後葉 | 2 | 1 | 1 | 9 | 10 |
| 戰國中期後葉至後期前葉 | 12 | 3 | 4 | 90 | 109 |
| 戰國後期前葉 | 6 | 1 | | 9 | 6 |
| 戰國後期前中葉 | | | | 1 | 1 |
| 戰國後期中葉 | 6 | | | 4 | 4 |
| 戰國後期中後葉 | | 1 | | 56 | 61 |
| 戰國後期 | 32 | | | 52 | 40 |
| 戰國後期後葉 | 38 | 10 | 7 | 149 | 148 |
| 合計 | 133 | 40 | 24 | 443 | 468 |

此外，還有《逸周書·大子晉》篇稱及堯 1 次，舜 6 次；上博簡《曹沫之陳》「第二簡正」稱及堯 1 次，舜 1 次〔註49〕；《鬼神之明》「第一簡」稱述堯、舜各 1 次〔註50〕；《君子爲禮》「第十二簡」、「第十四簡」各稱及舜 1 次〔註51〕；

---

〔註49〕 馬承源主編：《上海博物館藏戰國楚竹書（四）》，上海：上海古籍出版社，2004年十２月，第 244 頁。

〔註50〕 馬承源主編：《上海博物館藏戰國楚竹書（五）》，上海：上海古籍出版社，2005年十２月，第 310 頁。

〔註51〕 馬承源主編：《上海博物館藏戰國楚竹書（五）》，第 262、263 頁。

《墨子・經說下》稱及堯3次;《墨子・非儒下》稱及舜1次;馬王堆漢墓帛《繆和》「55上下」稱及舜2次〔註52〕;《墨子・所染》稱述舜1次;《墨子・三辨》稱述堯、舜各2次;合計稱述堯8次,舜16次。因一時不能考定各篇比較可靠的寫成年代,故而別列於此。則先秦文獻合計稱述堯的次數爲451次,舜484次。這個粗略的統計十分清楚地顯示了先秦文獻稱述黃帝、顓頊、帝嚳、堯、舜傳說次數上的巨大差異,這種差異反映出堯、舜、黃帝傳說在先秦文獻中的重要影響與地位。《管子・法法》曰:「黃帝、唐、虞,帝之隆也。」

# 小　結

帝與王的稱謂在先秦文獻中區分的並不嚴格,殷王有稱「帝某」者,而堯、舜也有時被稱作「王」。如《墨子》中常曰「三代聖王堯舜禹湯文武」,其實它重點在「三代聖王」禹湯文武,堯舜在三代以上,連及者只是要突出歷史依據的權威性和古遠。《墨子・明鬼下》曰「虞夏商周三代之聖王」,虞、夏、商、周明明是四代,何以言三代?蓋其以有虞爲陪襯也。《禮記・祭義》曰:「虞夏殷周,天下之盛王也。」《大戴禮記・少閒》曰:「昔堯取人以狀,舜取人以色,禹取人以言,湯取人以聲,文王取人以度。此四代五王之取人,以治天下如此。」是皆稱堯、舜爲王。《韓非子・難三》即曰:「夫堯之賢,六王之冠也,舜一從而咸包,而堯無天下矣。」亦是以堯、舜稱王。但二戴《禮記》與《韓非子》中更多的時候還是以堯、舜爲帝,偶爾被稱爲王並不影響他們「帝」的身份,就如帝乙、帝辛雖名「帝」而實爲三代之王。

除了五帝,先秦文獻中還有二帝、三帝、四帝、六帝的說法。《大戴禮記・四代》曰:「昔夏商之未興也,伯夷謂此二帝之眇。」伯夷是堯、舜之臣,二帝當指堯、舜。《管子・法法》篇曰:「黃帝、唐、虞,帝之隆也,資有天下,制在一人,當此之時也,兵不廢。今德不及三帝,天下不順,而求廢兵,不亦難乎!」《孫子兵法・行軍》篇曰:「凡此四軍之利,黃帝之所以勝四帝也。」以銀雀山漢墓《孫子兵法・黃帝伐赤帝》篇考之,四帝當指青帝、赤帝、白帝、黑帝也〔註53〕。《荀子・議兵篇》曰:「是以堯伐驩兜,舜伐有苗,禹伐共工,湯伐有夏,文王伐崇,武王伐紂,此四帝兩王,皆以仁

〔註52〕 張政烺:張政烺著《馬王堆帛書〈周易〉經傳校讀》,北京:中華書局,2008年4月,第173、174頁。
〔註53〕《孫子・黃帝伐赤帝》,銀雀山漢墓竹簡(壹),第32頁。

義之兵行於天下也。」郭店楚簡《唐虞之道》曰：「六帝興於古，皆由此也。」〔註 54〕所謂二帝、三帝、四帝、六帝，皆是具體而言，並沒有像五帝那樣的內涵。

　　黃帝、堯、舜之後在周爲「三恪」。《左傳・襄二十五年》子產曰：「昔虞閼父爲周陶正，以服事我先王，我先王賴其利器用也，與其神明之後也，庸以元女大姬配胡公，而封諸陳，以備三恪。」《禮記・樂記》引孔子曰：「武王克殷，反商，未及下車而封黃帝之後於薊，封帝堯之後於祝，封帝舜之後於陳。下車而封夏后氏之後於杞，投殷之後於宋。」蓋周之「三恪」，即黃帝、帝堯、帝舜之後也。先儒或不認同「三恪」之說，許氏云：「王者所封，三代而已」。鄭氏駁之曰：「恪者，敬也。敬其先聖而封其後，與諸侯無殊異，何得比夏殷之後！」〔註 55〕杜氏注則似於二說之間尋求調和，而單以陳爲「恪」〔註 56〕。推敲《傳》所謂「三恪」之義，仍以康成之說義長。封微子於宋在殺武庚以後，時武王已歿，周公居攝，《樂記》所謂「投殷之後於宋」，只是後世追記之概說。《史記・周本紀》記武王初封事即不及殷後，曰：「武王追思先聖王，乃襃封神農之後於焦，黃帝之後於祝，帝堯之後於薊，帝舜之後於陳，大禹之後於杞。」由此看來，黃帝、堯、舜之被更多的稱述，亦或淵源有自。

　　通過第一節的考察已知黃帝、帝舜／虞、帝堯／唐、顓頊／高陽、帝嚳／帝佶、赤帝／炎帝六位「古帝」之「帝」的身份在先秦文獻中得到了廣泛而持續的認可，通過第二節的考察已知黃帝、顓頊／高陽、帝嚳／帝佶、帝堯／唐、帝舜／虞組成了先秦文獻中具有共識性的五帝系統，通過第三節的考察又知黃帝、堯、舜的傳說在先秦文獻中得到更廣泛的稱述，代表它們在先秦文獻中有著重要影響。那麼，現在可以確定以先秦文獻中的黃帝、堯、舜傳說作爲本文研究的核心範圍，進一步探討它們的政治思想內涵。

---

〔註 54〕 《唐虞之道》第八簡，劉釗著：《郭店楚簡校釋》，福州：福建人民出版社，2003 年 12 月，第 148 頁。

〔註 55〕 〔清〕陳壽祺撰：《五經異義疏證》卷下，清嘉慶刻本。〔清〕皮錫瑞撰，《駁五經異義疏證》卷八，民國二十三年河間李氏重刻本。

〔註 56〕 《春秋左傳正義》卷三十六《襄二十五年》，〔清〕阮元校刻《十三經注疏》下冊，第 1985 頁中。

# 第二章　傳說中的堯舜「政治」

　　考察傳世與出土的先秦文獻，堯、舜的名號始見於《國語·鄭語·桓公為司徒》篇，合計《國語》、《左傳》兩部文獻，稱述堯舜共有十二處，涉及十事：史伯云伯夷佐堯，伯翳佐舜（《鄭語·桓公為司徒》）；臼季云舜殛鯀而興禹（《晉語五·臼季使舍於冀野》、《僖三十三年》）；大史克述舜臣堯，舉八愷八元，誅四凶族之事（《文十八年》）；展禽曰堯舜儀民勤民，故在祀典（《魯語上·海鳥曰爰居》）；士亹曰堯舜元德而有姦子（《楚語上·莊王使士亹傅大子葳》）；大子晉、子產稱堯殛鯀於羽山（《周語下·靈王二十二年穀洛鬬》、《昭七年》）；史趙稱舜有明德（《昭八年》）；蔡墨稱舜有畜龍（《昭二十九年》）；觀射父稱堯復育重黎之後（《楚語下·昭王問於觀射父》）；申胥稱楚靈王築華之臺「以象帝舜」（《吳語·吳王夫差既許越成》）等。從這些稱述中大致可以獲知對堯舜的一些簡單印象，即二帝興賢誅惡，儀民勤民，皆有明德。

　　但是，《國語》、《左傳》兩部文獻中稱述堯舜的語句，除舜舉八愷八元誅四凶的傳說外皆未免太過簡略，蓋其時周禮尚維繫著封建政治的運轉，卿大夫們還沒有將堯舜「政治」視為一個理想社會的模型，只是偶爾援引以為論據罷了。這種情形直到孔子的「祖述堯舜」（《中庸》）才發生變化。孔子高度讚揚堯舜「政治」並將之作為理想社會的典範，編撰《尚書》保存比較全面的記述堯舜傳說的材料〔註1〕，至戰國諸子，或臧或否，議論遊說鮮有不稱述

---

〔註 1〕 近代疑古思潮興起後，孔子修訂《尚書》的傳統說法一度遭到完全否定，劉起釪先生初亦持否定之觀點，後乃重新考定孔子修訂《尚書》之說。見顧頡剛、劉起釪著：《尚書校釋譯論》第一冊，北京：中華書局，2005 年 4 月，第 381～384 頁。

堯舜者。本章的任務即是從孔子的「祖述堯舜」入手，立足於《堯典》、《皐陶謨》兩篇文獻的記述，探討傳說中堯舜「政治」的基本內涵，並考察戰國諸子對其解讀與態度的歷史演變。

## 一、孔子的「祖述堯舜」

《中庸》曰「仲尼祖述堯舜」，《韓非子‧顯學》篇亦曰「孔子、墨子俱道堯、舜」，先秦文獻既明確如是說，則孔子之「祖述堯舜」或曰「道堯舜」當是無可懷疑的事情〔註 2〕。又孟子曰：「乃所願，則學孔子也。」（《孟子‧公孫丑上》）孟子所學於孔子者，當然不僅僅是仕、止、久、速的具體行為，而是孔子所以仕、止、久、速之「道」，故孟子稱堯舜禹湯文武以至孔子，而欲自接夫此「道統」之傳（《孟子‧盡心下》）。若孔子不「祖述堯舜」，則孟子亦不會「非堯舜之道，不敢以陳於王前」（《孟子‧公孫丑下》），不會為滕世子「言必稱堯舜」（《孟子‧滕文公上》）矣。孟子之亟稱述堯舜，正可佐證孔子之「祖述堯舜」，或曰「道堯舜」也。道、述義通〔註3〕，那麼孔子所「祖述堯舜」者為何呢？

### （一）孔子「祖述堯舜，憲章文武」

《中庸》曰：「仲尼祖述堯舜，憲章文武，上律天時，下襲水土。」這句話顯非孔子「自道」，當是門弟子對其一生思想學術體系的全面概括。「祖述堯舜」與「憲章文武」相對為文。「憲章文武」很容易理解，即孔子「從周」（《論語‧八佾》），繼承周禮而損益之也〔註4〕。考察文獻所記孔子一生的行

---

〔註 2〕 童書業先生認為「仲尼不述堯舜」，但未見其所謂的《仲尼不述堯舜考》一文（童書業：《「帝堯陶唐氏」名號溯源》，《古史辨（七）》下冊，第 6 頁），蓋以當時「古史辨」派既認定《尚書‧虞書》、二戴《禮記》是戰國秦漢之作，童氏本人又疑《論語》中說及堯舜的幾條皆與孔子無關之故。

〔註 3〕 《說文》曰：述，「循也」（《辵部》）；循，「行也」（《彳部》）。又曰：道，「所行道也」（《辵部》）。《爾雅》曰：行，「道也」（《釋宮》）。段氏曰：「道者，人所行，故亦謂之行。」（〔漢〕許慎撰，〔清〕段玉裁注：《說文解字注》，上海：上海古籍出版社，1988 年 2 月第 2 版，第 75 頁下）。如此，是「述」與「道」之義本來有相通處，然因「祖述」之說見之於經傳，故儒者襲用之也。

〔註 4〕 子曰：「殷因於夏禮，所損益，可知也；周因於殷禮，所損益，可知也；其或繼周者，雖百世可知也。」（《論語‧為政》）曰：「周監於二代，郁郁乎文哉！吾從周。」（《論語‧八佾》）曰：「麻冕，禮也；今也純，儉。吾從眾。拜下，禮也；今拜乎上，泰也。雖違眾，吾從下。」是孔子因革損益之道也。

狀，自「十有五而志於學」以至從政於魯﹝註5﹞，以至周遊列國，以至晚年整理「六藝」，孜孜以求者無非「克己復禮」，再造「東周」。孔子「憲章文武」是眾所周知的事情，但文獻似乎鮮記孔子「祖述堯舜」之事。此處的任務在於探討孔子「祖述堯舜」者爲何，但有時需要與「憲章」之義相互發明。且看先儒的說法。

鄭注曰：「此以《春秋》之義說孔子之德。孔子曰：『吾志在《春秋》，行在《孝經》。』二經固足以明之。孔子所述堯舜之道而制《春秋》，而斷以文王武王之法度。」正義曰：「祖，始也。言仲尼祖述始行堯舜之道也。」「憲，法也。章，明也。言夫子法明文武之德。」又曰：「此言子思贊揚聖祖之德，以仲尼修《春秋》而有此等之事也。」﹝註6﹞孔子曰「吾志在《春秋》，行在《孝經》」之語，出自緯書《孝經鉤命決》﹝註7﹞，不足憑據。然謂孔子「祖述」之義見諸《春秋》者，則是附會《公羊傳》的說法。

《公羊傳・哀十四年》曰：「君子曷爲爲《春秋》？撥亂世反諸正，莫近諸《春秋》。則未知其爲是與？其諸君子樂道堯舜之道與？末不亦樂乎堯舜之知君子也？」何注曰：「堯舜當古歷象日月星辰，百獸率舞，鳳皇來儀。《春秋》亦以王次春，上法天文，四時具然後爲年，以敬授民時，崇德致麟乃得稱大平。道同者相稱，德合者相友，故曰樂道堯舜之道。」又曰：「末不亦樂后有聖漢，受命而王，德如堯舜之知孔子爲制作。」正義曰：「謂孔子之道同于堯舜，故作《春秋》以稱述堯舜是也。」曰：「言孔子之德合於堯舜，是以愛而慕之乃作《春秋》，與其志相似也。」又曰：「解云孔子之道既與堯舜雅合，故得與堯舜相對爲首末，然則指孔子言『不亦』也，堯舜之時預知有己而制道術，預知有己而爲君子，而慕之，己亦預制《春秋》授劉帝，是孔子亦愛慕堯舜之知君子而效之。」﹝註8﹞綜其所言，是以孔子之道同於堯舜並効而著《春秋》，以爲後世制法。

---

﹝註5﹞　孔子少年以禮聞，故周生春先生和明旭認爲孔子「15歲至30歲所學當以禮爲主」，孔子所學之禮當然是周禮。見周生春、明旭：《論孔子爲學的歷程及其思想的演變》，《哲學研究》，2003年第6期，第31頁。

﹝註6﹞　《禮記正義》卷第五十三《中庸》，〔清〕阮元校刻《十三經注疏》下冊，第1634頁下、1635頁中。

﹝註7﹞　〔日〕安居香山、中村璋八輯：《緯書集成》中冊，石家莊：河北人民出版社，1994年十2月，第1009頁。

﹝註8﹞　《春秋公羊傳注疏》卷二十八《哀十四年》，〔清〕阮元校刻《十三經注疏》下冊，第2354頁中、下。

「《春秋》以道名分。」（《莊子・天下》）若貶吳、楚之王曰「子」，「天王狩于河陽」之類是也。然「名分」據何以道？孔子「從周」，固是「斷以文王武王之法度」。杜注曰：「仲尼因魯史策書成文，考其眞僞而志其典禮，上以遵周公之遺制，下以明將來之法。」「仲尼曰：『文王既沒，文不在茲乎？』此制作之本意也。」〔註9〕是杜氏認爲孔子制《春秋》乃「法明文武之德」也。太史公曰：「夫《春秋》，上明三王之道，下辨人事之紀，別嫌疑，明是非，定猶豫，善善惡惡，賢賢賤不肖，存亡國，繼絕世，補敝起廢，王道之大者也。」（《史記・太史公自序》）蓋孔子因魯史以制《春秋》，據周禮以定名分，其意乃在於繼周以明王道。王道之中非不有堯舜之精神，然豈止於「歷象日月星辰」之具體措施哉？至若「百獸率舞，鳳皇來儀」，大平之休應，又豈「祖述」可得哉！

其實，若不限於「制《春秋》」之事，鄭注以「祖述堯舜」爲「述堯舜之道」，「憲章文武」爲「斷以文王武王之法度」，正義以「祖述堯舜」爲「始行堯舜之道」，「憲章文武」爲「法明文武之德」，於義皆無不通。朱子會其意，曰：「祖述者，遠宗其道。憲章者，近守其法。」〔註10〕孔子曰：「周監於二代，郁郁乎文哉！吾從周。」（《論語・八佾》）曰：「文王既沒，文不在茲乎？」（《論語・子罕》）尹氏曰：「三代之禮至周大備，夫子美其文而從之。」〔註11〕朱子曰：「道之顯者謂之文，蓋禮樂制度之謂。」〔註12〕故所謂「法明文武之德」，或曰「近守其法」者，皆言孔子繼承周之禮樂制度而損益之也。

「祖述」與「憲章」相對爲文，「憲章」者既爲具體的禮樂制度，那麼「祖述」者當爲抽象之理，用現在的話語亦可表述爲某種具有普世性的價值。故「遠宗其道」之「道」已非用其本來意義，而是用其引申義，所謂「形而上者」（《周易・繫辭上》）是也。此「道」恒存於天地之間，雖須人之弘而行，卻不因人之行與不行而有增損，在堯舜時是那個樣子，禹湯時是那個樣子，文武周公時是那個樣子，至孔子時依然是那個樣子，所謂「放之則彌六合，

〔註9〕　《春秋左傳正義》卷一《春秋序》，〔清〕阮元校刻《十三經注疏》下冊，第1705頁上、1708頁中。
〔註10〕　〔宋〕朱熹撰：《中庸章句》，〔宋〕朱熹撰《四書章句集注》，北京：中華書局，1983年10月，第37頁。
〔註11〕　〔宋〕朱熹撰：《論語集注》卷二《八佾第三》，〔宋〕朱熹撰《四書章句集注》，第65頁。
〔註12〕　〔宋〕朱熹撰：《論語集注》卷五《子罕第九》，〔宋〕朱熹撰《四書章句集注》，第110頁。

卷之則退藏於密」者也〔註13〕。孔子曰:「吾道一以貫之。」(《論語・里仁》、
《衛靈公》)孟子曰:「夫道一而已矣。」(《孟子・滕文公上》)董子曰:「道
之大原出於天,天不變,道亦不變。」(《漢書・董仲舒傳》)皆斯道之謂也。

　　道不變,法則與時損益,然則二者并不可截然二分。法之損益不得離於道,
道之不變亦不能離法而行,離道之法非文武之法,離法之道只能卷而「退藏於
密」。法之所以有損益者,即道之「時用」也。孔子曰:「殷因於夏禮,所損益
可知也;周因於殷禮,所損益可知也;其或繼周者,雖百世可知也。」(《論語・
為政》)其所損益之「道」一以貫之,故曰「雖百世可知也」〔註14〕。道不離法,
法以載道,「祖述堯舜」與「憲章文武」實是一事的兩個層面,而非二事,諸子
不能明於此,故「道術將為天下裂」(《莊子・天下》)矣。道存於堯舜之前,堯
舜之前不必沒有聖帝明王,正義訓「祖」為始,所以「祖述始行堯舜之道」者,
蓋以「帝嚳以上朴略難傳,唐虞以來煥炳可法」故也〔註15〕。道存於堯舜之後,
不曰祖述「郁郁乎文哉」之周,蓋以堯舜之德盛於三代也。

### (二)「允執其中」考辨

　　「憲章」之義固已明瞭,那麼「始行堯舜之道」,或曰「遠宗其道」的「道」
又是什麼意義呢?孔子所「祖述」者即是一以貫之的永恆之「道」,與儒家的
「道統」當不無關係。

### 1.「執中」與「道統之傳」

　　　堯曰:「咨,爾舜!天之曆數在爾躬。允執其中,四海困窮,天
　　祿永終。」舜亦以命禹。(《論語・堯曰》)

　　集解曰:「厤數,謂列次也。」「允,信也。困,極也。永,長也。言
為政信執其中,則能窮極四海,天祿所以長終。」〔註16〕這是漢儒的說法,
皇侃、邢昺之疏皆從之,朱子則以「四海困窮,天祿永終」為惡義而別讀一

〔註13〕〔宋〕朱熹撰:《中庸章句》,〔宋〕朱熹撰《四書章句集注》,第17頁。
〔註14〕先儒多以「三綱五常」為三代相繼不變者,實未得其旨。分別見《論語注疏》
　　　　卷二《為政第二》,〔清〕阮元校刻《十三經注疏》下冊,第2463頁中。〔宋〕
　　　　朱熹撰:《論語集注》卷一《為政第二》,〔宋〕朱熹撰《四書章句集注》,第
　　　　59、60頁。
〔註15〕《尚書正義》卷第一《尚書序》正義,〔清〕阮元校刻《十三經注疏》上冊,
　　　　第114頁下~115頁上。
〔註16〕《論語注疏》卷二十《堯曰第二十》,〔清〕阮元校刻《十三經注疏》下冊,
　　　　第2535頁上。

句〔註17〕。按漢儒的說法，則「四海困窮，天祿永終」是「允執其中」的結果，按朱子的理解，則「四海困窮，天祿永終」就是未能「允執其中」的結果。不過，這點差別并不緊要，堯之命舜，舜之命禹的重點乃在「允執其中」一語。

《論語》曰「舜亦以命禹」，是舜亦以「允執其中」命禹也。今本《大禹謨》則增爲十六字，曰：「人心惟危，道心惟微，惟精惟一，允執厥中。」朱子曰：「蓋自上古聖神繼天立極，而道統之傳有自來矣。其見於經，則『允執其中』者，堯之所以授舜也；『人心惟危，道心惟微，惟精惟一，允執厥中』者，舜之所以授禹也。堯之一言，至矣，盡矣！而舜復益之以三言者，則所以明夫堯之一言，必如是而後可庶幾也。」又曰：「夫堯、舜、禹，天下之大聖也。以天下相傳，天下之大事也。以天下之大聖，行天下之大事，而其授受之際，丁寧告誡，不過如此。則天下之理，豈有以加於此哉？自是以來，聖聖相承：若成湯、文、武之爲君，皋陶、伊、傅、周、召之爲臣，既皆以此而接夫道統之傳，若吾夫子，則雖不得其位，而所以繼往聖、開來學，其功反有賢於堯舜者。」〔註18〕

《大禹謨》之十六字爲理學的思想淵源，朱子奉爲圭臬。現在我們已經知道今本《大禹謨》是後世依託之作，「惟危」「惟微」之說本之《道經》（《荀子・解蔽篇》）。不過，這無損於朱子所謂「道統之傳」。朱子曰堯之授舜一言「至矣盡矣」，是認爲這個「道統之傳」即「允執其中」。至若「舜復益之以三言」，只是使「堯之一言」因此「可庶幾也」。朱子曾明確說這三句是「允執厥中」以前事，「是舜教禹做工夫處」，又說「人心惟危，道心惟微」，須是「惟精惟一」，方能「允執厥中」〔註19〕。也就是說，朱子認爲「人心惟危，道心惟微，惟精惟一」只是「執中」的途徑或工夫。

朱子以「允執厥中」爲聖聖相承之「道」，稽諸文獻，自有根據〔註20〕。

〔註17〕〔宋〕朱熹撰：《論語集注》卷十《堯曰第二十》，〔宋〕朱熹撰《四書章句集注》，第 193 頁。

〔註18〕〔宋〕朱熹撰：《中庸章句序》，〔宋〕朱熹撰《四書章句集注》，第 14～16 頁。

〔註19〕〔宋〕黎靖德編：《朱子語類（五）》，北京：中華書局，1986 年 3 月，第 2016 頁。

〔註20〕顧頡剛先生否認「道統」的存在，認爲它原始於《孟子・盡心下》篇末之說，是孟子以及歷代儒者爲自己「佔地位」的工具（顧頡剛：《序》，羅根澤編著《古史辨（四）》，上海：上海古籍出版社，1982 年 8 月，第 9～10 頁）。顧氏此論，既未充分地考證，更未理解「道」的形上意義，而將之與諸儒具體的觀點主張混爲一談。

其在堯舜之前，則有帝嚳「執中而獲天下」（《大戴禮記・五帝德》）矣〔註21〕。
其在堯舜之後，則有禹既受之於舜矣，有湯暨伊尹「咸有壹德」（《禮記・緇
衣》引《尹吉》語）矣〔註22〕，有箕子言武王以「建用皇極」（《尚書・洪範》）
矣〔註23〕。若散見於經傳者，於《書》則又有「各設中于乃心」（《盤庚中》），
「作稽中德」（《酒誥》），「作汝民極」（《君奭》），「天罰不極」（《呂刑》）云云；
於《詩》則有「淑人君子，其儀一兮」，「淑人君子，其儀不忒」（《曹風・鳲
鳩》），「上帝臨女，無貳爾心」（《大雅・大明》），「無貳無虞，上帝臨女」（《魯
頌・閟宮》）云云；於《易》則有「不恒其德，或承之羞」（《恒・九三》）云
云；至若樂之和，禮之別，《春秋》之正名分，無不貫穿著「執中」「建極」
的精神。

　　清華簡《保訓》如果真是文王遺訓，無疑為這個「道統之傳」提供了更
古更直接的文獻依據。竹簡記載了文王訓誡武王之語，曰：

> 昔舜舊作小人，親耕于鬲茅，恐求中。自稽氒志，不違于庶萬
> 姓之多欲。氒又施于上下遠邇，廼易位設稽，測陰陽之物，咸順不
> 逆。舜既得中，言不易實變名，身茲備，佳允。翼翼不解，用作三
> 降之惪。帝堯嘉之，用授氒緒。於呼，祗之哉！昔微假中于河，以
> 復有易，有易服氒厥辠。微亡害，廼歸中于河。微志弗忘，傳貽子
> 孫，至于成湯，祗服不解，用受大命。於呼！發，敬哉！〔註24〕

〔註21〕 《史記・五帝本紀》襲用此句，曰：「帝嚳溉執中而徧天下。」
〔註22〕 壹，古文（《說文・壹部》），郭店楚簡《緇衣》、清華簡《尹誥》、今本《古文
尚書》皆作「一」。正義曰：「德者，得也，內得於心，行得於理。既得其理，
執之必固，不為邪見更致差貳，是之謂一德也。」（《尚書正義》卷八《商書・
咸有一德第八》，〔清〕阮元校刻《十三經注疏》上冊，第 165 頁中下）
〔註23〕 傳曰：「皇，大也。極，中也。凡立事當用大中之道。」正義曰：「《詩》云『莫
匪爾極』，《周禮》『以為民極』，《論語》『允執其中』，皆謂用大中也。」（《尚
書正義》卷十二《洪範第六》，〔清〕阮元校刻《十三經注疏》上冊，第 188
頁上）先儒多用是說，至朱子別為訓解，訓「皇」為君，訓「極」為標準，
謂「建用皇極」就是君主為天下做個標準（〔宋〕黎靖德編：《朱子語類（五）》，
第 2041～2042 頁）。蔡沈《書經集傳》從朱子之說，但其於《序》中曰「建
中建極，商湯周武相傳之心法」云云，蓋亦以極為「中」義也。其實，推究
朱子之意，君便如何為天下做標準？不亦須「允執其中」乎？余英時先生認
為朱子訓「極」為標準，有針砭時政的考量在其中（余英時著：《朱熹的歷史
世界——宋代士大夫政治文化的研究》下冊，北京：生活・讀書・新知三聯
書店，2004 年 8 月，第 809～853 頁）。
〔註24〕 學術界對於〈保訓〉篇「中」字的涵義也爭議很大，或理解為「文書」、「標
杆」、「天數」、「師眾」等，或訓為「常」、「和」等，關涉複雜，需要專文考

　　舜「恐求中」，「既得中」，「帝堯嘉之，用授厥緒」，蓋帝堯所以嘉舜而授之緒者，以其「得中」。這一記述與《論語・堯曰》篇的說法很相符合：舜「既得中」，「翼翼不解」，故帝堯授之緒乃誡曰「允執其中」。不然，則堯之言無的矣。舜「既得中」而受堯之緒，殷之先公亦「歸中于河」，至成湯亦「祗服不解，用受大命」。故文王誡武王曰：「於呼！發，敬哉！」敬哉！敬服「中」如舜、成湯之不懈也。目前學術界對清華簡還存在一些爭議〔註 25〕，故而筆者於此提出只是作爲一種參考。

　　朱子既云「允執其中」爲堯舜禹湯文武周公聖聖相傳之「道」，又曰：「若吾夫子，則雖不得其位，而所以繼往聖、開來學，其功反有賢於堯舜者。」是朱亦以孔子「接夫此道統之傳」。朱子此說並非無據，《堯曰》篇的編次安排顯然是以孔子承接堯舜禹湯文武，而《尚書》以虞夏商周相次，「六經」皆貫穿「執中」之精神，更足以說明孔子有傳承此「道統」之自覺。孔子曰「吾道一以貫之」而亟稱「中庸」〔註 26〕，曰「七十而從心所欲，不踰矩」（《爲政》），《論語》、《中庸》載之甚明，毋庸贅述。故《中庸》曰：「仲尼祖述堯舜，憲章文武。」孔子所「祖述堯舜」者，當即在此「道統」之傳。

　　不過，《堯曰》篇記述堯舜相授的文字并不見於今本《堯典》或《皋陶謨》，很可能亦非孔子所述〔註 27〕，那麼堯舜「執中」之說是否就不可信了呢？如

---

證。本文徑取李學勤教授之觀點，認爲它即是「中庸」之中。見李學勤主編：《清華大學藏戰國竹簡（壹）》下冊，上海：中西書局，2010 年十 2 月，第 143 頁。李學勤：〈論清華簡〈保訓〉的幾個問題〉，《文物》2009 年第 6 期，第 76～78 頁。

〔註 25〕　整理者鑒定清華簡的時代「大致爲公元前 305±30 年」，姜廣輝、丁進等學者則對清華簡的出處眞僞問題提出了疑問。整理者的鑒定說明見清華大學出土文獻研究與保護中心：《前言》，李學勤主編《清華大學藏戰國竹簡（壹）》上冊，第 1～4 頁。姜廣輝、丁進等學者的質疑文章見參考文獻。

〔註 26〕　《論語》中載孔子兩次說「一以貫之」的話，一對曾子曰「吾道一以貫之」（《里仁》），一對子貢曰「予一以貫之」（《衛靈公》）（論子貢、曾子之年世，當以與子貢之語在前），但孔子、子貢皆未說那個「一」是什麼，曾子則曰「忠恕而已」。兩千餘年來儒者皆承曾子之說，以爲夫子之道即「忠恕而已」。然孔子明曰「忠恕違道不遠」（《中庸》），如何能是那個「一以貫之」之道？傅佩榮先生認爲這個「一以貫之」之道是「仁」（傅佩榮著：《解讀論語》，上海：上海三聯書店，2007 年 7 月，第 56、237 頁）。孔子曰：「吾有知乎哉？無知也。有鄙夫問於我，空空如也，我叩其兩端而竭焉。」（《論語・子罕》）考孔子既傳承「允執厥中」的道統，又亟稱「中庸」而「用中」如是，故筆者認爲其「一以貫之」之道即是「中庸」或曰「允執其中」之「中」。

〔註 27〕　先儒多以爲「堯曰」之文是「夫子誦述前聖之言弟子類記於此」（〔宋〕黎靖

果上面所引清華簡《保訓》的文字不足以爲證，且看二戴《禮記》中孔子稱頌堯舜之語。《五帝德》中孔子稱帝堯「其言不貳，其德不回」，稱帝舜「其言不惑，其德不回」，「其德不回」，「其德不回」不正是「壹德」的意思嗎？「壹德」即是「執中」。《中庸》中孔子稱舜之言說的更爲明白，曰：「舜其大知也與？舜好問而好察邇言，隱惡而揚善，執其兩端，用其中於民，其斯以爲舜乎？」雖文獻不多，但足證堯舜「執中」「用中」的傳說存在於孔子之時，孔子亟稱慕之，則孔子所「祖述堯舜」者即此「允執其中」之道，又何疑哉！

## 2. 何以「執中」

既考知孔子所「祖述堯舜」者便是「允執其中」，那麼下面的任務就在於探討堯舜「允執厥中」的確切義涵。仍然先考察前人對它的訓解。

「允執其中」或曰「中庸」之「中」，自漢以至北宋之初，經師或解作「中和」，若《禮記・中庸》鄭玄注〔註28〕，《論語・雍也》篇「中庸」之何晏、邢昺注疏〔註29〕；或解作「中正」，若《論語・堯曰》篇「允執其中」之皇侃義疏〔註30〕，今本《古文尚書》之所謂孔安國傳及正義〔註31〕。「中和」或「中正」乃是相對「過」與「不及」而言。《中庸》篇孔子稱舜「執兩用中」，鄭曰：「兩端，過與不及也。用其中於民，賢與不肖皆能行之也。」正義曰：「端謂頭緒，謂知者過之，愚者不及，言舜能執持愚知兩端，用其中道於民，使愚知俱能行之。」〔註32〕《論語・先進》篇孔子云「過猶不及」，注疏皆釋爲

德編：《朱子語類（三）》，第 1215 頁），至崔東壁始疑其爲後人續入（〔清〕崔述著：《洙泗考信錄》卷四，上海：商務印書館，中華民國二十六年六月，第 97 頁），顧頡剛先生認定其「早則出於戰國之末，遲則當在秦漢之交」（顧頡剛：《禪讓傳說起於墨家考》，呂思勉、童書業編著《古史辨（七）》下冊，第 62 頁）。

〔註28〕《禮記正義》卷第五十二《中庸第三十一》，〔清〕阮元校刻《十三經注疏》下冊，第 1625 頁。

〔註29〕《論語注疏》卷六《雍也第六》，〔清〕阮元校刻《十三經注疏》下冊，第 2479 頁下。

〔註30〕〔魏〕何晏集解，〔梁〕皇侃義疏：《論語集解義疏》卷第十《論語堯曰第二十》，《知不足齋叢書》本。

〔註31〕孔傳於《大禹謨》之「允執厥中」未作訓解，於《盤庚中》「各設中于乃心」，《酒誥》「作稽中德」，《呂刑》「觀于五刑之中」、「罔非在中」、「罔不中聽獄之兩辭」、「非德于民之中」、「咸中有慶」諸句之「中」皆解作「中正」，正義從其說。見〔清〕阮元校刻《十三經注疏》本《尚書正義》。

〔註32〕《禮記正義》卷五十二《中庸第三十一》，〔清〕阮元校刻《十三經注疏》下冊，第 1626 頁上。

「不得中」〔註33〕。故程子曰：「不偏之謂中。」朱子則逕曰：「中者，不偏不倚，無過不及之名。」〔註34〕

那麼如何做到「中和」、「中正」，「不偏不倚，無過不及」呢？或曰如何「允執其中」呢？這方面尚未見到漢儒的說法，惟今本《後漢書·律曆中》有一句話曰：「失然後改之，是然後用之，此謂『允執其中』。」此係西晉司馬彪撰，不知這個說法是襲自漢代的資料，還是司馬彪自己的理解。但若「允執其中」如此簡單，何以孔子概歎「民鮮能久矣」，「中庸不可能也」(《中庸》)？今本《大禹謨》雖出自東晉，其「危微精一」之語卻未嘗不可以視作對於如何「執中」的一種理解，然孔傳與正義皆視「精一」與「執中」為并列之兩事〔註35〕，誠未得其意旨。

朱子認為「人心惟危，道心惟微，惟精惟一」是「允執厥中」以前事，「是舜教禹做工夫處」，因「人心惟危，道心惟微」，故須是「惟精惟一」，方能「允執厥中」〔註36〕。「惟精惟一」方能「允執厥中」，但并不就是「允執厥中」，在朱子看來，「執中」還需有一個選擇的工作。朱子曰：「兩端，謂眾論不同之極致。蓋凡物皆有兩端，如小大厚薄之類，於善之中又執其兩端，而量度以取中，然後用之，則其擇之審而行之至矣。然非在我之權度精切不差，何以與此？此知之所以無過不及，而道之所以行也。」〔註37〕「中」是無過無不及，「惟精惟一」然後「量度以取」，才能「允執其中」！

蔡九峯《書經集傳》似乎未從師說，曰：「心者，人之知覺，主於中而應於外者也。指其發於形氣者而言，則謂之人心；指其發於義理者而言，則謂之道心。人心易私而難公，故危；道心難明而易昧，故微。惟能精以察之，而不雜形氣之私，一以守之而純乎義理之正，道心當為之主而人心聽命焉，

---

〔註33〕〔魏〕何晏集解，〔梁〕皇侃義疏：《論語集解義疏》卷第六《論語先進第十一》。《論語注疏》卷十一《第進第十一》，〔清〕阮元校刻《十三經注疏》下冊，第2499頁中。

〔註34〕〔宋〕朱熹撰：《中庸章句》，〔宋〕朱熹撰《四書章句集注》，第17頁。於《論語集注》卷三《雍也第六》「中庸」與卷十《堯曰第二十》「允執其中」之「中」，亦曰「無過無不及之名」或「無過不及之名」。見〔宋〕朱熹撰：《四書章句集注》，第91、193頁。

〔註35〕《尚書正義》卷四《大禹謨第三》，〔清〕阮元校刻《十三經注疏》上冊，第136頁上、中。

〔註36〕〔宋〕黎靖德編：《朱子語類（五）》，第2016頁。

〔註37〕〔宋〕朱熹撰：《中庸章句》，〔宋〕朱熹撰《四書章句集注》，第20頁。

則危者安微者著，動靜云爲自無過不及之差，而信能執其中矣。」〔註38〕「精一」於「道心」，則「動靜云爲自無過不及之差，而信能執其中矣」，那麼在「惟精惟一」與「允執厥中」之間也就不需要一個「量度以取」的工作。陳櫟《纂疏》進一步曰：「非道心之外他有所謂中，中即道心之流行於日用間而無過不及者。」〔註39〕

但朱子「量度以取」的說法畢竟造成了廣泛的影響，王船山特針對此種理解提出了嚴厲的批評。船山曰：「乃自己用中，後見得恰好如此。非天下事理本有此三條路，一過、一中、一不及，卻撇下兩頭拿住中間做之謂。中者，天之德也，天德那有不周徧處？」「惟精惟一所以審其善不善，非精一以求中也。」〔註40〕黃梨洲極斥「人心惟危，道心惟微」之僞謬，也從另一個角度否定了「量度以取」的說法。梨洲曰：「夫人只有人心，當惻隱自能惻隱，當羞惡自能羞惡，辭讓是非莫不皆然，不失此本心，無有移換，便是『允執厥中』。」〔註41〕「不失此本心，無有移換」，便是「允執其中」，而不於二者之間又存在一個選擇的過程。「精一」之說與「本心」之說的理論邏輯不同，然就其最終的旨歸來看，則並無二致。

綜諸儒所論，可以得出這樣的結論，即「惟精惟一」便是「允執其中」，「不失本心」便是「允執其中」。那麼又如何能「惟精惟一」，能「不失本心」呢？諸儒之說未免簡略甚或玄虛，當更考求於《中庸》與《孟子》。中庸，即言「用中爲常道也」〔註42〕。執，「捕辠人也」（《說文‧幸部》），「引申之爲凡持守之偁。」〔註43〕「允執其中」即是持守「中」而常用之，其與「中庸」

---

〔註38〕 〔宋〕蔡沈注：《書經集傳》，上海：上海古籍出版社，1987 年 3 月，第 14 頁。

〔註39〕 〔元〕陳櫟撰：《書集傳纂疏》卷一《大禹謨》，《摛藻堂四庫全書薈要》本，第 58 頁。

〔註40〕 〔清〕王夫之撰：《讀四書大全說》卷七《論語‧堯曰篇》，同治四年《船山遺書》本。

〔註41〕 〔清〕黃宗羲：《尚書古文疏證序》，〔清〕閻若璩撰《尚書古文疏證》上冊，上海：上海古籍出版社，1987 年 12 月，第 4～5 頁。

〔註42〕 《禮記正義》卷五十二《中庸第三十一》，〔清〕阮元校刻《十三經注疏》下冊，第 1625 頁下。孔子曰：「用其中於民」（《中庸》）。《說文》曰：庸，「用也」（《用部》）。船山曰：「中庸者，言中之用也。」（〔清〕王夫之撰：《讀四書大全說》卷二《中庸‧名篇大旨》）至若程子云「不易之謂庸」，朱子以「庸」爲平常（〔宋〕朱熹撰：《中庸章句》，〔宋〕朱熹撰《四書章句集注》，第 17 頁），其實皆言「用中爲常道也」。

〔註43〕 〔漢〕許慎撰，〔清〕段玉裁注：《說文解字注》，第 496 頁下。

實異名同謂。「惟精惟一」其在《中庸》，則曰「誠之者」，曰「擇善而固執之者也」。而「不失本心」之說顯本乎《孟子》，孟子曰「求其放心而已矣」（《告子上》）。《中庸》之「擇善固執」，《孟子》之「求放心」，皆非一己之得，《中庸》由「至誠」推出「贊天地之化育」，《孟子》由「本心」推出「王政」。故在《中庸》則曰：「肫肫其仁，淵淵其淵，浩浩其天。」在《孟子》則曰：「擴而充之」，「以保四海」（《公孫丑上》）。「允執其中」與「中庸」的義涵此精微而博大，難怪孔子感歎曰：「中庸之為德也，其至矣乎！民鮮能久矣。」（《論語‧雍也》）

考《論語‧堯曰》篇三章：第一章記堯之命舜，舜之命禹，既明曰「四海困窮，天祿永終」矣；湯、武之誓師，亦在平天下以安民；自「謹權量」以下是王政之要；第二、三章復綴以孔子論「從政」、天命之言。「謹權量」諸語，蓋明乎「二帝三王雖有揖讓與干戈之異，而安民取治之法則同也」；復綴以孔子之論者，則是明乎「孔子之德同於堯舜諸聖也」〔註44〕。是此篇之意，記堯舜禹湯武王以至於孔子，「道統」之傳皆在於平天下以安民。楊氏曰：「以明聖學之所傳者，一於是而已。」〔註45〕堯舜之命「允執其中」者，固是要「以保四海」，固是要「贊天地之化育」，故二帝所以「執中」者，固見之於其平天下之政治也。

堯舜平天下之政治如何？孔子稱堯曰「其有成功」，「其有文章」（《論語‧泰伯》）；曰「四海之內，舟輿所至，莫不說夷」（《大戴禮記‧五帝德》）云云。稱舜曰有天下「而不與」（《泰伯》）；曰「無為而治」（《衛靈公》）；曰「用其中於民」（《禮記‧中庸》）；曰後世「弗可及」（《表記》）；曰「畏天而愛民，恤遠而親親」，「叡明通知，為天下工」（《五帝德》）云云。茲可窺堯舜「政治」之一斑，然二帝所以「允執其中」者，惟詳載於《堯典》、《皋陶謨》中。

## 二、堯舜之政治

「六經」之中，以《尚書‧虞書》部分所記堯舜傳說最為詳備〔註46〕。

〔註44〕〔魏〕何晏集解，〔梁〕皇侃義疏：《論語集解義疏》卷第十《論語堯曰第二十》。

〔註45〕〔宋〕朱熹：《論語集注》卷十《堯曰第二十》，〔宋〕朱熹撰《四書章句集注》，第194頁。

〔註46〕在存世先秦文獻中，「虞書」之名始見於《左傳‧文十八年》大史克語，也是唯一一次。劉起釪先生認為它是漢儒竄亂，并無任何文獻依據（劉起釪著：《尚書學史》，北京：中華書局，1989年6月，第6～7頁）。但無論如何，至遲漢初已有此稱當是不爭的事實。

據清陳壽祺所輯《尙書大傳》,《虞書》部分當有《堯典》、《九共》、《舜典》、《皋陶謨》諸篇〔註47〕。據劉起釪先生考證之「逸十六篇」篇目〔註48〕,又當有《汩作》、《大禹謨》、《棄稷》三篇。合而計之,是《尙書・虞書》部分至少有七篇文獻〔註49〕。橫遭秦火之厄,《尙書》損佚嚴重,伏生今文於《虞書》部分止傳《堯典》、《皋陶謨》兩篇。今本《古文尙書・虞書》部分有《堯典》、《舜典》、《大禹謨》、《皋陶謨》、《益稷》五篇,先儒已辨《大禹謨》僞作,《舜典》本由《堯典》分出〔註50〕,《益稷》由《皋陶謨》分出,故仍只是伏生今文的《堯典》、《皋陶謨》兩篇。除此之外,其佚文亦偶見於其他先秦文獻徵引。「《皋陶謨》可以觀治,《堯典》可以觀美。」〔註51〕《堯典》所記主要是堯舜之美政,《皋陶謨》所記則主要是虞廷君臣的政論,那麼從兩篇文獻以及相關佚文的記述中,當可考知二帝所以「允執其中」者。

本章的任務,主要是考察《堯典》及相關佚文所記堯舜的具體行政,以分析其背後的價值取向。根據《堯典》的內容,本章大致可分爲三個部分:一是帝堯之行政,二是舜之攝政,三是帝舜之行政,下面依次展開考察。

### (一)帝堯之行政

《堯典》記帝堯之行政共有三事:一是分命羲、和,二是選拔治才,三是選舉繼承人。

#### 1.分命羲、和

> 乃命羲、和,欽若昊天,厤象日月星辰,敬授民時。分命羲仲,宅嵎夷,曰暘谷。寅賓出日,平秩東作。日中,星鳥,以殷仲春。厥民析,鳥獸孳尾。申命羲叔,宅南交,平秩南爲,敬致。日

〔註47〕〔漢〕伏勝撰,〔漢〕鄭玄注,〔清〕陳壽祺輯校:《尚書大傳》,《四部叢刊》景清刻《左海文集》本。

〔註48〕劉起釪著:《尚書學史》,第114頁。

〔註49〕今本《古文尚書》於《舜典》之末云:「帝釐下土,方設居方,別生分類,作《汩作》、《九共》九篇、《槀飫》。」此說採自漢成帝時張霸所造之「百兩篇」序,先儒已辨其僞陋甚明,故不敢信據(劉起釪著:《尚書學史》,第108~111頁)。

〔註50〕今本《古文尚書》的《舜典》本由《堯典》分出,正義曰:「『曰若稽古帝舜,曰重華,協于帝』,此十二字是姚方興所上,孔氏傳本無,阮孝緒《七錄》亦云然。方興本或此下更有『濬哲文明,溫恭允塞,玄德升聞,乃命以位』,此二十八字異聊出之,於王注無施也。」見《尚書正義》卷三《舜典第二》,〔清〕阮元校刻《十三經注疏》上冊,第125頁下。

〔註51〕〔漢〕伏勝撰,〔漢〕鄭玄注,〔清〕陳壽祺輯校:《尚書大傳》卷五《略說》。

永，星火，以正仲夏。厥民因，鳥獸希革。分命和仲，宅西，曰昧谷。寅餞納日，平秩西成。宵中，星虛，以殷仲秋。厥民夷，鳥獸毛毨。申命和叔，宅朔方，曰幽都，平在朔易。日短，星昴，以正仲冬。厥民隩，鳥獸氄毛。帝曰：「咨！汝羲暨和。朞三百有六旬有六日，以閏月定四時成歲。」

由這段文字來看，羲、和皆是姓氏，先儒多以爲重、黎之後〔註52〕。欽，「敬也」（《爾雅·釋詁》）。若，「順也」（《爾雅·釋言》）。昊天，《毛傳》云：「元氣廣大則稱昊天。」〔註53〕曆象，太史公訓爲「數法」（《史記·五帝本紀》）。星辰，此處就是指「星」〔註54〕。「欽若昊天，曆象日月星辰，敬授民時」者，即是敬順廣大之天，數法日月星辰之運轉規律制爲四時節氣，以教民安排生活農作。

嵎夷、暘谷、南交、西、昧谷、朔方、幽都，皆指地理方位或名稱，自來未能確指。若寅賓日出，寅餞納日，皆是遠古時期的宗教祭祀活動，此處則演變爲曆法活動。平秩東作、平秩南爲、平秩西成，平在朔易，皆指從事相應的農事活動。日中指春分，日永指夏至，宵中指秋分，日短指冬至。鳥、火、虛、昴是據以確定春分、夏至、秋分、冬至的星名。所謂以殷仲春，以正仲夏，以殷仲秋，以正仲冬者，就是指分別確定春分、夏至、秋分、冬至等節氣。「厥民析，鳥獸孳尾」，「厥民因，鳥獸希革」，「厥民夷，鳥獸毛毨」，「厥民隩，鳥獸氄毛」，可能是一組有關上古四方神名和四方風名的神話資料〔註55〕，但在此處它們所表示的是民事與物候現象。「敬致」一語費解，或是錯簡衍文，不必牽強爲說。

約而言之，是帝堯分命羲仲、羲叔、和仲、和叔根據天象制定曆法，并

---

〔註52〕 《呂刑》中有重、黎「絕地天通」的傳說；《鄭語》稱「黎爲高辛氏火正」，是爲「祝融」；《楚語下》云命重、黎「絕地天通」者是帝顓頊，其後帝堯「堯復育重、黎之後不忘舊者」，故「重、黎氏世敘天地」（《國語》）；《左傳》又謂木正句芒「重」是少皞氏子，火正祝融「犂」是顓頊氏子（《昭二十九年》）；《山海經》則云「顓頊生老童，老童生重及黎，帝令重獻上天，令黎（邛）〔卬〕下地」（《大荒西經》）；等等。傳說異辭，史實已無從考證，惟傳信傳疑。

〔註53〕 《毛詩正義》卷四之一《王風·黍離》「悠悠蒼天」，〔清〕阮元校刻《十三經注疏》上冊，第330頁中。

〔註54〕 〔清〕孫星衍撰：《尚書今古文注疏》，北京：中華書局，2004年2月第2版，第12頁。顧頡剛、劉起釪著：《尚書校釋譯論》第一冊，第35～36頁。

〔註55〕 顧頡剛、劉起釪著：《尚書校釋譯論》第一冊，第43頁。

命他們分掌四時之節氣，以指導人民的生活與農事活動。故而既命之後，堯又誡之曰：一年有三百六十六日，要通過閏月的方式安排好一年之四時。制定四時節氣，對人民生活、尤其是農業生產活動至爲重要。羲、和蓋是「重、黎之後不忘舊者」（《國語・楚語下》），掌握著相關的專業技能，故得掌此職也。

### 2. 選拔治才

> 允釐百工，庶績咸熙。帝曰：「疇咨若時登庸？」放齊曰：「胤子朱啓明。」帝曰：「吁！嚚訟可乎？」

允，「信也」；庶，「眾也」；咸，「皆也」；熙，「興也」（《爾雅・釋詁》）。熙，《國語》又訓「廣也」（《周語下・晉羊舌肸聘於周》）。「釐，理」；「工，官」〔註56〕。「允釐百工，庶績咸熙」，《史記》曰：「信飭百官，眾功皆興。」（《五帝本紀》）飭，亦「整治也」〔註57〕。疇訓「誰」，時訓「是」，登訓「陞」，亦皆《爾雅・釋詁》之文。庸，「用也」（《說文・用部》）。若時，就是因順此「庶績咸熙」的良好局面而更建事功。誰能順是，將舉而用之。放齊，帝堯之臣。朱，堯子丹朱。「胤子朱啓明」，《史記》曰「嗣子朱開明」（《五帝本紀》），蓋謂「其人心志開達，性識明悟」也〔註58〕。「口不道忠信之言爲嚚。」（《左傳・僖二十四年》）訟，「爭也」（《說文・言部》）。「嚚訟可乎？」帝言朱不可用也。

先儒多以「允釐百工，庶績咸熙」承「定四時成歲」之義，以爲是羲、和之功〔註59〕，劉起釪先生譯作「確切地整頓百官，使庶政都辦理的很好」〔註60〕，是爲帝堯之功。筆者認爲，分命羲、和只是帝堯「允釐百工」的一個案

〔註56〕《毛詩正義》卷十九之二《周頌・臣工》傳、箋，〔清〕阮元校刻《十三經注疏》上冊，第590頁下。
〔註57〕《周易正義》卷九《雜卦第十一》「蠱則飭也」注，〔清〕阮元校刻《十三經注疏》上冊，第96頁下。
〔註58〕《尚書正義》卷二《堯典第一》正義，〔清〕阮元校刻《十三經注疏》上冊，第122頁上。
〔註59〕如《漢書・律曆志》引《堯典》曰：「歲三百有六旬有六日，以閏月定四時成歲，允釐百官，眾功皆美。」孔傳曰：「言定四時成歲，歷以告時授事，則以信治百官，眾功皆廣。歎其善。」正義曰：「此經文義承『成歲』之下，傳以文勢次之，言定歷授事能使眾功皆廣。『歎其善』，謂帝堯歎羲、和之功也。」（《尚書正義》卷二《堯典第一》，〔清〕阮元校刻《十三經注疏》上冊，第120頁上、122頁上）《蔡傳》亦以之承「定四時成歲」之義，曰：「以此信治百官，而眾功皆廣也。」（〔宋〕蔡沈注：《書經集傳》，第3頁）等等。
〔註60〕顧頡剛、劉起釪著：《尚書校釋譯論》第一冊，第352頁。

例，舉一反三，此帝堯所「允釐百工，庶績咸熙」者也。此段文字是記帝堯選拔能順遂「庶績咸熙」之良好局面而更建事功之人，放齊以帝子朱心志開達，性識明悟而薦之，然帝堯認爲朱口不道忠信之言，好爲爭訟，不可以用。

> 帝曰：「疇咨若予采？」驩兜曰：「都！共工方鳩僝功。」帝曰：
> 「吁！靜言庸違，象恭滔天。」

采，「事也」（《爾雅·釋詁》）。朱既不可用，故帝堯又問眾臣，誰有能力承擔事任？驩兜推薦共工，言其能「方鳩僝功」。「方鳩僝功」者，《史記》曰「旁聚布功」（《五帝本紀》），蓋云「共工能廣聚眾力布備事功，因而可用」〔註61〕。帝堯仍然不認同共工的德行，說共工「靜言庸違，象恭滔天」，不可用。孔傳曰：「靜，謀；滔，漫也。言共工自爲謀言，起用行事而違背之；貌象恭敬而心傲很，若漫天。言不可用。」〔註62〕

> 帝曰：「咨！四岳，湯湯洪水方割，蕩蕩懷山襄陵，浩浩滔天，
> 下民其咨，有能俾乂？」僉曰：「於！鯀哉！」帝曰：「吁！咈哉！
> 方命圯族。」岳曰：「异哉！試可乃已。」帝曰：「往欽哉！」九載，
> 績用弗成。

四岳，堯廷之臣。「湯湯洪水方割，蕩蕩懷山襄陵，浩浩滔天」，形容洪水之大。孔傳曰：「湯湯，流貌。洪，大。割，害也。言大水方爲害。」「蕩蕩，言水奔突有所滌除。懷，包；襄，上也。包山上陵，浩浩盛大若漫天。」洪水若是其大，故「民咨嗟憂愁，病水困苦」。〔註63〕俾，「使也」；乂，「治也」；僉，「皆也」（《爾雅·釋詁》）。咈，「違也」（《說文·口部》）。「方命圯族」，《史記》曰「負命毀族」（《五帝本紀》），言「違負教命，毀敗善類」也〔註64〕。异，「舉也」（《說文·収部》）。「試可乃已」，《史記》曰「試不可用而已」（《五帝本紀》）。績，「功也」（《爾雅·釋詁》）。「績用弗成」，「功用不成」（《史記·五帝本紀》）也。

---

〔註61〕 顧頡剛、劉起釪著：《尚書校釋譯論》第一冊，第74頁。

〔註62〕 《尚書正義》卷二《堯典第一》，〔清〕阮元校刻《十三經注疏》上冊，第122頁上。東晉梅賾所上孔安國《古文尚書傳》，先儒已辨其係依託之作，但爲簡便起見文中仍稱「孔傳」，特於此說明。

〔註63〕 《尚書正義》卷二《堯典第一》，〔清〕阮元校刻《十三經注疏》上冊，第122頁上。

〔註64〕 注9「正義」，〔漢〕司馬遷撰，〔宋〕裴駰集解，〔唐〕司馬貞索隱，〔唐〕張守節正義：《史記》第一冊，北京：中華書局，1982年11月第2版，第21頁。

此言帝堯以下民憂苦於洪水，問四岳能治水之人，四岳與眾臣皆推薦鯀。帝堯以鯀狠戾，違負教命，毀敗善類，欲不用。四岳乃建議帝先舉而用之，試用不可再罷免他。於是帝誡鯀敬其職事而使往治洪水，結果九年沒有成功。選賢未必能得其賢，堯用鯀治水即是一個很好的反例。

### 3. 選舉繼承人

> 帝曰：「咨！四岳，朕在位七十載，汝能庸命，巽朕位？」岳曰：「否德，忝帝位。」曰：「明明揚側陋。」師錫帝曰：「有鰥在下，曰虞舜。」帝曰：「俞！予聞，如何？」岳曰：「瞽子，父頑，母嚚，象傲，克諧以孝，烝烝乂，不格姦。」帝曰：「我其試哉！」女于時，觀厥刑于二女。釐降二女于嬀汭，嬪于虞。帝曰：「欽哉！」慎徽五典，五典克從；納于百揆，百揆時敘；賓于四門，四門穆穆；納于大麓，烈風雷雨弗迷。帝曰：「格汝舜，詢事考言，乃言底可績，三載，汝陟帝位。」舜讓于德，弗嗣。正月上日，受終于文祖。

庸命，即用命，是言四岳能「順用天命」〔註65〕。「巽朕位」，《史記》作「踐朕位」；否，《史記》訓「鄙」（《五帝本紀》）。明明，前一個「明」是動詞，顯也；後一個「明」字是名詞，當指有地位身份者。側陋，沒有身份地位者。師，「眾也」（《爾雅·釋詁》）。「師錫帝曰」，《史記》作「眾皆言於堯曰」（《五帝本紀》）。「無妻曰鰥」〔註66〕。頑、嚚、傲皆是惡德，「心不則德義之經為頑，口不道忠信之言為嚚」（《左傳·僖二十四年》），「傲慢不友」〔註67〕。「父頑，母嚚，象傲」者，言舜生活在一個環境十分惡劣的家庭之中。《爾雅》曰：克，「能也」（《釋言》）；諧，「和也」；格，「至也」（《釋詁》）。烝烝，「厚也」〔註68〕。「克諧以孝，烝烝乂，不格姦」者，言舜能和以孝，厚治其身，不至於姦惡，是舜自脩也。舜既能脩身，故帝堯決定考察他。

刑，「法也」（《爾雅·釋詁》）。「女于時，觀厥刑于二女」者，孔傳曰：「堯

〔註65〕　注1「集解」引「鄭玄曰」，〔漢〕司馬遷撰，〔宋〕裴駰集解，〔唐〕司馬貞索隱，〔唐〕張守節正義：《史記》第一冊，第22頁。
〔註66〕　《尚書正義》卷二《堯典第一》傳，〔清〕阮元校刻《十三經注疏》上冊，第123頁上。
〔註67〕　《尚書正義》卷二《堯典第一》傳，〔清〕阮元校刻《十三經注疏》上冊，第123頁上。
〔註68〕　《毛詩正義》卷二十之一《魯頌·泮水》「烝烝皇皇」傳，〔清〕阮元校刻《十三經注疏》上冊，第612頁上。

於是以二女妻舜，觀其法度接二女，以治家觀治國。」〔註69〕「釐降二女于
嬀汭，嬪于虞」，《史記》云「舜飭下二女於嬀汭，如婦禮」（《五帝本紀》），
是舜能施法度於帝之二女以齊家也。慎，「謹也」（《說文·心部》）。徽，訓「和」
（《史記·五帝本紀》）。「五典」即「五教」〔註70〕，或曰「五常之教」〔註71〕，
父母兄弟子之倫理也〔註72〕。從，順也〔註73〕。「納于百揆」，言「徧入百官」
（《史記·五帝本紀》）也。百揆，蓋即「百官揆事之處」〔註74〕。敘，「次弟
也」（《說文·攴部》）。穆穆，「美也」（《爾雅·釋詁》）。馬曰：「四門，四方
之門。諸侯羣臣朝者，舜賓迎之，皆有美德也。」〔註75〕《左傳》曰：「慎徽
五典，五典克從」言「無違教也」；「納於百揆，百揆時序」言「無廢事也」；
「賓于四門，四門穆穆」言「無凶人也」（《文十八年》）〔註76〕。「納於大麓，
烈風雷雨弗迷」者，或云使舜入山林川澤，暴風雷雨不能迷；或云使舜大錄

---

〔註69〕　《尚書正義》卷二《堯典第一》，〔清〕阮元校刻《十三經注疏》上冊，第123
頁上。

〔註70〕　注9「集解」引鄭玄注，〔漢〕司馬遷撰，〔宋〕裴駰集解，〔唐〕司馬貞索隱，
〔唐〕張守節正義：《史記》第一冊，第23頁。

〔註71〕　《尚書正義》卷三《舜典第二》傳，〔清〕阮元校刻《十三經注疏》上冊，第
125頁下。

〔註72〕　《左傳》曰：「舜臣堯，舉八愷，使主后土，以揆百事，莫不時序，地平天成。
舉八元，使布五教于四方，父義、母慈、兄友、弟共、子孝，內平外成。」（《文
十八年》）是「五教」即「父義、母慈、兄友、弟共、子孝」。

〔註73〕　顧頡剛、劉起釪著：《尚書校釋譯論》第一冊，第99頁。

〔註74〕　〔清〕皮錫瑞撰：《今文尚書考證》，北京：中華書局，1989年12月，第40
頁。

〔註75〕　注10「集解」引「馬融曰」，〔漢〕司馬遷撰，〔宋〕裴駰集解，〔唐〕司馬貞
索隱，〔唐〕張守節正義：《史記》第一冊，第23頁。

〔註76〕　此魯大史克之語，曰：「舜臣堯，舉八愷，使主后土，以揆百事，莫不時序，
地平天成；舉八元，使布五教于四方，父義、母慈、兄友、弟共、子孝，內
平外成。」又曰：「舜臣堯，賓于四門，流四凶族，渾敦、窮奇、檮杌、饕餮，
投諸四裔，以禦螭魅。」（《左傳·文十八年》）是以「舉八愷」為「慎徽五典」
時事，「舉八元」為「納于百揆」時事，「流四凶族」為「賓于四門」時事。
今本《堯典》未見此文，而載「流共工于幽洲，放驩兜于崇山，竄三苗于三
危，殛鯀于羽山，四罪而天下咸服」於舜攝之時。或《尚書》佚文，或傳說
異辭，故《史記·五帝本紀》兩出之。但無論哪種情況，皆不影響本章之旨。
先儒以「八愷」指垂、益、禹、皋陶之倫；「八元」指稷、契、朱、虎、熊、
羆之倫；又謂渾敦即驩兜，窮奇即共工，檮杌即鯀，饕餮即三苗（《春秋左傳
正義》卷二十《文十八年》，〔清〕阮元校刻《十三經注疏》下冊，第1862頁
上、中、下。《尚書正義》卷三《舜典第二》疏，〔清〕阮元校刻《十三經注
疏》上冊，第128頁下）。

萬機之政，陰陽調和，風雨以時；或云使舜主祭於大麓，風雨不迷，陰陽和調〔註77〕。綜而言之，皆謂舜德合於天也。《爾雅》曰：詢，「謀也」（《釋詁》）；底，「致也」（《釋言》）。「乃言底可績」當作「可底績」〔註78〕，可以致功也。

　　帝堯年老，以四岳能順用天命欲使之繼承帝位，四岳以鄙德辭。帝命眾臣不拘一格推薦人才，眾臣皆推薦舜，蓋以舜生活在一個惡劣的家庭中而能自脩其身也。帝乃先妻之二女以觀其齊家，又依次使之掌五教，入百揆，賓四門，舜皆能做的很好，納於大麓又能上合天命。於是帝謂舜籌畫政事，皆可以成功，決定傳位於他。舜推讓一番，於祖廟之中受立爲繼承人，攝行天子之政。

## （二）舜之攝政

　　帝堯既老，舜乃攝行天子之事。舜居攝之行政見於《堯典》者，其一曰與天下更始，其二曰巡守四方，其三曰明刑黜罪。下面依次來考察。

### 1. 與天下更始

　　　　在璿璣玉衡，以齊七政。

　　在，「察也」（《爾雅·釋詁》）。「璿璣玉衡」，先儒多以爲是觀測天象之儀器，說法不一，劉起釪先生認爲即「北斗七星」〔註79〕。「齊，中也。七政者，謂春、秋、多、夏、天文、地理、人道所以爲政也。道正而萬事順成，故天道政之大也。」〔註80〕「在璿璣玉衡，以齊七政」者，蓋謂「觀察斗柄所指方向來認識四季不同星象和物候特點」，并據以安排農事活動及其它行政設施等〔註81〕。

　　　　肆類于上帝，禋于六宗，望于山川，徧于群神。

　　肆，訓「遂」（《史記·五帝本紀》）。類、禋、望，皆祭祀之名。《五經異義》曰：「非時祭天謂之類，言以事類告也。時舜告攝，非常祭也。」〔註82〕《國語》曰：「精意以享，禋也。」（《周語上·十五年有神降於莘》）六宗，

<hr />

〔註77〕　顧頡剛、劉起釪著：《尚書校釋譯論》第一冊，第102～105頁。
〔註78〕　顧頡剛、劉起釪著：《尚書校釋譯論》第一冊，第106頁。
〔註79〕　顧頡剛、劉起釪著：《尚書校釋譯論》第一冊，第118頁。
〔註80〕　〔漢〕伏勝撰，〔漢〕鄭玄注，〔清〕陳壽祺輯校：《尚書大傳·唐傳·堯典》。
〔註81〕　顧頡剛、劉起釪著：《尚書校釋譯論》第一冊，第120頁。
〔註82〕　注2「正義」引，〔漢〕司馬遷撰，〔宋〕裴駰集解，〔唐〕司馬貞索隱，〔唐〕張守節正義：《史記》第一冊，第24～25頁。

自來眾說紛紜，要之為六位尊貴之神無疑〔註83〕。「望，祭也。」（《公羊傳‧僖三十一年》）鄭曰：「望者，祭山川之名也。」〔註84〕羣神，謂「丘陵墳衍，古之聖賢」〔註85〕。此謂舜以攝政事告祭於上帝、六宗之神、名山大川，以及丘陵墳衍，古之聖賢。

> 輯五瑞，既月乃日，覲四岳羣牧，班瑞于羣后。

輯，或作「揖」，斂也〔註86〕。瑞，「以瑞為信也」（《說文‧玉部》）。五瑞，指用以代表等級身份的五種玉器，如《周禮》之桓圭、信圭、躬圭、穀璧、蒲璧（《春官‧典瑞》、《冬官‧玉人》）。既月乃日，「擇吉日月」（《史記‧五帝本紀》）。覲，「見也」（《爾雅‧釋詁》）。「牧」蓋為總鎮一方的諸侯。班，「分瑞玉」（《說文‧珏部》），鄭曰「布也」〔註87〕。「五瑞」為天子頒發給諸侯的信物，舜既攝政，乃斂是五瑞，於吉日朝見四岳羣牧，再行分還於他們。「此瑞本受於堯，斂而又還之，若言舜新付之，改為舜臣，與之正新君之始也」〔註88〕。

## 2. 巡守四方

> 歲二月，東巡守，至于岱宗，柴，望秩于山川。肆覲東后，協時月正日，同律度量衡，修五禮、五玉、三帛、二生、一死贄，如五器。卒乃復。五月，南巡守，至于南岳，如岱禮。八月，西巡守，至于西岳，如初。十有一月，朔巡守，至于北岳，如西禮。歸，格于藝祖，用特。五載一巡守，羣后四朝。敷奏以言，明試以功，車服以庸。肇十有二州，封十有二山，濬川。

「天子適諸侯曰巡狩，巡狩者巡所守也。」（《孟子‧梁惠王下》）《大傳》

---

〔註83〕 顧頡剛、劉起釪著：《尚書校釋譯論》第一冊，第 123～125 頁。

〔註84〕 《春秋穀梁傳注疏》卷九《僖三十一年》注引，〔清〕阮元校刻《十三經注疏》下冊，第 2403 頁上。

〔註85〕 《尚書正義》卷三《舜典第二》傳，〔清〕阮元校刻《十三經注疏》上冊，第 126 頁中。

〔註86〕 注 6「集解」引「馬融曰」，〔漢〕司馬遷撰，〔宋〕裴駰集解，〔唐〕司馬貞索隱，〔唐〕張守節正義：《史記》第一冊，第 25 頁。

〔註87〕 《周禮注疏》卷三《天官蒙宰第一‧宮伯》「以時頒其衣裳」注，〔清〕阮元校刻《十三經注疏》上冊，第 658 頁中。

〔註88〕 《尚書正義》卷三《舜典第二》正義，〔清〕阮元校刻《十三經注疏》上冊，第 127 頁中。

曰：「巡猶循也，狩猶守也，巡行守視之辭。」〔註89〕是天子巡守，在於循察守土之諸侯。「岱宗，泰山也。」（《史記‧封禪書》）「泰山爲東嶽，華山爲西嶽，霍山爲南嶽，恒山爲北嶽。」（《爾雅‧釋山》）「嶽」即「岳」，「霍山」或曰「衡山」〔註90〕。柴，古文作「祡」，「燒柴焚燎以祭天神」（《說文‧示部》）。《爾雅》曰：「祭天曰燔柴。」（《釋天》）望是祭山川之名，前面已釋之。「秩，次也。」「『望秩于山川』者，遍以尊卑祭之。」〔註91〕祭祀已畢，「遂見東方君長」（《史記‧五帝本紀》）。

協，訓「合」（《史記‧五帝本紀》）。「同，齊也。」〔註92〕「律，音律；度，丈尺；量，斗斛；衡，斤兩也。」〔註93〕《漢書‧律曆志》曰：「律十有二，陽六爲律，陰六爲呂。」按《律曆志》，度量衡皆出於黃鐘之律也。「協時月正日，同律度量衡」者，即合其曆法、律呂、度、量、衡而正之，使之齊一也。「五禮」，當是對應上文的「五典」而言〔註94〕，爲父母兄弟子所當行之節文儀則也。贄，卑見於尊所獻之禮物〔註95〕。「五玉、三帛、二生、一死贄」就是不同等級身份之人覲見尊長時所獻之禮物。「如者，與也，及也。言五玉、三帛、二生、一死之贄與所用之五器，皆因五禮而竝脩之耳！」〔註96〕鄭氏曰：「授贄之器有五。」「卒，已也。復，歸也。巡守禮畢，乃返歸矣。」〔註97〕

舜於二月東巡守，禮畢而返歸，又於五月南巡守，八月西巡守，十一月北巡守，所行之事皆如東巡守時。「朔，北方也。」（《爾雅‧釋訓》）四方巡守禮畢既歸，乃「至于祖禰廟，用特牛禮」（《史記‧五帝本紀》）。特，公牛

〔註89〕　〔漢〕伏勝撰，〔漢〕鄭玄注，〔清〕陳壽祺輯校：《尚書大傳‧唐傳‧堯典》。

〔註90〕　〔漢〕許慎撰，〔清〕段玉裁注：《說文解字注》，第 437 頁下。

〔註91〕　《春秋公羊傳注疏》卷三《隱八年》疏引鄭注，〔清〕阮元校刻《十三經注疏》下冊，第 2209 頁中。

〔註92〕　《尚書正義》卷三《舜典第二》「釋文」引「王云」，〔清〕阮元校刻《十三經注疏》上冊，第 127 頁下。

〔註93〕　注 9「集解」引「鄭玄曰」，〔漢〕司馬遷撰，〔宋〕裴駰集解，〔唐〕司馬貞索隱，〔唐〕張守節正義：《史記》第一冊，第 26 頁。

〔註94〕　〔清〕邵懿辰撰：《禮經通論》卷上《論五禮》，同治二年吳仲宣刊本。

〔註95〕　顧頡剛、劉起釪著：《尚書校釋譯論》第一冊，第 143 頁。

〔註96〕　〔清〕王引之撰：《經義述聞》弟三《尚書上‧如五器》，道光七年壽藤書屋重刊本。

〔註97〕　《春秋公羊傳注疏》卷三《隱八年》疏引，〔清〕阮元校刻《十三經注疏》下冊，第 2209 頁中、下。

一也〔註98〕。「四朝」者,「四面朝於方岳之下」也〔註99〕。「敷奏」,或訓「徧告」(《史記‧五帝本紀》),或云「敷,陳,奏,進也」〔註100〕。程子曰:「使各陳其爲治之說,言之善者則從而明考其功,有功則賜車服以旌異之。」〔註101〕「肇十有二州,封十有二山」者,《大傳》作「封十有二山,兆十有二州」,鄭玄曰:「祭者必封,封亦壇也。十有二山,十有二州之鎮也。兆,域也。爲營域以祭十二州之分星也。」〔註102〕「濬川」,《史記》云「決川」(《五帝本紀》),陳夢家先生曰:「濬若決者,是祭川之名,謂祭名川時深其川道,亦猶封山爲益土于山巔也。」〔註103〕

簡而言之,舜五年一巡守,巡守四方則祭祀名山大川,整齊各項制度,考察諸侯之治功,肇州封山濬川。然按上述《大傳》之文,是天子巡守,在於循察守土之諸侯,似諸事之中以考察諸侯之治功爲最要。《周禮》曰:「國功曰功,民功曰庸。」(《夏官‧司勳》)《白虎通》曰:「能安民,故賜車馬以著其功德,安其身;能使人富足衣食,倉廩實,故賜衣服以彰其體。」(《攷黜‧九錫》)則舜所考察諸侯之治功者,又主要是安民之功。考其實,肇州封山濬川亦爲祭祀,而祭祀與整齊制度無不與安民相關也。

### 3. 明刑黜罪

　　　　象以典刑,流宥五刑,鞭作官刑,扑作教刑,金作贖刑。眚災
　　肆赦,怙終賊刑。欽哉!欽哉!惟刑之恤哉!

「象以典刑」者,傳曰:「象,法也。法用常刑,用不越法。」〔註104〕馬氏曰:「流,放;宥,寬也。」〔註105〕五刑,先儒多以《呂刑》之墨劓剕宮

---

〔註98〕 顧頡剛、劉起釪著:《尚書校釋譯論》第一冊,第152頁。
〔註99〕 《尚書正義》卷三《舜典第二》「釋文」引,〔清〕阮元校刻《十三經注疏》上冊,第127頁下。
〔註100〕《尚書正義》卷三《舜典第二》傳,〔清〕阮元校刻《十三經注疏》上冊,第127頁下。
〔註101〕〔宋〕蔡沈注:《書經集傳》,第7頁。
〔註102〕〔漢〕伏勝撰,〔漢〕鄭玄注,〔清〕陳壽祺輯校:《尚書大傳‧虞夏傳》。
〔註103〕陳夢家著:《尚書通論(增訂本)》,北京:中華書局,1985年10月,第138頁。
〔註104〕《尚書正義》卷三《舜典第二》,〔清〕阮元校刻《十三經注疏》上冊,第128頁下。今本《古文尚書‧舜典》傳出於梁姚方興,而非東晉梅賾所上孔傳,不過這對本文的研究並無影響。
〔註105〕注24「集解」引「馬融曰」,〔漢〕司馬遷撰,〔宋〕裴駰集解,〔唐〕司馬貞索隱,〔唐〕張守節正義:《史記》第一冊,第28頁。

大辟當之，或稍異〔註106〕，然上古兵刑無別〔註107〕，豈止於大辟哉？《國語》曰「刑五而已」，「大刑用甲兵，其次用斧鉞，中刑用刀鋸，其次用鑽笮，薄刑用鞭扑，以威民也」（《魯語上·溫之會晉人執衛成公》）。故筆者以爲此處之「五刑」，即指大刑、大刑之次、中刑、中刑之次和薄刑五等之刑。所「宥」者，馬云幼少、老耄、蠢愚，鄭云弗識、過失、遺忘〔註108〕。「流宥五刑」，即「以流放之法寬五刑」也〔註109〕。「鞭作官刑，扑作教刑，金作贖刑」者，言鞭「爲辨治官事爲刑」，「扑爲教官爲刑者」，其不戒慎者「意善功惡，使出金贖罪」〔註110〕。「眚災肆赦，怙終賊刑」者，傳曰：「眚，過；災，害；肆，緩；賊，殺也。過而有害當緩赦之，怙姦自終當刑殺之。」〔註111〕這樣的理解與《康誥》中的說法正相符合〔註112〕。欽，「敬也」；恤，「憂也」（《爾雅·釋詁》）。舜法用常刑，用不越法，以流放寬宥五刑，以鞭刑治官，扑刑輔教，以金贖罪，赦免過失之罪，嚴懲怙惡不悛，重誠敬慎其事，恤用刑罰。

> 流共工于幽洲，放驩兜于崇山，竄三苗于三危，殛鯀于羽山，
> 四罪而天下咸服。

殛，誅也（《爾雅·釋言》）。傳曰：「殛、竄、放、流皆誅也。異其文，述作之體。」〔註113〕既已明正典刑，故施用於惡者。誅，「討也」；討，「治也」（《說文·言部》）。誅者，「凡殺戮糾責皆是」；討者，「發其糾紛而治之曰討」〔註114〕。是殛者，不必殺戮之也。《天問》曰：「永遏羽山，夫何三年不

〔註106〕顧頡剛、劉起釪著：《尚書校釋譯論》第一冊，第170～171頁。

〔註107〕顧頡剛：《古代兵、刑無別》，顧頡剛著《史林雜識（初編）》，北京：中華書局，1963年2月，第82～84頁。

〔註108〕注24「集解」、「正義」引，〔漢〕司馬遷撰，〔宋〕裴駰集解，〔唐〕司馬貞索隱，〔唐〕張守節正義：《史記》第一冊，第28頁。

〔註109〕《尚書正義》卷三《舜典第二》傳，〔清〕阮元校刻《十三經注疏》上冊，第128頁下。

〔註110〕注25、26、27「集解」引「馬融曰」、「鄭玄曰」，〔漢〕司馬遷撰，〔宋〕裴駰集解，〔唐〕司馬貞索隱，〔唐〕張守節正義：《史記》第一冊，第28頁。

〔註111〕《尚書正義》卷三《舜典第二》，〔清〕阮元校刻《十三經注疏》上冊，第128頁下。

〔註112〕王曰：「嗚呼！封，敬明乃罰。人有小罪，非眚，用惟終，自作不典，式爾，有厥罪小，乃不可不殺。乃有大罪，非終，乃惟眚災，適爾，既道極厥辜，時乃不可殺。」（《尚書·康誥》）

〔註113〕《尚書正義》卷三《舜典第二》，〔清〕阮元校刻《十三經注疏》上冊，第128頁下。

〔註114〕〔漢〕許慎撰，〔清〕段玉裁注：《說文解字注》，第101頁上。

施？」(《楚辭》)言鯀只是被遏困在羽山而已。且既已「流宥五刑」，得遽爲殺戮乎！故此處流、放、竄、殛皆是放逐之義。舜治此四者之罪，天下皆服。此「四罪」與《左傳・文十八年》「流四凶族」事當屬傳說異辭，因「殛鯀」在堯老舜攝之時，故文獻或云舜「殛鯀」(《國語・晉語五》、《左傳・僖三十三年》)，或云堯「殛鯀」(《國語・周語下》、《左傳・昭七年》)，或繫「去四凶」於堯(《大戴禮記・五帝德》)，「於是舜歸而言於帝」(《史記・五帝本紀》)是也。

### （三）帝舜之行政

「二十有八載，帝乃殂落。」「殂落」者，死也(《說文・歹部》、《爾雅・釋詁》)。帝堯既崩，三載之喪畢，「月正元日，舜格于文祖」，乃踐帝位。見於《堯典》者，舜踐帝位後的行政有三：一是詢言納賢，二是分官任職，三是考績黜陟。下面依次考察之。

#### 1. 詢言納賢

> 詢于四岳，闢四門，明四目，達四聰。咨十有二牧，曰：「食哉
> 惟時，柔遠能邇，惇德允元，而難任人，蠻夷率服。」

詢，「謀也」(《爾雅・釋詁》)。「詢于四岳」，即謀政於四岳。闢，「開也」(《爾雅・釋言》)。「闢四門，明四目，達四聰」者，「開四方之門，以來天下之賢俊，廣四方之視聽，以決天下之壅蔽」〔註115〕。咨，亦「謀也」(《爾雅・釋詁》)「咨十二牧」者，《史記》云「命十二牧論帝德」(《五帝本紀》)，是帝舜謀「帝德」於十二牧也。時，此處當指「民時」而言。「食哉惟時」，謂帝德「所重在於民食，惟當敬授民時」〔註116〕。柔，「安也」；邇，「近也」(《爾雅・釋詁》)。能，親也，善也，「柔遠能邇」即安遠親近〔註117〕。惇，「厚也」；允，「信也」(《爾雅・釋詁》)。「元者，善之長也。」(《周易・文言》)「難任人」，《史記》作「遠佞人」(《五帝本紀》)任，「佞也」(《爾雅・釋詁》)。「惇德允元，而難任人」者，即厚有德，信善人，而遠佞人。能夠重民食而敬授民時，安遠親近，厚有德，信善人，而遠佞人，則

---

〔註115〕 〔宋〕蔡沈注：《書經集傳》，第8頁。
〔註116〕 《尚書正義》卷三《舜典第二》傳，〔清〕阮元校刻《十三經注疏》上冊，第130頁上。
〔註117〕 〔清〕皮錫瑞撰：《今文尚書考證》，第73頁。對於「能」之訓「善」訓「親」，清孫星衍《尚書今古文注疏・堯典下》、王引之《經義述聞・尚書上》皆有詳細考證。

四方之蠻夷相率歸服。此記帝舜踐阼即廣開賢路，廣納善言，謀政於四岳與十二牧，求知帝德之要。

### 2. 分官任職

舜曰：「咨！四岳，有能奮庸熙帝之載，使宅百揆，亮采惠疇。」

僉曰：「伯禹作司空。」帝曰：「俞！咨禹，汝平水土，惟時懋哉！」

禹拜稽首，讓于稷、契暨皋陶。帝曰：「俞！汝往哉！」

「奮，明；庸，功也。」〔註118〕明，「成也」（《爾雅·釋詁》）熙訓「廣」，又訓「興」，見上文。「載，事也。」（《逸周書·諡法》）宅，「居也」（《爾雅·釋言》）。百揆，即百官揆事之處，前面已經考辨，此處代指百官。「亮」有「相」義，「采」訓作「事」，皆見於《爾雅·釋詁》。惠，「順也」（《爾雅·釋言》）。疇，訓作「類」〔註119〕，此處指各類庶政也。「有能奮庸熙帝之載，使宅百揆，亮采惠疇」，是帝舜詢於四岳，謂有能成功興起天子之事者，將使之居官相事，順成庶政。毛傳曰：「土治曰平，水治曰清。」〔註120〕孔傳曰：「水土治曰平。」〔註121〕是「平」訓「治」也。懋，「勉也」（《說文·心部》）。眾臣皆推薦禹作「司空」，於是帝舜命禹平治水土，并誡勉之。禹謙讓於稷、契暨皋陶，帝終命禹往行之。

帝曰：「棄，黎民阻飢，汝后稷，播時百穀。」

「阻，厄也。」〔註122〕飢，「餓也」（《說文·食部》）。「黎民阻飢」，言眾人厄於飢餓也。后，或疑作「居」；稷，官名〔註123〕。播，「種也」，「一曰布也」（《說文·手部》）。既云「食哉惟時」，則此處之「時」亦當指四時節氣而言。「播時百穀」者，「順四時而種百穀」也〔註124〕。此帝舜因黎民厄於飢

---

〔註118〕注 5「集解」引「馬融曰」，〔漢〕司馬遷撰，〔宋〕裴駰集解，〔唐〕司馬貞索隱，〔唐〕張守節正義：《史記》第一冊，第 40 頁。

〔註119〕注 2「集解」引「鄭玄曰」，〔漢〕司馬遷撰，〔宋〕裴駰集解，〔唐〕司馬貞索隱，〔唐〕張守節正義：《史記》第五冊，第 1611 頁。

〔註120〕《毛詩正義》卷十五之二《小雅·黍苗》「原隰既平」，〔清〕阮元校刻《十三經注疏》上冊，第 495 頁下。

〔註121〕《尚書正義》卷四《大禹謨第三》，〔清〕阮元校刻《十三經注疏》上冊，第 135 頁下。

〔註122〕《毛詩正義》卷十九之二《周頌·思文》「正義」引注，〔清〕阮元校刻《十三經注疏》上冊，第 590 頁上。

〔註123〕〔清〕皮錫瑞撰：《今文尚書考證》，第 75～76 頁。

〔註124〕注 8 正義，〔漢〕司馬遷撰，〔宋〕裴駰集解，〔唐〕司馬貞索隱，〔唐〕張守節正義：《史記》第一冊，第 40 頁。

餓而命棄爲稷官，以教民順四時而種百穀。

　　　　帝曰：「契，百姓不親，五品不遜，汝作司徒，敬敷五教，在寬。」

　　百姓，百官也〔註125〕。「慈保庶民，親也。」（《國語・周語上・十五年有神降於莘》）五品，「父、母、兄、弟、子也」〔註126〕。遜，疑本作「愻」，今文作「馴」或「訓」，順也〔註127〕。敷，訓「布」；五教，即五品之教或曰五常之教〔註128〕。「敬敷五教，在寬」者，《中庸》曰「寬柔以教」，「謂含容異順以誨人之不及也」〔註129〕。帝舜命契曰：百官不慈保庶民，父母兄弟子之倫不順，你做司徒之官敬布此五品之教，含容異順以誨人之不及，使父義母慈兄友弟共子孝。

　　　　帝曰：「皋陶，蠻夷猾夏，寇賊奸宄，汝作士，五刑有服，五服
　　　三就，五流有宅，五宅三居，惟明克允。」

　　「猾夏，侵亂中國也。」〔註130〕強取曰寇，殺人曰賊，竊盜曰姦宄〔註131〕。五刑，大刑、大刑之次、中刑、中刑之次和薄刑五等之刑。服，「用也」（《說文・舟部》）。「五刑有服」，即《國語》所謂的「大刑用甲兵，其次用斧鉞，中刑用刀鋸，其次用鑽笮，薄刑用鞭扑」（《魯語上・溫之會晉人執衛成公》）也〔註132〕。「五服三就」，《國語》云「五刑三次」，即「大者陳之原野，小者致之市、朝」（《魯語上・溫之會晉人執衛成公》）也。宅，《史記》訓「度」（《五帝本紀》）。「流宥五刑」，故有「五流」。「五流有宅，五宅三居」者，謂流放因其所宥之刑有五種之別，流放之處又因其別而分爲遠、中、近三等。明明，「察也」（《爾雅・釋訓》）。筆者以爲「惟明克允」之「明」亦當訓「察」。察，

---

〔註125〕《國語・楚語下》曰：「民之徹官百，王公之子弟之質能言能聽徹其官者，而物賜之姓，以監其官，是爲百姓。」（《子期祀平王》）

〔註126〕注9「集解」引「鄭玄曰」，〔漢〕司馬遷撰，〔宋〕裴駰集解，〔唐〕司馬貞索隱，〔唐〕張守節正義：《史記》第一冊，第40頁。

〔註127〕〔清〕段玉裁撰：《古文尚書撰異・堯典第一》，學海堂《皇清經解》本。

〔註128〕《尚書正義》卷三《舜典第二》傳，〔清〕阮元校刻《十三經注疏》上冊，第130頁下。

〔註129〕〔宋〕朱熹撰：《中庸章句》，〔宋〕朱熹撰《四書章句集注》，第21頁。

〔註130〕注11「集解」引「鄭玄曰」，〔漢〕司馬遷撰，〔宋〕裴駰集解，〔唐〕司馬貞索隱，〔唐〕張守節正義：《史記》第一冊，第40頁。

〔註131〕顧頡剛、劉起釪著：《尚書校釋譯論》第一冊，第235～238頁。

〔註132〕顧頡剛先生以《國語》之甲兵、斧鉞、刀鋸、鑽笮、鞭扑當五刑，其實是混淆了「刑」與「用」者。見顧頡剛：《古代兵、刑無別》，顧頡剛著《史林雜識（初編）》，第82～84頁。

「覆審也」（《說文·宀部》），又與「覈」同義〔註133〕。覈，「實也，攷事襾笮邀遮其辭得實曰覈」（《說文·襾部》）。則「惟明」者，是帝誡皋陶用刑當攷覈其實，使刑當其罪。克，能也。允，信也。「惟明克允」者，帝誡皋陶「必當致其明察，乃能使刑當其罪，而人無不信服也」〔註134〕。此是帝舜命皋陶作士，依五刑之等用甲兵、斧鉞、刀鋸、鑽笮、鞭扑於侵亂中國之蠻夷和寇賊盜竊者，分別施之於野、朝、市之上，其當寬宥者則依其罪過大小流放於遠、中、近之處，并誡皋陶攷實明察，使刑當其罪以立信。

　　　帝曰：「疇若予工？」僉曰：「垂哉！」帝曰：「俞！咨垂，汝共工。」垂拜稽首，讓于殳斨暨伯與。帝曰：「俞！往哉！汝諧。」

　　疇，誰也；若，順也。「疇若予工」，帝問誰能順百工之事而治之也。《周禮》曰：「審曲面埶，以飭五材，以辨民器，謂之百工。」（《考工記·總敘》）「辨猶具也」，百工即「審察五材方面形埶之宜」而治之以具民器者。「五材各有工，言百眾言也。」〔註135〕共工，主百工之官，先儒多以之當後世之司空。諧，宜也〔註136〕。帝舜問誰可主百工之官，眾臣皆推薦垂，帝於是命垂為共工。垂則謙讓於殳、斨暨伯與，帝終以垂為宜而命往就其職。

　　　帝曰：「疇若予上下草木鳥獸？」僉曰：「益哉！」帝曰：「俞！咨益，汝作朕虞。」益拜稽首，讓于朱虎熊羆。帝曰：「俞！往哉！汝諧。」

　　傳曰：「上謂山；下謂澤；順謂施其政教，取之有時，用之有節。」〔註137〕「疇若予上下草木鳥獸」者，帝問誰能順山澤草木鳥獸之宜而治之也。眾臣皆推薦益，帝乃命益為虞，以主山澤草木鳥獸之政。虞，管理山澤之官名，周代分為虞、衡之官，若《周禮》有「山虞」、「林衡」、「川衡」、「澤虞」（《地官》）等，其職掌如上面所云，守護山林川澤之材物，「取之有時，用之有節」，以供民與官。益謙讓於朱、虎、熊、羆，帝終以益為宜而命往就其職。

　　　帝曰：「咨！四岳，有能典朕三禮？」僉曰：「伯夷。」帝曰：「俞！

〔註133〕〔漢〕許慎撰，〔清〕段玉裁注：《説文解字注》，第339頁下。
〔註134〕〔宋〕蔡沈注：《書經集傳》，第9頁。
〔註135〕《周禮注疏》卷三十九《冬官考工記第六·總敘》注，〔清〕阮元校刻《十三經注疏》上冊，第905頁中。
〔註136〕顧頡剛、劉起釪著：《尚書校釋譯論》第一冊，第256～257頁。
〔註137〕《尚書正義》卷三《舜典第二》傳，〔清〕阮元校刻《十三經注疏》上冊，第131頁中。

咨伯，汝作秩宗，夙夜惟寅，直哉惟清。」伯拜稽首，讓于夔龍。

帝曰：「俞！往欽哉！」

典，古文作「歅」，「主也」（《說文・攴部》）。三禮，先儒多以爲祭祀「天神、地祇、人鬼」之禮也〔註138〕。「有能典朕三禮」者，帝問四岳誰能主「三禮」之政也。眾臣皆推薦伯夷，帝於是命伯夷作秩宗之官。夙，「早也」；寅，「敬也」（《爾雅・釋詁》）。直，「正曲」之謂（《左傳・襄七年》）；清，「靜絜」（《史記・五帝本紀》）也。「夙夜惟寅，直哉惟清」者，言「人能敬以直內，不使少有私曲，則其心潔清而無物慾之污，可以交於神明矣」〔註139〕，此是帝舜誡伯夷也。伯夷謙讓於夔、龍，帝不許其讓而命敬其職。

帝曰：「夔，命汝典樂，教冑子，直而溫，寬而栗，剛而無虐，簡而無傲。詩言志，歌永言，聲依永，律和聲，八音克諧，無相奪倫，神人以和。」夔曰：「於！予擊石拊石，百獸率舞。」

帝命夔主樂，即以夔爲「樂正」也〔註140〕。「教冑子」，馬云：「冑，長也。教長天下子弟。」〔註141〕「直而溫，寬而栗，剛而無虐，簡而無傲」是四對內涵上互補的德行，所以「教國子中和祗庸孝友」（《周禮・春官・大司樂》）也。「正直者失於太嚴，故令正直而溫和；寬弘者失於緩慢，故令寬弘而莊栗」；「剛彊之失入於苛虐，故令人剛而無虐；簡易之失入於傲慢，故令簡而無傲」〔註142〕。志，「意也」（《說文・心部》）。永，「長也」（《史記・五帝本紀》）。《樂記》曰：「詩言其志也，歌詠其聲也。」（《禮記》）「聲謂五聲」，「律謂六律六呂」〔註143〕。五聲，宮、商、角、徵、羽；六律，陽聲，黃鍾、

---

〔註138〕 顧頡剛、劉起釪著：《尚書校釋譯論》第一冊，第273～274頁。

〔註139〕 〔宋〕蔡沈注：《書經集傳》，第9頁。

〔註140〕 《左傳・昭二十八年》云「樂正后夔取之」；《荀子・成相篇》云「夔爲樂正鳥獸服」；《韓非子・外儲說左下》云「夔一而足矣，使爲樂正」。

〔註141〕 《尚書正義》卷三《舜典第二》「釋文」引，〔清〕阮元校刻《十三經注疏》上冊，第131頁中。《周禮》云：「大司樂掌成均之灋，以治建國之學政，而合國之子弟焉。」（《春官》）《禮記》曰：「樂正崇四術，立四教，順先王詩、書、禮、樂以造士。……王大子、王子、羣后之大子、卿大夫元士之適子、國之俊選，皆造焉。凡入學以齒。」所謂「國之俊選」者，司徒「命鄉論秀士升之司徒，曰選士，司徒論選士之秀者而升之學，曰俊士」，「上賢以崇德」也（《王制》）。堯舜之世「選賢與能」（《禮記・禮運》），舜且「發於畎畝之中」（《孟子・告子下》），所教者固當爲天下之子弟也。

〔註142〕 《尚書正義》卷三《舜典第二》正義，〔清〕阮元校刻《十三經注疏》上冊，第131頁下。

〔註143〕 《尚書正義》卷三《舜典第二》傳，〔清〕阮元校刻《十三經注疏》上冊，第

大蔟、姑洗、蕤賓、夷則、無射；六呂又曰六同，陰聲，大呂、應鍾、南呂、函鍾、小呂、夾鍾；八音，金、石、土、革、絲、木、匏、竹（《周禮・春官・大師》）。「律和聲」之「和」，古字作「龢」，「調也」；諧，古字作「龤」，「樂龢也」（《說文・龠部》）。奪，「手持隹失之也」（《說文・奞部》），「引申爲凡失去物之偁」〔註144〕。倫，理也〔註145〕。和，「相應也」（《說文・口部》）。「詩言志，歌永言，聲依永，律和聲，八音克諧，無相奪倫，神人以和」者，帝教夔爲樂，謂詩言作者之意，歌長言之以詠其義，其聲依歌之長言發爲宮商角徵羽，惟以六律六呂調龢五聲，使八音龤龢，無相失其倫理，乃能使神人相應和。「石，磬也。」〔註146〕「予擊石拊石，百獸率舞」者，是夔自言爲樂之應也，疑是《皋陶謨》之文衍出於此。

　　帝曰：「龍，朕聖讒說殄行，震驚朕師，命汝作納言，夙夜出納

　　朕命，惟允。」

　　聖，「疾惡也」（《說文・土部》）。讒，「譖也」（《說文・言部》），「傷良曰讒」（《荀子・修身篇》）。殄，「絕也」；震，「動也」；驚，「懼也」；師，「眾也」（《爾雅・釋詁》）。帝疾惡譖毀之說絕傷君子之行，動懼眾人，故命龍主「納言」之官，早晚信實出納帝之教命，以遏絕「讒說」也。「出納朕命」，蓋謂審帝命之當否，當則出宣之於外，否則納入於帝〔註147〕。

　　帝曰：「咨！汝二十有二人，欽哉！惟時亮天功。」

　　禹作司空，棄作稷，契作司徒，皋陶作士，垂作共工，益作虞，伯夷作秩宗，夔典樂，龍作納言，加上四岳、十二牧，正合二十有二人。時，是也。「惟時亮天功」，《史記》曰「惟時相天事」（《五帝本紀》），帝誡眾臣各敬其職以助成天命之事功也，故曰「欽哉」！皋陶曰：「天工人其代之。」（《皋陶謨》）帝既分官任職，則亦有考績黜陟。

### 3. 考績黜陟

　　三載考績，三考黜陟幽明，庶績咸熙。分北三苗。

---

　　　　131頁下。

〔註144〕〔漢〕許慎撰，〔清〕段玉裁注：《說文解字注》，第144頁上。

〔註145〕《論語注疏》卷十八《微子第十八》「言中倫」注引「孔曰」，〔清〕阮元校刻《十三經注疏》上冊，第2530頁上。

〔註146〕《尚書正義》卷三《舜典第二》傳，〔清〕阮元校刻《十三經注疏》上冊，第131頁下。

〔註147〕〔清〕戴震撰：《尚書義考》卷二，民國二十五年《安徽叢書》本。

考，考課也，本字作「攷」〔註148〕。黜，「貶下也」（《說文·黑部》）。績，「成也」，「功也」；陟，「陞也」；熙，「廣也」，「興也」；皆見上文。「幽明」指有無功績而言，《大傳》曰：「三歲而小考者，正職而行事也；九歲而大考者，黜無職而賞有功也。」〔註149〕此是帝舜治官之法，三年一考其治功，三考則貶下其幽者，陞進其明者，眾功皆興。「無職」，即曠職，是無功也。北，別也〔註150〕。「分北三苗」者，蓋言分別三苗君臣之幽明，復黜其「無職」者也。

　　至此，本節已將《堯典》所記二帝行政考釋一遍，帝堯分命羲和、選拔治才、舉舜而授之政；舜紹堯緒，居攝更始、巡守考功、明刑黜罪；既踐帝阼，詢言納賢、分官任職、考績黜陟。若帝堯分命羲、和，帝舜分命禹、棄、契、皋陶、垂、益之職，無非民事者。舜所祀天地山川往古聖賢，亦無非「有功烈於民者」（《國語·魯語上·海鳥曰爰居》），故有伯夷典「三禮」。治民事任之官，治官則有考績黜陟，舜之巡守所以考察諸侯之治功也。任官則以賢，羲、和、舜、禹、棄、契、皋陶、垂、益、伯夷、夔、龍之用是也；不賢則不用，胤子朱、共工之不舉是也；強用之必無功，以鯀治水是也。賢否以德，朱之嚚訟、共工之庸違滔天、鯀之方命圮族、舜之孝乂等皆是也，故命夔典樂「教冑子」祗庸孝友，命龍為納言以防讒說殄行。簡要而言，以德選賢，任賢而治，治在安民即二帝之行政。茲即堯舜所以「允執其中」者乎？且再考之虞廷君臣論政。

## 三、虞廷君臣論政

　　《史記》曰：「帝舜朝，禹、伯夷、皋陶相與語帝前。」（《夏本紀》）這是太史公對《皋陶謨》成篇背景的介紹，可能代表了當時經師的一般認識。今本《皋陶謨》中未見伯夷之語，且其前後語勢亦不連貫，蓋其成篇實為一些零散傳說資料的編集〔註151〕。今本《古文尚書》自「帝曰來禹」以下分為《益稷》，益、稷之名號不過偶一見而已，而《益稷》篇所載亦非一時之語。儘管所載之議論非出於一時，但考其內容，前後自可互相補足，其於二帝之治道，亦可謂備矣。《皋陶謨》全篇大致可以分為三個部分：第一部分由開始至「師汝昌言」，主要記皋陶與禹之議論，皋陶論「允迪厥德」，禹明己治水

〔註148〕〔漢〕許慎撰，〔清〕段玉裁注：《說文解字注》，第125頁下。
〔註149〕〔漢〕伏勝撰，〔漢〕鄭玄注，〔清〕陳壽祺輯校：《尚書大傳·唐傳·堯典》。
〔註150〕顧頡剛、劉起釪著：《尚書校釋譯論》第一冊，第330～331頁。
〔註151〕顧頡剛、劉起釪著：《尚書校釋譯論》第一冊，第517頁。

之功；第二部分由「禹曰都帝」至「皋陶方祗厥敘」，記禹誡帝以德，帝言君須臣而治，亦以誡禹；第三部分由「夔曰」至結束，主要記夔言以明天下治平，帝與皋陶更發明君臣相須之義。下面就依次考察此篇所載君臣之政論，以補《堯典》所不備，以探求二帝政治之旨及所以「允執其中」者。

### （一）皋陶暨禹之論

#### 1. 皋陶之論「允迪厥德」

> 曰若稽古皋陶曰：「允迪厥德，謨明弼諧。」禹曰：「俞！如何？」皋陶曰：「都！慎厥身修，思永，惇敘九族，庶明勵翼，邇可遠在茲。」禹拜昌言，曰：「俞！」

曰若，發語辭；稽，考也；「曰若稽古」是史官追述古事之語〔註152〕。允，「信也」；迪，「道也」；謨，「謀也」；明，「成也」；弼，「俌也」；諧，「和也」（《爾雅·釋詁》）。迪，孔傳訓為「蹈」，與「道」聲同義通〔註153〕。俌，「輔也」（《說文·人部》）。「允迪厥德，謨明弼諧」者，皋陶言帝能信道其德，則臣之謀成輔和矣。禹然其言，問如何？都，皋陶美禹之問也。慎，謹也。永，長也。「慎厥身修，思永」者，「慎修其身，思為長久之道」也〔註154〕。惇，「厚也」（《爾雅·釋詁》）。敘，「次弟也」（《說文·攴部》），「古或假序為之」〔註155〕。「惇敘九族」者，厚序九族而親之也。庶，「眾也」；勵，「作也」（《爾雅·釋詁》）。「庶明勵翼」者，謂「以眾賢明作輔翼之臣」也〔註156〕。邇，「近也」；茲，「此也」（《爾雅·釋詁》）。「邇可遠在茲」，言謹修己身，能為長慮，厚序九族而親之，以眾賢明輔翼之，則政教可由近以及遠也。昌，「當也」（《爾雅·釋詁》）。禹以皋陶論當而美之。

謹其身修思永，厚敘九族家齊，眾明輔翼國治，由近以及遠者，「蓋身修家齊國治而天下平矣」〔註157〕。考《堯典》所載堯舜之德，無不合於是也。

---

〔註152〕顧頡剛、劉起釪著：《尚書校釋譯論》第一冊，第3～7、393頁。
〔註153〕《尚書正義》卷第四《皋陶謨第四》傳、正義，〔清〕阮元校刻《十三經注疏》上冊，第138頁上。
〔註154〕《尚書正義》卷第四《皋陶謨第四》傳，〔清〕阮元校刻《十三經注疏》上冊，第138頁上。
〔註155〕〔漢〕許慎撰，〔清〕段玉裁注：《說文解字注》，第126頁下。
〔註156〕《尚書正義》卷第四《皋陶謨第四》疏引「鄭云」，〔清〕阮元校刻《十三經注疏》上冊，第138頁中。
〔註157〕〔宋〕蔡沈注：《書經集傳》，第15頁。

《堯典》曰：「克明俊德，以親九族，九族既睦，平章百姓，百姓昭明，協和萬邦，黎民於變時雍。」此是史官述帝堯之德，「克明俊德」，身修也；「九族既睦」，家齊也；「百姓昭明」，國治也；「黎民於變時雍」，天下平也。《舜典》既佚，已無從考知史官是否亦如此追述帝舜之德，幸據《堯典》記舜之事可考其略。「克諧以孝，烝烝乂，不格姦」者，是舜身修也；「釐降二女于媯汭，嬪于虞」，是舜能齊家也；「五典克從」，「百揆時敘」，「四門穆穆」，是舜能治國也。故舜終克配天命，得紹堯緒，以平天下。

　　皋陶既言修身齊家治國可以平天下，猶未盡「允迪厥德」之義，於是又進一步論平天下之旨。

　　　　皋陶曰：「都！在知人，在安民。」禹曰：「吁！咸若時，惟帝
　　　其難之。知人則哲，能官人。安民則惠，黎民懷之。能哲而惠，何
　　　憂乎驩兜？何遷乎有苗？何畏乎巧言令色孔壬。」

　　「都」是歡美之辭，皋陶歡美禹然其修齊治平之論，復申其說謂平天下在於「知人」「安民」。時，是也。帝，指堯、舜。難之，「以知人安民為難」〔註158〕，猶「病諸」之義。「博施於民而能濟眾」，「脩己以安百姓」，孔子云「堯舜其猶病諸」（《論語・雍也》、《憲問》）。朱子曰：「病，心有所不足也。」〔註159〕哲，智也（《爾雅・釋言》）。「官人」，指授人以官職。惠，愛也；懷，思也，至也（《爾雅・釋詁》）。憂，古文作「𢝊」，「愁也」（《說文・心部》）。孔，甚也（《爾雅・釋言》）。壬，佞也（《爾雅・釋詁》）。禹歡二帝猶以「知人」「安民」為難，曰知人為智，則能官人；安民為愛，則黎民歸之；誠能智且愛，何愁懼驩兜、有苗、共工之亂政而放逐之乎！帝堯謂共工「靜言庸違，象恭滔天」（《堯典》），故先儒多以「巧言令色孔壬」者指共工。馬融云：「禹為父隱，故不言鯀也。」〔註160〕

　　禹歡「知人」「安民」之難，皋陶乃進一步闡明「知人」「安民」之道。

　　　　皋陶曰：「都！亦行有九德，亦言其人有德，乃言曰載采采。」

　　禹曰：「何？」皋陶曰：「寬而栗，柔而立，愿而恭，亂而敬，擾而毅，

〔註158〕　《尚書正義》卷第四《皋陶謨第四》傳，〔清〕阮元校刻《十三經注疏》上冊，
　　　　　第138頁中。
〔註159〕　〔宋〕朱熹撰：《論語集注》卷三《雍也第六》，〔宋〕朱熹撰《四書章句集注》，
　　　　　第92頁。
〔註160〕　《尚書正義》卷第四《皋陶謨第四》正義引，〔清〕阮元校刻《十三經注疏》
　　　　　上冊，第138頁中。

直而溫，簡而廉，剛而塞，強而義。彰厥有常，吉哉！日宣三德，夙
夜浚明，有家。日嚴祗，敬六德亮采，有邦。翕受敷施，九德咸事，
俊乂在官。百僚師師，百工惟時，撫於五辰，庶績其凝。無教逸欲有
邦，兢兢業業，一日二日萬幾。無曠庶官，天工人其代之。」

「載，行；采，事也。」皋陶云「人性行有九德」，「稱其人有德，必言
其所行某事某事以爲驗」〔註161〕。禹問以九德察人如何？九德即「寬而栗，
柔而立，愿而恭，亂而敬，擾而毅，直而溫，簡而廉，剛而塞，強而義」，亦
如夔「教冑子」者，實是九對內涵上互補的德行組成。九德者，「寬綽近緩而
能堅栗，柔順近弱而能尌立，愿愨無文而能謙恭，治事多能而能敬慎，馴擾
可狎而能果毅，梗直不撓而能溫克，簡大似放而能廉約，剛者內荏而能充
實，發彊有爲而能良善」，「似相反而實相成」〔註162〕。皋陶既列述九德，又
詳述以九德「知人」「官人」之法。據孔傳，章，明；吉，善；宣，布；夙，
早；浚，須；祗，敬；亮，信；采，事；翕，合；敷，布；乂，治也。「彰厥
有常，吉哉」，「明九德之常以擇人而官之，則政之善」。「日宣三德，夙夜浚
明，有家」者，「能日日布行三德，早夜思之，須明行之，可以爲卿大夫」。
「日嚴祗，敬六德亮采，有邦」者，「日日嚴敬其身，敬行六德以信治政事，
則可以爲諸侯」。「翕受敷施，九德咸事，俊乂在官」者，「能合受三六之德而
用之，以布施政教，使九德之人皆用事，謂天子如此，則俊德治能之士竝在
官」。〔註163〕

「僚、工皆官也。」〔註164〕師師，「眾盛之貌」，猶濟濟也〔註165〕。「百
僚師師」，言「官盛任使」（《中庸》）也。撫，順也；「五辰」當是「五長」之
誤，其於朝廷猶蒙宰、司馬、司徒、司空、司寇之類〔註166〕。績，「功也」（《爾
雅・釋詁》）。「凝，成也。」〔註167〕能以九德知人官人，乃盡得其才，百官濟

〔註161〕《尚書正義》卷第四《皋陶謨第四》傳，〔清〕阮元校刻《十三經注疏》上冊，
　　　　第138頁中。

〔註162〕〔清〕孫星衍撰：《尚書今古文注疏》，第80頁。

〔註163〕《尚書正義》卷四《皋陶謨第四》傳，〔清〕阮元校刻《十三經注疏》上冊，
　　　　第138頁下、139頁上。

〔註164〕《尚書正義》卷四《皋陶謨第四》傳，〔清〕阮元校刻《十三經注疏》上冊，
　　　　第139頁上。

〔註165〕〔清〕俞樾撰：《羣經平議》卷三《尚書一》「百僚師師」，同治五年刻本。

〔註166〕顧頡剛、劉起釪著：《尚書校釋譯論》第一冊，第417～418頁。

〔註167〕《尚書正義》卷四《皋陶謨第四》正義引「鄭玄」，〔清〕阮元校刻《十三經

濟，皆及時趨事，撫順於五長，眾功其成。教，「上所施下所效也」（《說文・教部》）。兢兢，「戒也」；業業，「危也」（《爾雅・釋訓》）。危，「在高而懼也」（《說文・危部》）。幾，「微也」（《說文・丝部》）。「無教逸欲有邦，兢兢業業，一日二日萬幾」者，「上之所爲，下必效之」，此言有國之君不得爲「逸豫貪欲」之行，「當戒懼萬事之微」〔註168〕。「無曠庶官」者，《論衡》曰：「曠，空；庶，眾也。毋空眾官，置非其人，與空無異。」（《藝增篇》）「天工人其代之」者，《蔡傳》曰：「人君代天理物，庶官所治無非天事，苟一職之或曠，則天工廢矣！」〔註169〕工，《史記》訓「事」（《夏本紀》）。

皋陶述「九德」，以爲「知人」「官人」之據，合九德之人而并用之，則官得其人，百官及時趨事，眾功皆成，并誡人君須戒懼萬事之微，不得爲「逸豫貪欲」之行，代天理事，不能官非其人。既述「知人」「官人」之事，更論「安民」之法。

> 天敘有典，勅我五典五惇哉！天秩有禮，自我五禮有庸哉！同寅協恭和衷哉！天命有德，五服五章哉！天討有罪，五刑五用哉！政事懋哉懋哉！天聰明自我民聰明，天明畏自我民明威，達于上下，敬哉有土。

敘即「次第」，典訓「常」，惇訓「厚」，皆見上文。勅，古文作「敕」，「誡也」（《說文・攴部》）。五典即五常，父義、母慈、兄友、弟共、子孝是也。「天敘有典，勅我五典五惇哉」，言天次序人倫使有常性，當戒用我父母兄弟子五常之教，使五者愈歸於厚。帝使契作司徒，「敬敷五教」，即此之謂也。據孔傳，「秩」亦次也〔註170〕。由，「自也」；庸，「常也」（《爾雅・釋詁》）。五禮，先儒或云天子諸侯卿大夫士庶民五等之禮，或云王公卿大夫士五等之禮，或云公侯伯子男五等之禮，皆無文可據，各以意說耳。考《左傳・昭二十五年》子大叔述禮之義〔註171〕，此處「五禮」當是指節民之性以生民的五種禮，或對應上句「五

注疏》上冊，第 139 頁上。
〔註168〕《尚書正義》卷四《皋陶謨第四》傳、正義，〔清〕阮元校刻《十三經注疏》上冊，第 139 頁上、中。
〔註169〕〔宋〕蔡沈注：《書經集傳》，第 17 頁。
〔註170〕《尚書正義》卷四《皋陶謨第四》，〔清〕阮元校刻《十三經注疏》上冊，第 139 頁中。
〔註171〕子大叔見趙簡子，簡子問揖讓周旋之禮焉。對曰：「是儀也，非禮也。」簡子曰：「敢問何謂禮？」對曰：「吉也聞諸先大夫子產曰：『夫禮，天之經也，地之義也，民之行也。』天地之經，而民實則之。則天之明，因地之性，生其

典」而言，文獻不足徵，無能確指。有庸，《釋文》云：「馬本作『五庸』。」〔註172〕上下既云「五惇」、「五章」、「五用」，則此亦當作「五庸」爲是。「天秩有禮，自我五禮有庸哉」，言天次秩人之常性而有禮，當由此五禮以節民性，使五者皆有常。恭、寅，「敬也」；協，「和也」（《爾雅‧釋詁》）。「衷，善也。」〔註173〕「同寅協恭和衷哉」并五典五禮而言，《蔡傳》曰：「典禮雖天所敘秩，然正之使敘倫而益厚，用之使品秩而有常，則在我而已，故君臣當同其寅畏，協其恭敬，誠一無間，融會流通，而民彝物則各得其正，所謂和衷也。」〔註174〕

　　命，「使也」（《說文‧口部》）。「五服五章」，蓋即「以五采彰施于五色」制爲五等之服，所以表示差別也。討，「治也」（《說文‧言部》）。「五刑五用」，蓋即「大刑用甲兵，其次用斧鉞，中刑用刀鋸，其次用鑽笮，薄刑用鞭扑」（《國語‧魯語上‧溫之會晉人執衛成公》）之謂。懋，「勉也」（《說文‧心部》）。「懋哉懋哉」，即勉哉勉哉。此節蓋言天使有德之人，當以「以五采彰施于五色」制爲五等之服以尊崇之。天討治有罪之人，當制爲大刑、大刑之次、中刑、中刑之次、薄刑五等之刑，「大刑用甲兵，其次用斧鉞，中刑用刀鋸，其次用鑽笮，薄刑用鞭扑」以懲戒之。此刑賞乃人君之政事，君臣當共勉而不可懈怠者也。

　　聰明，「謂視聽」；明畏，「言賞罰」；民，眾庶，通貴賤而言；達訓「通」〔註175〕。「天聰明自我民聰明」，猶《泰誓》之「天視自我民視，天聽自我民

六氣，用其五行。氣爲五味，發爲五色，章爲五聲，淫則昏亂，民失其性。是故爲禮以奉之：爲六畜五牲三犧，以奉五味；爲九文六采五章，以奉五色；爲九歌八風七音六律，以奉五聲；爲君臣上下，以則地義；爲夫婦外內，以經二物；爲父子兄弟姑姊甥舅昏媾姻亞，以象天明；爲政事庸力行務，以從四時；爲刑罰威獄，使民畏忌，以類其震曜殺戮；爲溫慈惠和，以效天之生殖長育。民有好惡喜怒哀樂，生于六氣，是故審則宜類，以制六志。哀有哭泣，樂有歌舞，喜有施舍，怒有戰鬥。喜生於好，怒生於惡。是故審行信令，禍福賞罰，以制死生。生，好物也；死，惡物也。好物，樂也；惡物，哀也。哀樂不失，乃能協于天地之性，是以長久。」簡子曰：「甚哉！禮之大也。」對曰：「禮，上下之紀，天地之經緯也，民之所以生也，是以先王尚之。故人之能自曲直以赴禮者，謂之成人。大，不亦宜乎？」（《左傳‧昭二十五年》）

〔註172〕　《尚書正義》卷四《皋陶謨第四》，〔清〕阮元校刻《十三經注疏》上冊，第139頁中。

〔註173〕　《尚書正義》卷四《皋陶謨第四》傳，〔清〕阮元校刻《十三經注疏》上冊，第139頁中。

〔註174〕　〔宋〕蔡沈注：《書經集傳》，第17頁。

〔註175〕　〔清〕孫星衍撰：《尚書今古文注疏》，第87頁。

聽」（《孟子・萬章上》引）也。「天聰明自我民聰明，天明畏自我民明威，達于上下，敬哉有土」者，言天因民之視聽以爲聰明，因民之好惡以爲賞罰，上天下民視聽好惡一也，有土者可不敬其職事以安民哉！上文既云「天工人其代之」，此又云天民視聽好惡相通，是重戒有土之君所以安民爲務也。

　　皋陶既陳「允迪厥德」之義，乃問禹「朕言惠可底行」乎？禹云其言「底可績」。皋陶自謙，云己「未有知思」，惟思贊於帝以成其治而已。自此以上即今本《古文尚書・皋陶謨》的全部內容，先儒謂「知人」「安民」爲此篇之「體要」〔註176〕，而「允迪厥德」又「知人」「安民」之「本源」〔註177〕，不無道理。「允迪厥德」即是脩齊治平，治平在於據「九德」以「知人」「官人」，人代「天工」所以「安民」也。綜而言之，是「安民」爲「允迪厥德」之最高義也。

### 2. 禹明「安民」之功

　　　帝曰：「來，禹，汝亦昌言。」禹拜曰：「都！帝，予何言？予思日孜孜。」皋陶曰：「吁！如何？」禹曰：「洪水滔天，浩浩懷山襄陵，下民昏墊。予乘四載，隨山刊木，暨益奏庶鮮食。予決九川距四海，濬畎澮距川，暨稷播，奏庶艱食。鮮食，懋遷有無，化居。烝民乃粒，萬邦作乂。」皋陶曰：「俞！師汝昌言。」

　　昌，「當也」《爾雅・釋詁》。帝舜既聞皋「允迪厥德」之議，亦呼禹陳其當言。「孜孜，汲汲也。」（《說文・攴部》）禹「拜而歎辭不言，欲使帝重皋陶所陳言，己思日孜孜不怠，奉承臣功而已」〔註178〕。皋陶遂問禹所以孜孜不怠之事，禹乃述治洪水之功。滔，「水漫漫，大皃」（《說文・水部》）。「浩浩，盛大。」「懷，包；襄，上也。」〔註179〕「昏，沒也。墊，陷也。」〔註180〕「洪水滔天，浩浩懷山襄陵，下民昏墊」者，言洪水泛溢上漫於天，浩浩盛大，包山上陵，民有沒陷之害。「四載」，陸、水、泥、山行的四種交

---

〔註176〕〔宋〕蔡沈注：《書經集傳》，第16頁。

〔註177〕〔明〕薛瑄撰：《讀書錄》卷七，清文淵閣《四庫全書》本。

〔註178〕《尚書正義》卷五《益稷第五》傳，〔清〕阮元校刻《十三經注疏》上冊，第141頁上。

〔註179〕《尚書正義》卷二《堯典第一》傳，〔清〕阮元校刻《十三經注疏》上冊，第122頁上。

〔註180〕《尚書正義》卷五《益稷第五》正義引「鄭云」，〔清〕阮元校刻《十三經注疏》上冊，第141頁中。

通工具，「陸行乘車，水行乘舟，泥行乘橇，山行乘橇」（《史記‧夏本紀》）。隨，「從也」（《說文‧辵部》）。注曰：「行可委曲從跡，謂之委隨。」〔註181〕刊，今文作「栞」。栞，「槎識也」（《說文‧木部》）。注曰：「槎，衺斫也。槎識者，衺斫以爲表志也。」〔註182〕「隨山栞木」者，謂禹委從山脈之跡衺斫樹木以爲標識，是開通道路也。暨，「與也」（《爾雅‧釋詁》）。奏，「進也」（《說文‧本部》）。鮮食，當指新殺之鳥獸魚鼈〔註183〕。「暨益奏庶鮮食」，言與益進新殺之鳥獸魚鼈於民以爲食也。

　　決，「下流也」（《說文‧水部》）。濬，或作「睿」，「深通川也」（《說文‧谷部》）。「決九川距四海，濬畎澮距川」，即「決九川致四海，浚畎澮致之川」（《史記‧夏本紀》），是具體的治水措施。播，「穜也」，「一曰布也」（《說文‧手部》）。艱，「難也」（《爾雅‧釋詁》）。「暨稷播，奏庶艱食」者，《史記》云「與稷予眾庶難得之食」（《夏本紀》），言稷教民播種以獲得穀物果蔬等難得之食也。鮮，「罕也」，「寡也」（《爾雅‧釋詁》）。「鮮食，懋遷有無，化居」者，《史記》曰：「食少，調有餘補不足，徙居。」（《夏本紀》）烝，「眾也」；乂，「治也」（《爾雅‧釋詁》）。粒，清儒考定其作「立」，謂成也定也〔註184〕。「烝民乃粒，萬邦作乂」者，《史記》曰：「眾民乃定，萬國爲治。」（《夏本紀》）「師汝昌言」者，孔傳曰：「言禹功甚當，可師法。」〔註185〕皋陶之謨已盡帝道之義，禹無以復加，惟陳其孜孜不怠，治水「安民」之功，亦可謂「贊贊襄哉」。

### （二）帝暨禹相誡

　　　禹曰：「都！帝，慎乃在位。」帝曰：「俞！」禹曰：「安汝止，
　　惟幾惟康，其弼直，惟動丕應。徯志以昭受上帝，天其申命用休。」
　　　帝曰：「吁！臣哉鄰哉，鄰哉臣哉！」禹曰：「俞！」

　　禹誡帝舜慎其天子之位，帝然其言。安，「定也」（《爾雅‧釋詁》）。「安汝止」者，當謂安定於汝所當止，亦通於「允執其中」之義。《大學》曰：「止於至善。」又曰：「爲人君止於仁，爲人臣止於敬，爲人子止於孝，爲人父止於慈，與國人交止於信。」幾，「微也」（《說文‧𢇛部》）。康，「安也」（《爾雅‧

---

〔註181〕　〔漢〕許愼撰，〔清〕段玉裁注：《說文解字注》，第70頁下。
〔註182〕　〔漢〕許愼撰，〔清〕段玉裁注：《說文解字注》，第249頁上。
〔註183〕　〔清〕江聲撰：《尚書集注音疏‧咎繇謨》，《皇清經解》本。
〔註184〕　顧頡剛、劉起釪著：《尚書校釋譯論》第一冊，第439～440頁。
〔註185〕　《尚書正義》卷五《益稷第五》，〔清〕阮元校刻《十三經注疏》上冊，第141頁上。

釋詁》)。「惟幾惟康」者,「念慮幾微,以保其安」也〔註186〕。弼,輔也(《爾雅‧釋詁》)。直,當作「悳」〔註187〕。丕,大也(《爾雅‧釋詁》)。「其弼直,惟動丕應」者,《史記》云「輔德,天下大應」(《夏本紀》),蓋云帝為天下表率,舉動為天下所效應,不可不輔德以行,即「德風」「德草」(《論語‧顏淵》)之義也。「徯志」,當指「安汝止,惟幾惟康;其弼直,惟動丕應」而言。昭,「光也」(《爾雅‧釋詁》)。「徯志以昭受上帝」,《史記》云「清意以昭待上帝命」(《夏本紀》),誠帝止其所當止,念慮幾微,依德而行,以光大所受天命,敬其天子之職也。申,「重也」;休,「美也」(《爾雅‧釋詁》)。「天其申命用休」,言「天將重命之以美應」也〔註188〕。禹誠帝,帝云君須臣而治,「臣哉,汝當為我鄰哉!鄰哉,汝當為我臣哉!反覆言此,欲其志心入禹」〔註189〕。禹然帝言,於是帝詳言所須臣而治者何。

　　帝曰:「臣作朕股肱耳目。予欲左右有民,汝翼。予欲宣力四方,汝為。予欲觀古人之象,日月星辰、山龍華蟲,作會宗彝,藻火粉米、黼黻絺繡,以五采彰施于五色,作服,汝明。予欲聞六律五聲八音在治忽,以出納五言,汝聽。予違,汝弼。汝無面從,退有後言。欽四鄰,庶頑讒說若不在時,侯以明之,撻以記之,書用識哉,欲並生哉!工以納言,時而颺之,格則承之庸之,否則威之。」

　　股,大腿。肱,手臂。「臣作朕股肱耳目」者,帝言其「動作視聽皆由臣」〔註190〕,資臣以為治也。下文之翼、為、明、聽、弼,皆臣作股肱耳目之義。《爾雅》曰:「左、右、助,勴也。」(《釋詁》)是左右得轉訓為「助」也。翼,《史記》訓「輔」(《夏本紀》)。「予欲左右有民,汝翼」者,我欲「助我所有之民,富而教之」〔註191〕,汝羣臣當輔翼之也。宣,布也。「治功曰力。」

〔註186〕《尚書正義》卷第五《益稷第五》傳,〔清〕阮元校刻《十三經注疏》上冊,第141頁下。

〔註187〕顧頡剛、劉起釪著:《尚書校釋譯論》第一冊,第442頁。

〔註188〕注2「集解」引「鄭玄曰」,〔漢〕司馬遷撰,〔宋〕裴駰集解,〔唐〕司馬貞索隱,〔唐〕張守節正義:《史記》第一冊,第80頁。

〔註189〕《尚書正義》卷五《益稷第五》正義引「鄭玄云」,〔清〕阮元校刻《十三經注疏》上冊,第141頁下。

〔註190〕《尚書正義》卷五《益稷第五》正義引「鄭玄云」,〔清〕阮元校刻《十三經注疏》上冊,第142頁上。

〔註191〕《尚書正義》卷五《益稷第五》傳,〔清〕阮元校刻《十三經注疏》上冊,第141頁下。

（《周禮·司勳》）「作、造，爲也。」（《爾雅·釋言》）「予欲宣力四方，汝爲」者，我欲布治功於四方，汝羣臣當造作之。「古人之象」，即古文「禮法象之服制」〔註192〕。「象」即指下文「日月星辰，山龍華蟲，作會宗彝，藻火粉米，黼黻絺繡」之五采。會，《大傳》作「繢」〔註193〕。彰，或作「章」，明也；施，用也〔註194〕。「以五采彰施于五色，作服」，即以「五采」文繡於「五色」絹帛之上作爲五等之服，上文云「五服五章」。明，「成也」（《爾雅·釋詁》）。「汝明」，汝眾臣當成之。「在治忽」，據《漢書·律曆志》當作「七始詠」。《大傳》云帝舜「定以六律五聲八音七始」，注曰：「五聲，宮商角徵羽也；八音，鐘鼓笙磬塤簴柷敔琴也；七始，黃鐘林鍾大蔟南呂姑洗應鍾蕤賓也。」〔註195〕《大傳》又曰：「六律者何？黃鍾蕤賓無射太蔟夷則姑洗是也。」〔註196〕詠，「歌也」（《說文·言部》）《蔡傳》曰：「五言者，詩歌之楬於五聲者也。自上達下謂之出，自下達上謂之納。汝聽者，言汝當審樂而察政治之得失者也。」〔註197〕違，「離也」（《說文·辵部》）。弼、輔，「俌也」（《爾雅·釋詁》），則弼亦輔也。「予違，汝弼」，言我離於道，汝眾臣當輔正之也。

　　從，訓順之義〔註198〕。「汝無面從，退有後言」，《史記》云「女無面諛，退而謗予」（《夏本紀》），誠眾臣毋陽奉陰違也。欽，敬也。時，是也。「若不在時」，言面從退違，即「庶頑讒說」之行也。侯，射侯之禮，所以觀德也。撻，扑也，「扑作教刑」。自「欽四鄰」至「欲並生哉」，帝勑眾臣敬其「鄰哉」之職，庶頑讒說面從退違，當以射侯之禮彰明其惡，以教刑「懲之使記而不忘」，「錄其過惡以識于冊」，欲使之「遷善改過」以「並生於天地之間」也〔註199〕。工，官；時，是；颺同揚，舉也；格，來；承同烝，進也；庸，用〔註200〕。「工以納言」至「否

〔註192〕　《尚書正義》卷五《益稷第五》傳，〔清〕阮元校刻《十三經注疏》上冊，第141頁下。

〔註193〕　〔漢〕伏勝撰，〔漢〕鄭玄注，〔清〕陳壽祺輯校：《尚書大傳》卷二《虞夏傳·皋陶謨》。

〔註194〕　〔清〕孫星衍撰：《尚書今古文注疏》，第102頁。

〔註195〕　〔漢〕伏勝撰，〔漢〕鄭玄注，〔清〕陳壽祺輯校：《尚書大傳》卷一《虞夏傳》。

〔註196〕　〔漢〕伏勝撰，〔漢〕鄭玄注，〔清〕陳壽祺輯校：《尚書大傳》卷二《虞夏傳·皋陶謨》。

〔註197〕　〔宋〕蔡沈注：《書經集傳》，第19頁。

〔註198〕　〔漢〕許慎撰，〔清〕段玉裁注：《說文解字注》，第386頁上。

〔註199〕　〔宋〕蔡沈注：《書經集傳》，第19頁。

〔註200〕　〔清〕孫星衍撰：《尚書今古文注疏》，第108頁。

則威之」，帝云官以納言，言是則舉之，其來則進用之，不能底績則威罰之。

帝舜言君須臣以治，并誡禹爲臣之道，禹然帝言，繼以誡帝所以用臣者。

> 禹曰：「俞哉！帝，光天之下，至于海隅蒼生，萬邦黎獻，共惟帝臣。惟帝時舉，敷納以言，明庶以功，車服以庸，誰敢不讓？敢不敬應？帝不時，敷同日奏罔功。

光，「充也」（《爾雅・釋言》）。「隅，廉也」〔註201〕，「側邊曰廉」〔註202〕。海隅、萬邦，皆具言「光天之下」也。蒼生、黎獻，皆指天下賢否眾民。共，「同也」（《說文・共部》）。自「光天之下」至「共惟帝臣」，禹言充天之下賢否眾民同爲帝臣，即《詩》「率土之濱，莫非王臣」（《小雅・北山》）之義。時，是也。「敷納以言，明庶以功，車服以庸」者，《堯典》作「敷奏以言，明試以功，車服以庸」，言帝惟是臣庶舉之，「使各陳其爲治之說，言之善者則從而明考其功，有功則賜車服以旌異之」〔註203〕。應，《釋文》曰「應對之應」〔註204〕。帝誠能用此官人，則天下皆讓於善，敬應帝之教命。「帝不時」，帝不能用此官人，則「敷同日奏罔功」，「則遠近布同而日進於無功，以賢否並位，優劣共流故」〔註205〕。

> 帝曰：「無若丹朱傲，惟慢遊是好，傲虐是作，罔晝夜頟頟，罔水行舟，朋淫于家，用殄厥世。予創若時。」

帝曰，今本《益稷》脫，據《史記・夏本紀》補。丹朱即「胤子朱」，帝堯之子。「傲」，漢今文作「敖」，「戲謔也」（《爾雅・釋詁》）；《說文》引作「㒵」，「嫚也」《說文・喬部》。嫚，「侮傷也」（《說文・女部》）。慢遊，當作「嫚遊」，「佚游無度也」〔註206〕。虐，「殘也」（《說文・虍部》）。罔，「無也」（《爾雅・釋言》）。頟頟，今文作「鄂鄂」，「於天時人事皆阻礙不順」之謂〔註207〕。「朋

---

〔註201〕 《毛詩正義》卷十八之一《大雅・抑》「維德之隅」傳，〔清〕阮元校刻《十三經注疏》上冊，第554頁中。

〔註202〕 《儀禮注疏》卷九《鄉飲酒禮第四》「堂廉」注，〔清〕阮元校刻《十三經注疏》上冊，第985頁上。

〔註203〕 〔宋〕蔡沈注：《書經集傳》，第7頁。

〔註204〕 《尚書正義》卷五《益稷第五》，〔清〕阮元校刻《十三經注疏》上冊，第143頁上。

〔註205〕 《尚書正義》卷五《益稷第五》傳，〔清〕阮元校刻《十三經注疏》上冊，第143頁中。

〔註206〕 〔清〕江聲撰：《尚書集注音疏・咎繇謨》，《皇清經解》本。

〔註207〕 〔清〕王先謙撰：《尚書孔傳參正》上冊，北京：中華書局，2011年9月，第216頁。

淫于家」者，孔傳曰：「朋，羣也。羣淫於家，妻妾亂。」〔註208〕殄，「絕也」（《爾雅·釋詁》）。「父子相繼曰世。」〔註209〕丹朱戲謔，佚游無度，爲侮傷殘虐，不分晝夜，於天時人事皆阻礙不順，不以水行舟，羣淫於家，因此而絕其世系，帝「創若時」。創，「傷也」（《說文·刃部》）。若，順；時，是也。「予創若時」，帝言其傷順是之爲，以戒禹與眾臣也。《論衡·問孔篇》以此句繫於禹言，謂上文是「帝勑禹毋子不肖子也」，考下文禹亟言己治水土之功，則上文當以誡禹爲是，故從《史記》繫於此。

禹聞帝之誡，復言己之勤於「土功」者。

> 禹曰：「予娶于塗山，辛壬癸甲，啓呱呱而泣，予弗子，惟荒度土功。弼成五服，至于五千，州十有二師。外薄四海，咸建五長。
> 各迪有功，苗頑弗即工，帝其念哉！」

禹曰，今本《益稷》脫，亦據《史記·夏本紀》補。禹言己娶於塗山氏，「辛日娶妻，至于甲日復往治水」〔註210〕。啓，禹之子。子，據《釋文》鄭讀爲「字」〔註211〕，「養也」〔註212〕。「荒，大也。」〔註213〕度，《史記》訓「成」（《夏本紀》）。禹娶妻四日復往治水，生子不養，惟是大成治水土之功。孟子曰：「當是時也，禹八年於外，三過其門而不入。」（《孟子·滕文公上》）弼，「輔也」（《爾雅·釋詁》）。五服，蓋即《禹貢》之甸、侯、綏、要、荒。「弼成五服，至于五千」者，《史記》曰「輔成五服，至于五千里」（《夏本紀》）。「師，長也。」〔註214〕「州十有二師」者，舜攝政時「肇十有二州」（《堯典》），禹復於每州立一師以輔佐其牧，既非「九州立十二人爲諸侯之師」〔註215〕，更非治水「所役人功每州用十有二師」〔註216〕。《周禮·夏官司馬》

---

〔註208〕《尚書正義》卷五《益稷第五》，〔清〕阮元校刻《十三經注疏》上冊，第143頁中。

〔註209〕徐元誥撰：《國語集解（修訂本）》，北京：中華書局，2002年6月，第3頁。

〔註210〕《尚書正義》卷五《益稷第五》傳，〔清〕阮元校刻《十三經注疏》上冊，第143頁中。

〔註211〕〔清〕王先謙撰：《尚書孔傳參正》上冊，第218頁。

〔註212〕《春秋左傳正義》卷四十五《昭十一年》「使字敬叔」注，〔清〕阮元校刻《十三經注疏》下冊，第2060頁中。

〔註213〕《毛詩正義》卷十七之三《大雅·公劉》「幽居允荒」傳，〔清〕阮元校刻《十三經注疏》上冊，第543頁上。

〔註214〕《尚書正義》卷五《益稷第五》「釋文」引「鄭云」，〔清〕阮元校刻《十三經注疏》上冊，第143頁中。

〔註215〕《毛詩正義》卷十之一《小雅·蓼蕭》「幽居允荒」，〔清〕阮元校刻《十三經

曰：「凡制軍，……二千有五百人爲師。」「外薄四海，咸建五長」者，孔傳曰：「薄，迫也。言至海諸侯五國，立賢者一人爲方伯，謂之五長，以相統治，以獎帝室。」〔註217〕迪，「道也」，或曰「蹈也」，見上文。「即，就也。」〔註218〕即工，《史記》作「即功」（《夏本紀》）。念，「常思也」（《說文・心部》）。「各迪有功，苗頑弗即工，帝其念哉」，禹言諸侯皆蹈有功，惟有苗頑愚不就功，誠帝常思於此。

> 帝曰：「迪朕德，時乃功惟敘。皋陶方祗厥敘，方施象刑惟
> 明。」

時，是也。敘，序也。方，今文作「旁」，大也〔註219〕。祗，「敬也」（《爾雅・釋詁》）。象，法也，見上文「象以典刑」釋。明，謂刑罰當罪也。帝然禹治水土之功，曰天下「蹈行我之德教者，是汝功惟敘之故，其頑而弗率者，則皋陶方敬承汝之功敘，方施象刑惟明矣」〔註220〕。《堯典》「分北三苗」，或即皋陶「方施象刑」之事也。《史記・夏本紀》載帝之言止於「惟敘」，然上文禹既告帝「苗頑弗即工」，此處帝云「皋陶方祗厥敘，方施象刑惟明」，前後意義正相聯貫，故從《蔡傳》以帝言至於「惟明」。

### （三）帝暨皋陶相誡

> 夔曰：「戛擊鳴球，搏拊琴瑟以詠，祖考來格，虞賓在位，羣后
> 德讓。下管鼗鼓，合止柷敔，笙鏞以閒，鳥獸蹌蹌，《簫韶》九成，
> 鳳皇來儀。」夔曰：「於！予擊石拊石，百獸率舞，庶尹允諧。」

鳴球、琴瑟、鼗鼓、柷敔、笙鏞、石皆是樂器，「戛擊鳴球，搏拊琴瑟」，「下管鼗鼓，合止柷敔，笙鏞以閒」及「擊石拊石」皆是夔行樂之貌。詠，「歌也」（《說文・言部》）。「父爲考」，「父之考」爲「祖」（《爾雅・釋親》）。格，「至也」（《爾雅・釋詁》）。虞賓，丹朱也（《白虎通・王者不臣篇》）。「蹌蹌，動也。」（《爾雅・釋訓》）《簫韶》，舜樂。韶，「繼也」（《禮記・樂記》），

---

《注疏》上冊，第 420 頁中。

〔註216〕《尚書正義》卷五《益稷第五》，〔清〕阮元校刻《十三經注疏》上冊，第 143 頁中。

〔註217〕《尚書正義》卷五《益稷第五》，〔清〕阮元校刻《十三經注疏》上冊，第 143 頁中。

〔註218〕《毛詩正義》卷四之四《鄭風・東門之墠》「子不我即」傳，〔清〕阮元校刻《十三經注疏》上冊，第 344 頁下。

〔註219〕顧頡剛、劉起釪著：《尚書校釋譯論》第一冊，第 476 頁。

〔註220〕〔宋〕蔡沈注：《書經集傳》，第 20 頁。

「言舜能繼紹堯之德」也〔註221〕。「成猶奏也」，每奏曲一終爲一成。〔註222〕
「《簫韶》九成」當指《簫韶》共分九曲，九奏乃能演完此樂。「九成」，即謂
《簫韶》樂備。儀，「匹也」（《爾雅·釋詁》）。「庶尹允諧」，《史記》作「百
官信諧。」諧，「詥也」（《說文·言部》）。夔行樂，感召祖考至，諸侯推先
有德，鳳皇來匹，百獸相率而舞，眾官皆信詥。先儒謂此帝舜「廟堂之樂」，
「言神人洽，始於任賢，立政以禮，治成以樂」，禮備樂和，致治太平之景象
也〔註223〕。

　　　　帝庸作歌，曰：「勑天之命，惟時惟幾。」乃歌曰：「股肱喜哉，
　　元首起哉，百工熙哉！」

　　庸，「用也」（《說文·用部》）。勑、勤，「勞也」；勞，「勤也」；惟，「思
也」幾，「危也」（《爾雅·釋詁》）。又《說文》：幾，「微也，殆也」（《丝部》）。
天下既致治太平，帝舜乃因以作歌，先述作歌之意曰：勤勞於天之授命，當
思順四時，念慮事之微危。上文皐陶論「官人」云「天工人其代之」，禹誡帝
又云「徯志以昭受上帝」，則此處帝曰「勑天之命」既是誡臣，又有自誡之
意。股肱，左右大臣也。元首，帝也。百工，指百官也。喜，「樂也」（《爾雅·
釋詁》）。興，「起也」（《爾雅·釋言》），則起亦可訓「興」。熙訓「廣」又訓
「興」，見上文。帝歌之意，言「人臣樂於趨事赴功，則人君之治爲之興起，
而百官之功皆廣也」〔註224〕。「人臣」當指左右股肱之臣。帝歌以治功始於股
肱之臣，故先歌「股肱喜哉」，此亦上文帝云須臣而治，「臣作朕股肱耳目」
之意。

　　皐陶聞帝歌責重於股肱之臣，亦颺言作歌以責於帝。

　　　　皐陶拜首稽首，颺言曰：「念哉！率作興事，慎乃憲，欽哉！屢
　　省乃成，欽哉！」乃賡載歌曰：「元首明哉，股肱良哉，庶事康哉！」
　　又歌曰：「元首叢脞哉，股肱惰哉，萬事墮哉！」帝拜曰：「俞！往
　　欽哉！」

〔註221〕《禮記正義》卷三十八《樂記第十九》注，〔清〕阮元校刻《十三經注疏》下
　　　　冊，第1534頁中。
〔註222〕《禮記正義》卷三十八《樂記第十九》「再成而滅商」注，〔清〕阮元校刻《十
　　　　三經注疏》下冊，第1542頁中。
〔註223〕《尚書正義》卷五《益稷第五》傳，〔清〕阮元校刻《十三經注疏》上冊，第
　　　　144頁上、中。
〔註224〕〔宋〕蔡沈注：《書經集傳》，第21頁。

颺同揚，舉也，見上文。念，「常思也」（《說文・心部》）。率，本字作「達」，「先道也」（《說文・辵部》）。作，「爲也」；興，「起也」（《爾雅・釋言》）。愼，「謹也」（《說文・心部》）。憲，「法也」；欽，「敬也」；省，「察也」（《爾雅・釋詁》）。屢，古字作「婁」，「數也」〔註225〕。皋陶舉言誡帝當常思爲臣之先導，興起帝功，謹其法度，并常省察事之當否乃有成績。兩言「欽哉」者，「『興事』『考成』，二者皆所當深敬而不可忽者也」〔註226〕。皋陶因此意而更爲歌。賡，「續也」（《爾雅・釋詁》）。「乃賡載歌」，《史記》云「乃更爲歌」（《夏本紀》）。更，亦「續也」〔註227〕。皋陶續帝作歌，先帝後臣，謂帝明則臣良，眾事乃安。康，「安也」（《爾雅・釋詁》）。明、良二字先儒多不釋，孫氏訓「明」爲勉，訓「良」爲善〔註228〕，可備一說。筆者認爲明、良二字之義當於下文的「叢脞」、「惰」相對應。叢脞，「揔聚小小之事以亂大政」〔註229〕。惰，「不敬也」（《說文・心部》）。墮，《說文》作「陸」（《𨸏部》），「壞也」（《方言》）。皋陶既歌帝明臣良眾事乃安之義，又歌帝務瑣細以亂大政則臣不敬其職，萬事乃墮廢。帝歌責重於股肱，皋陶之歌則云臣之良惰，政事之興廢，皆在於帝之「明」也。帝然其言，總誡君臣往敬其職事哉！

至此，本節亦將《皋陶謨》考釋一遍，綜虞廷君臣所論，無非所以平天下之政要者。帝者須臣而治，故舜以帝治之興，眾功之廣責重於股肱之臣。然「股肱」之良，庶功之康乃有賴於帝之明，故皋陶亦作歌以誡帝。所謂「明」者，不「叢脞」，務其大略也。「君無大略，則不能任賢，功不見知，則皆懈惰，萬事墮廢，其功不成。」〔註230〕帝既須臣而治，則帝之大略即在於任賢，禹誡帝「時舉」是也，皋陶所謂「知人」是也。「知人」則「能官人」，皋陶論「知人」以「九德」，「翕受敷施」，帝者之事也。「知人」以輔治，治在「安民」，禹言己惟孜孜於安民之務也。安民「食」爲先，更有五典、五禮、五服、五刑之教命。「知人」、「安民」，帝所當安止者，受命於天，是皋陶「允迪厥德」之最高義。考茲虞廷君臣論政之義，與《堯典》所載二帝之行政若合符節，此即二帝所以

---

〔註225〕 〔漢〕許愼撰，〔清〕段玉裁注：《說文解字注》，第624頁下。

〔註226〕 〔宋〕蔡沈注：《書經集傳》，第22頁。

〔註227〕 「姓利相更」注，徐元誥撰：《國語集解（修訂本）》，第337頁。

〔註228〕 〔清〕孫星衍撰：《尚書今古文注疏》，第134頁。

〔註229〕 《尚書正義》卷五《益稷第五》疏引鄭語，〔清〕阮元校刻《十三經注疏》上冊，第145頁上。

〔註230〕 《尚書正義》卷五《益稷第五》正義，〔清〕阮元校刻《十三經注疏》上冊，第145頁上。

「允執其中」者。一言以蔽之，堯舜之政治曰「允迪厥德」是也。

## 四、諸子文獻中的堯舜「政治」

經過孔子的表章，堯舜成為聖帝典範，其政治成為理想模型，至戰國之世雖百家爭鳴，然未有不舉堯舜名號以為比方，稱述甚至附會其傳說以為論據者，所以堯舜在先秦文獻、尤其是戰國文獻中有著極高的出現頻率。徑舉堯舜名號以為比方的情形最多，但往往無關堯舜的「實際」事蹟，此處姑略而不論。至若其稱述甚至附會堯舜傳說以為論據者，或云堯舜之身脩，或云堯舜能任賢，或云堯舜能利民等，其資料來源絕不限於《堯典》、《皋陶謨》，但內容多關乎堯舜之政治——茲是本節考察的重點。從傳世與出土的戰國文獻來看，不同歷史時期、不同思想主張之間對堯舜「政治」的解讀與態度存在著很大差異。本節的任務，即是按照前、中、後三個時期全面考察戰國諸子對堯舜「政治」的不同解讀，以展現三個歷史時期的思想主張對堯舜「政治」之態度的演變脈絡。

### （一）戰國前期

從傳世與出土的先秦文獻來看，戰國前期流傳或興起的主要是孔門之學及墨子之學。孔門之學的傳承者主要是七十子及其後學，他們的著述傳世者主要散見於經傳之中。墨子之學是墨翟所創，其著述主要保存於《墨子》之中。

#### 1. 孔門後學

七十子及其後學傳承發展孔子的思想學術，孔子「祖述堯舜」，他們亦多稱頌堯舜的「政治」，若顏子云「舜不窮其民」是以「無失民」（《荀子・哀公篇》），子夏云舜舉皋陶「不仁者遠」（《論語・顏淵》），《大學》云「堯舜率天下以仁」（《禮記》），《曾子制言》云舜「勉於仁」得為天子（《大戴禮記》），《繫辭下》云黃帝、堯、舜「垂衣裳而天下治」（《周易》），《武王踐阼》附會「黃帝、顓頊、堯、舜之道」曰仁與義〔註231〕，等等。不過曰仁曰義，顯係孔子的話語。七十子及其後學的議論著述還往往引述孔子稱述堯舜之語，若《中

---

〔註231〕陳佩芬：《武王踐阼》，馬承源主編《上海博物館藏戰國楚竹書（七）》，上海：上海古籍出版社，2008 年 12 月，第 151～155 頁。今本《大戴禮記》亦有《武王踐阼》一篇，只云「黃帝顓頊之道」，且內容與簡本差異甚大，蓋後世竄亂也。

庸》稱舜「大知」「大孝」,《表記》稱舜德「後世弗可及」(《禮記》)等。最重要的是《大學》與《中庸》兩篇,相傳《大學》是曾子所作,《中庸》是子思子所作,實可視作對「允迪厥德」的系統闡釋與發揮。

《大學》曰:「大學之道,在明明德,在親民,在止於至善。」所謂「止於至善」是「明明德」止於「至善」,而「親民」則是由「明明德」達於「至善」之過程中的一項任務,與「明明德」同止於「至善」。歸根結底,「大學之道」只是要「明明德」,「親民」與「止於至善」皆是其中的應有之義,故曰:「古之欲明明德於天下者,先治其國;欲治其國者,先齊其家;欲齊其家者,先脩其身⋯⋯」脩身、齊家、治國、平天下亦是「允迪厥德」的工夫,皋陶曰「慎厥身修,思永,惇敘九族,庶明厲翼,邇可遠在茲」(《皋陶謨》)是也。「明德」是什麼呢?朱子曰:「明德者,人之所得乎天,而虛靈不昧,以具眾理而應萬事者也。」〔註232〕那麼這個「明德」即是《中庸》的「天命之性」。《中庸》曰:「天命之謂性,率性之謂道,脩道之謂教。」「率性」就是「明明德」,「親民」是「明明德」中應有之義,亦是「率性」中應有之義。朱子曰:「性道雖同,而氣稟或異,故不能無過不及之差,聖人因人物之所當行者而品節之,以為法於天下,則謂之教,若禮樂刑政之屬是也。」〔註233〕此是「脩道」,「脩道之謂教」,就是那治國、平天下的事情。故「允迪厥德」,「明明德」,「率性」,其義一也。

2. 墨子

墨子是與子思子同時的學者,當七十子後學一代,其言論著述主要保存於今本《墨子》的《尚賢》、《尚同》、《兼愛》、《非攻》、《節用》、《節葬》、《天志》、《明鬼》、《非命》諸篇之中。據說墨子曾「學儒者之業,受孔子之術」(《淮南子·要略訓》)〔註234〕,斯其所以亦「道堯舜」者乎?但其與孔子「取舍不同」(《韓非子·顯學》)。若《尚賢上》曰「尚欲祖述堯舜禹湯之道,將不可以不尚賢」,「尚者上也」,蓋「尊而重之」故曰「尚賢」〔註235〕,所以特稱述

---

〔註232〕 〔宋〕朱熹撰:《大學章句》,〔宋〕朱熹撰《四書章句集注》,第3頁。

〔註233〕 〔宋〕朱熹撰:《中庸章句》,〔宋〕朱熹撰《四書章句集注》,第17頁。

〔註234〕 無論此說真假,在當時的思想學術背景下,墨子都不可能完全擺脫孔子及儒家的影響。

〔註235〕 鄭氏云:「尚者上也,尊而重之若天書然,故曰《尚書》。」見《尚書正義》卷一《尚書序》正義引「鄭氏云」,〔清〕阮元校刻《十三經注疏》上冊,第115頁中。

「堯舉舜於服澤之陽，授之政，天下平」的傳說表章其義〔註236〕。《節用中》宣揚「節用」利民，故稱堯治天下，「黍稷不二，羹胾不重，飯於土塯，啜於土形，斗以酌」。《節葬下》反對「厚葬久喪」，則稱堯之葬「衣衾三領，穀木之棺，葛以緘之，既窆而後哭，滿埳無封，已葬而牛馬乘之」；舜之葬「衣衾三領，穀木之棺，葛以緘之，已葬而市人乘之」。若《天志》云「三代之聖王堯舜禹湯文武」之能「愛人利人，順天之意，得天之賞」，《明鬼》云「三代聖王堯舜禹湯文武」之能「明乎鬼神」，皆不見稱述具體的傳說，其實重在「道三王」。墨子攻儒，所以取捨務與儒家不同也。

### （二）戰國中期

戰國中期的思想學術更爲昌盛，傳世與出土的文獻也相對多一些，諸子對於堯舜「政治」的闡發與態度更趨向多元。但需要說明的是，此處「戰國中期」的跨度不得不向下延伸幾年，因爲《管子》「外言」、「短語」、「區言」、「雜篇」和《莊子》「內篇」、《孟子》中的一些篇章可能遲到戰國後期前葉開始後幾年才寫成，所以它不能再是以公元前305年爲絕對的底限了。

#### 1.《管子》中的篇章

《管子》是稷下學者的作品集，其中經言、內言、外言、短語、區言、雜篇諸部分基本寫成於戰國中期。堯舜在《管子》各篇中是無有疑義的「聖帝」形象，不過其政治傳說被賦予了「法」「術」的色彩。若《任法》曰：「昔者堯之治天下也，猶埴已埏也，唯陶之所以爲；猶金之在鑪，恣冶之所以鑄。其民引之而來，推之而往，使之而成，禁之而止。故堯之治也，善明法禁之令而已矣。」《桓公問》曰：「堯有衢室之問者，下聽於人也。舜有告善之旌，而主不蔽也。」這種情況當與稷下學術崇尚「法」「術」有關。

#### 2.《莊子‧內篇》

一般認爲《莊子》「內篇」是莊子本人的作品，莊子輕堯舜之治天下（《逍遙遊》），云堯伐宗、膾、胥敖有是己非彼之心而「不釋然」（《齊物論》），寓

---

〔註236〕 《尚賢》中、下皆舉此事，而語稍詳。《尚賢中》曰：「古者舜耕歷山，陶河瀕，漁雷澤，堯得之服澤之陽，舉以爲天子，與接天下之政，治天下之民。」《尚賢下》亦云：「是故昔者舜耕於歷山，陶於河瀕，漁於雷澤，灰於常陽，堯得之服澤之陽，立爲天子，與接天下之政，治天下之民。」這可能是因「三墨」不同的傳承路徑所致。

言意而子非堯之仁義（《大宗師》），以有虞氏「藏仁以要人」不如有泰氏（《應帝王》），蓋其崇尚「逍遙自然無爲齊物」故也。莊子對仁義不屑，不過尚未對堯舜有明顯的詆毀，且似乎舜是一位得「道」者，如託舜「蓬艾」「十日」之喻以明「齊物」之旨（《齊物論》），託孔子之言曰「受命於天，唯舜獨也正，幸能正生，以正眾生」（《德充符》）云云。莊子稱述堯舜意在說明自己的思想主張，故其事往往「不可案文責也」〔註237〕。

### 3.《孟子》

孟子「學孔子」（《公孫丑上》），孔子「祖述堯舜，憲章文武」（《中庸》），由《孟子》一書的記載來看，孟子亦是「祖述堯舜，憲章文武」，自云「非堯舜之道，不敢以陳於王前」（《公孫丑章句下》）。孟子以「仁政」闡釋堯舜「政治」，曰「堯舜之道，不以仁政，不能平治天下」（《離婁上》）。考孟子所稱述之堯舜傳說，其「仁政」有二義：一是安民，二是尊賢。

孟子曰：「當堯之時，天下猶未平，洪水橫流，氾濫於天下。草木暢茂，禽獸繁殖，五穀不登，禽獸偪人。獸蹄鳥跡之道，交於中國。堯獨憂之，舉舜而敷治焉。舜使益掌火，益烈山澤而焚之，禽獸逃匿。禹疏九河，瀹濟漯，而注諸海；決汝漢，排淮泗，而注之江，然後中國可得而食也。」（《滕文公上》）〔註238〕然堯舜之安民非止於居之食之，又從而教之也。曰：「后稷教民稼穡，樹藝五穀，五穀熟而民人育。人之有道也，飽食、煖衣、逸居而無教，則近於禽獸。聖人有憂之，使契爲司徒，教以人倫：父子有親，君臣有義，夫婦有別，長幼有序，朋友有信。放勳曰：『勞之來之，匡之直之，輔之翼之，使自得之，又從而振德之。』」（《滕文公上》）

安民非親爲勞苦，堯舉舜，舜舉益、禹、后稷、契以安之也。孟子曰：「大舜有大焉，善與人同。舍己從人，樂取於人以爲善。自耕、稼、陶、漁以至爲帝，無非取於人者。」（《公孫丑上》）曰：「堯以不得舜爲己憂，舜以不得禹、皋陶爲己憂。」（《滕文公上》）曰：「堯之於舜也，使其子九男事之，二女女焉，百官牛羊倉廩備，以養舜於畎畝之中，後舉而加諸上位。」茲是「王公之尊賢者也」。曰：「舜尚見帝，帝館甥于貳室，亦饗舜，迭爲賓主，是天子而友匹夫也。用下敬上，謂之貴貴；用上敬下，謂之尊賢。貴貴、尊賢，其義一也。」

---

〔註237〕〔唐〕陸德明撰：《經典釋文序錄‧莊子》，〔清〕郭慶藩撰《莊子集釋》上冊，第 4 頁。
〔註238〕《滕文公下》云「天下一治一亂」，亦稱述此段傳說而語句少異。

（《萬章下》）曰：「知者無不知也，當務之為急；仁者無不愛也，急親賢之為務。堯舜之知而不徧物，急先務也；堯舜之仁不徧愛人，急親賢也。」（《盡心上》）

安民、尊賢正是「允迪厥德」的要義，孟子何以稱之為「仁政」呢？因為治國平天下是「不忍人之心」擴充的邏輯結果。孟子曰：「人皆有不忍人之心。先王有不忍人之心，斯有不忍人之政矣。以不忍人之心，行不忍人之政，治天下可運之掌上。」所謂「不忍人之心」，分而言之則為惻隱、羞惡、辭讓、是非。「惻隱之心，仁之端也；羞惡之心，義之端也；辭讓之心，禮之端也；是非之心，智之端也。」「人之有是四端也，猶其有四體也」，「苟能充之，足以保四海；苟不充之，不足以事父母」（《公孫丑上》）。堯舜知有此「四端」，皆擴而充之，所以能平天下也。孟子曰：「舜盡事親之道而瞽瞍厎豫，瞽瞍厎豫而天下化，瞽瞍厎豫而天下之為父子者定，此之謂大孝。」（《離婁上》）斯舜所以「擴而充之」以保四海者也。

「仁、義、禮、智，性也」〔註239〕，而仁實貫穿於義、禮、智的實踐之中，是人性在義、禮、智的實踐中所展開的水平。孟子曰：「仁者，人也。合而言之，道也。」（《盡心下》）所謂「合而言之」者，言人由「仁」行，是「率性」也。「擴而充之」，是「脩道」也。「率性之謂道，脩道之謂教」，正《中庸》之義也。孟子曰：「聖人，人倫之至也。欲為君盡君道，欲為臣盡臣道，二者皆法堯舜而已矣。」（《離婁上》）曰：「舜明於庶物，察於人倫，由仁義行，非行仁義也。」（《離婁下》）曰：「舜之居深山之中，與木石居，與鹿豕遊，其所以異於深山之野人者幾希。及其聞一善言，見一善行，若決江河，沛然莫之能禦也。」曰：「堯舜，性之也。」（《盡心上》）故滕世子過宋而見，「孟子道性善，言必稱堯舜」（《滕文公上》）。孟子受業子思子之門人（《史記・孟子荀卿列傳》），其「仁政」之思想理路固與《中庸》一脈相承。

### （三）戰國後期

《管子》的「管子解」與「輕重」部分，《莊子》的外、雜篇及《荀子》、《韓非子》、《呂氏春秋》等大致都寫成於這一時期，其中的一些思想主張積極宣揚堯舜「政治」，同時也有一些思想主張明確批判、甚至否定堯舜「政治」，思想學術更加豐富多元。

---

〔註239〕〔宋〕朱熹撰：《孟子集注》卷三《公孫丑章句上》注，〔宋〕朱熹撰《四書章句集注》，第 238 頁。

### 1. 《管子》的「管子解」與「輕重」部分

堯舜在《管子》的「管子解」、「輕重」部分依然是「聖帝」典範。《形勢解》曰:「堯舜,古之明主也,天下推之而不倦,譽之而不猒,久遠而不忘者,有使民不忘之道也,故其位安而民來之。」堯舜「使民不忘之道」是什麼呢?《形勢解》中沒有說明,《版法解》曰:「凡所謂能以所不利利人者,舜是也。舜耕歷山,陶河濱,漁雷澤,不取其利,以教百姓,百姓舉利之。此所謂能以所不利利人者也。」蓋堯舜「使民不忘之道」是「以所不利利人」者耶?郭店楚簡《唐虞之道》亦曰:「堯舜之王,利天下而弗利也。」〔註240〕不過此處作者的本意是在強調那個「道」。《揆度》曰:「至於堯、舜之王,所以化海內者,北用禺氏之玉,南貴江、漢之珠。其勝禽獸之仇,以大夫隨之。」「令諸侯之子將委質者,皆以雙武之皮,卿大夫豹飾,列大夫豹幨。大夫散其邑粟與其財物,以市武豹之皮。故山林之人刺其猛獸,若從親戚之仇。此君冕服於朝,而猛獸勝於外,大夫已散其財物,萬人得受其流。」依託之文,反映的是《管子》的貨幣思想。

### 2. 《莊子》外、雜篇

外、雜篇是莊子後學的著述,思想傳承莊子而更加積極地宣揚「無為」,因而對堯舜「政治」提出更為強烈的批評,對堯舜的形象也大加貶損。《駢拇》曰:「自虞氏招仁義以撓天下也,天下莫不奔命於仁義,是非以仁義易其性與?」《在宥》曰:「昔堯之治天下也,使天下欣欣焉人樂其性,是不恬也。」曰:「昔者黃帝始以仁義攖人之心,堯舜於是乎股無胈,脛無毛,以養天下之形,愁其五藏以為仁義,矜其血氣以規法度。然猶有不勝也,堯於是放讙兜於崇山,投三苗於三峓,流共工於幽都,此不勝天下也。」《天地》曰:「天下均治之為願,而何計以有虞氏為!有虞氏之藥瘍也,禿而施髢,病而求醫。」《天運》篇依託子貢老聃之問答而譏堯舜之治,非仁義。若《庚桑楚》乃徑曰:「大亂之本,必生於堯舜之間。」《徐無鬼》曰:「卷婁者,舜也。羊肉不慕蟻,蟻慕羊肉,羊肉羶也。舜有羶行,百姓悅之,故三徙成都,至鄧之虛而十有萬家。堯聞舜之賢,舉之童土之地,曰冀得其來之澤。舜舉乎童土之地,年齒長矣,聰明衰矣,而不得休歸,所謂卷婁者也。」《盜跖》更誣「堯不慈,舜不孝」,「堯殺長子,舜流母弟」,謂「堯舜為帝而雍,非仁天下

---

〔註240〕 荊門市博物館編:《郭店楚墓竹簡》,北京:文物出版社,1998年5月,第157頁。

也，不以美害生也」。上所列述皆是其犖犖大者，其它寓言以譏誣堯舜者亦多有焉。

但是，莊子後學的思想取向也存在分化。若《天道》篇，則頌揚堯舜爲行「道」而王者。曰：「夫虛靜恬淡寂漠無爲者，萬物之本也。明此以南鄉，堯之爲君也；明此以北面，舜之爲臣也。」又寓言堯舜之問答：

> 昔者舜問於堯曰：「天王之用心何如？」堯曰：「吾不敖無告，不廢窮民，苦死者，嘉孺子而哀婦人。此吾所以用心已。」舜曰：「美則美矣，而未大也。」堯曰：「然則何如？」舜曰：「天德而出寧，日月照而四時行，若晝夜之有經，雲行而雨施矣。」堯曰：「膠膠擾擾乎！子，天之合也；我，人之合也。」夫天地者，古之所大也，而黃帝堯舜之所共美也。故古之王天下者，奚爲哉？天地而已矣。

### 3. 《荀子》

荀子主張「法後王」，曰：「百王之道，後王是也。」（《不苟篇》）曰：「欲觀聖王之跡，則於其粲然者矣，後王是也。」「彼後王者，天下之君也，舍後王而道上古，譬之是猶舍己之君而事人之君也。」（《非相篇》）故其「隆禮義而殺《詩》、《書》」，曰：「道過三代謂之蕩，法二後王謂之不雅。」（《儒效篇》）曰：「道不過三代，法不貳後王。」（《王制篇》）荀子「法後王」蓋與孔子「從周」之義同，曰「後王之成名：刑名從商，爵名從周，文名從禮。」（《正名篇》）但堯舜是儒家的聖帝典範，荀子顯然不能罔顧，亦常常「論略舉大」（《非相篇》）焉。

《議兵篇》稱頌堯舜「仁義之兵」，以伐驩兜，以伐有苗，故「近者親其善，遠者慕其德，兵不血刃，遠邇來服，德盛於此，施及四極」。又曰「古者帝堯之治天下也，蓋殺一人、刑二人而天下治」，以刑殺當其罪也。《正論篇》曰：「堯舜至天下之善教化者也，南面而聽天下，生民之屬莫不振動從服以化順之，然而朱象獨不化，是非堯舜之過，朱象之罪也。」《解蔽篇》曰：「昔者舜之治天下也，不以事詔而萬物成。」是舜爲「精於道者也，精於物者也」。《成相篇》贊頌堯舜之大德，云堯讓賢爲民「氾利兼愛德施均」，辨治上下「貴賤有等明君臣」；云舜「南面而立萬物備」，「尚得推賢不失序」。等等。《堯問篇》記堯問舜「致天下」爲之奈何，舜對云「執一無失，行微無怠，忠信無勌，而天下自來」，其義有同於「允執其中」者也。

荀子認爲「人之性惡，其善者僞也」，曰「凡所貴堯、禹、君子者，能化性，能起僞，僞起而生禮義」（《性惡篇》），故亟稱堯舜之學脩。若《榮辱篇》曰：「堯、禹者，非生而具者也，夫起於變故，成乎修修之爲，待盡而後備者也。」《大略篇》曰：「不學不成：堯學於君疇，舜學於務成昭，禹學於西王國。」雖「性惡」之論與孟子迥異，然「化性」之旨則與「求放心」同歸。

### 4.《韓非子》

韓非云「明據先王，必定堯舜者，非愚則誣」（《顯學》），然其議論中稱述堯舜傳說的頻率一點也不遜於孟、荀。韓非主張任法任權任術任勢，所以他多從法權術勢的角度去闡釋堯舜「政治」，而爲否定堯舜「政治」之典範性又襲用了許多誣謗之說。

《十過》記由余云堯舜之儉，但韓非意不在堯舜，故未置可否。《飾邪》云「昔者舜使吏決鴻水，先令有功而舜殺之」，明「古者先貴如令」也。《安危》曰「堯無膠漆之約於當世而道行，舜無置錐之地於後世而德結」，《守道》云「堯明於不失姦，故天下無邪」，明任法之效也。《外儲說左上》云「昔者舜鼓五絃，歌《南風》之詩而天下治」，則是「有術而御之」也。《外儲說右上》云鯀與共工欲諫止堯之傳天下於舜，而堯舉兵誅之流之，是堯能「不以其所疑敗其所察」者也。《說疑》曰「堯有丹朱，而舜有商均」而誅之，「以其害國傷民敗法類也」。若此之類，尚以堯舜爲聖帝明王也。

《難一》難舜耕漁陶之「德化」，曰：「賢舜則去堯之明察，聖堯則去舜之德化，不可兩得也。」其意在於非「德化」而任勢，故曰：「以身爲苦而後化民者，堯舜之所難也；處勢而驕下者，庸主之所易也。將治天下，釋庸主之所易，道堯舜之所難，未可與爲政也。」《難三》云堯爲六王之冠，「舜一從而咸包，而堯無天下矣」，則是毀堯「無術以禁下」也。《五蠹》稱世變時異，極言堯舜不可爲當世法，曰「今有美堯舜湯武禹之道於當今之世者，必爲新聖笑矣」。非其政，進而乃毀其人。《說疑》尚云「舜偪堯，禹偪舜」是姦臣成黨反其說者，《忠孝》則云「皆以堯舜之道爲是而法之，是以有弒君，有曲父」也。曰：「堯爲人君而君其臣，舜爲人臣而臣其君」，「而天下譽之，此天下所以至今不治也」。曰：「瞽瞍爲舜父而舜放之，象爲舜弟而殺之，放父殺弟，不可謂仁。妻帝二女而取天下，不可謂義。仁義無有，不可謂明。」韓非毀堯謗舜，辯之若此，是明其「上法而不上賢」之義，以「盡力守法，專心於事主者爲忠臣」。

### 5. 《呂氏春秋》

《呂氏春秋》稱述堯舜傳說的內容十分駁雜，但對堯舜的態度卻前後一致，皆以爲聖帝典範，且有「祖述」之意。

若《當染》曰「舜染於許由、伯陽」（《仲春紀》），《尊師》曰「帝堯師子州支父，帝舜師許由」（《孟夏紀》），皆所以明尊師之義也。《古樂》稱述堯舜制樂之傳說，云「樂所由來者尚也，必不可廢」，所以倡樂教也（《仲夏紀》）。《安死》曰「堯葬於穀林通樹之，舜葬於紀市不變其肆」，倡節葬「以爲死者慮也」（《孟冬紀》）。《當務》非盜跖誣「堯有不慈之名，舜有不孝之行」，曰「辨若此，不如無辨」（《仲冬紀》）。《本味》曰「堯舜得伯陽、續耳然後成」（《孝行覽》），《下賢》曰「堯不以帝見善綣，北面而問焉」（《愼大覽》），皆所以明尊賢也。《知度》稱堯問「若何而爲及日月之的燭」，舜問「若何而服四荒之外」，是明「有道之主」以「不知爲道」也（《審分覽》）。《上德》稱舜「行德三年而三苗服」（《離俗覽》），是「上德」也。《召類》曰「堯戰於丹水之浦以服南蠻，舜卻苗民更易其俗」（《恃君覽》），是明聖王用義兵也。《呂氏春秋》一書以堯舜爲比方，稱述堯舜傳說者甚夥，《務大》列舉舜禹武王五伯孔墨（《士容論》），則是亦有以接夫此「道統」之緒矣。

綜上所考，已大致展現出戰國諸子對堯舜「政治」之解讀與態度演變的基本脈絡。七十子及其後學的著述、墨子的著述、《管子》、《孟子》、《莊子》、《荀子》、《韓非子》、《呂氏春秋》等都是具有代表性的戰國文獻，除此以外還有二戴《禮記》中那些形成於戰國中後期的篇章，《墨子》中那些屬於墨子後學的作品，以及《戰國策》、《楚辭》中《離騷》至《大招》諸篇、《商君書》、《鶡冠子》、《古本竹書紀年》、《世本》、《逸周書》，郭店楚簡、上博簡中的一些篇章，定州中山懷王墓竹簡《六韜》、《文子》等，也皆有稱述堯舜傳說的情況，但大致不出於上面所考察的內容，其對堯舜「政治」的解讀與態度趨向也不出於上面所展現的那個基本的演變脈絡，故此處不再作繁瑣考察。至若戰國文獻中的堯舜「禪讓」傳說，雖亦是堯舜「政治」中的一項內容，但因涉及的問題較爲繁雜，將在第三章專門討論，故亦不於此處贅述。

## 小　結

堯舜傳說起於何時，有多少遠古的史影，已無從確考，但其中蘊含的政治智慧、政治傳統卻久爲後世稱頌不衰。賢者識其大者，不賢者識其小者，

或擷取甚至附會其一二言行以爲論資，或欲接夫其「道統」。孔子「祖述堯舜」，所祖述者正是那個一以貫之的「道統之傳」，其在堯舜禹則曰「允執其中」，其在成湯伊尹則曰「咸有壹德」，其在武王箕子則曰「建用皇極」，其至孔子以降則曰「中庸」是也。「執中」在於履德，皋陶曰「允迪厥德」是也。「允迪厥德」者，脩身齊家治國平天下是也。茲即「明明德」「親民」之義，茲即「率性」「脩道」之義。堯舜之平天下，所以允迪其德尊賢以安民者也。孔子既歿，孔門後學若曾子、子思子、孟子則知夫堯舜「允迪厥德」之義，贊襄其「道統」之傳者也。然其時異說並起，若《墨子》亦祖述堯舜而不得大體，《管子》附會堯舜傳說以倡法術，《莊子》往往寓言毀堯謗舜以非仁義，《荀子》法後王於堯舜惟論略舉大，《韓非子》上法上權上術上勢亟非堯舜之德化，《呂氏春秋》欲接夫堯舜「道統之傳」卻破碎其義，等等，構成了戰國諸子對堯舜「政治」解讀與態度變化的基本脈絡。至於諸子對堯舜「政治」傳說的不同態度所反映的，或尊重社會演變的連續性，或否定社會演變的連續性，或進步，或復古的歷史觀，更是在後世的思想文化與政治發展中產生了長期而深刻的影響。

# 第三章　堯舜「禪讓」傳說的演變

　　堯之舉舜，舜之舉禹乃是二帝「知人」「官人」的具體行政，不過其特殊性在於堯最終將帝位傳給了舜，舜最終亦將帝位傳給了禹——即所謂堯舜「禪讓」的傳說。堯舜「禪讓」的傳說在戰國文獻中廣爲傳頌，並發展成爲一種政治學說，甚至一度付諸實踐，以致引發了一場不小的政治風波，才激起了諸侯對於「禪讓」的警惕以及諸子對於堯舜「禪讓」傳說的反思、批判甚至懷疑。由於堯舜「禪讓」傳說在戰國思想學術及政治上的重大影響，相關的研究已經比較多，但如《緒論》中所言，觀點仍相當紛歧，各家結論時或牴牾，不足以拼湊出堯舜「禪讓」傳說演變的合乎歷史與邏輯的清晰脈絡。本章擬在前人研究的基礎上，立足於先秦文獻的記述，系統考察堯舜「禪讓」傳說在戰國時期的歷史演變，以求得合乎歷史與邏輯的認識。全章大致可以分爲四個部分：第一部分首先考察傳說中堯舜「禪讓」的細節，其中涉及到「禪讓」與「讓國」的比較；第二部分考察堯舜「禪讓」傳說在孔子、墨子及上博簡《子羔》、《容成氏》之間的演變〔註1〕，探討堯舜「禪讓」傳說的興起；第三部分考察郭店楚簡《唐虞之道》的「禪讓說」及其政治影響；第四部分考察「燕噲禪讓事件」後學術上對於堯舜「禪讓」傳說的批判、反思等。下面就分爲四節來一一考察。

## 一、「禪讓」與「讓國」

　　「禪讓」可能已是秦漢時的說法，先秦文獻或曰「禪」，或曰「讓」，惟

---

〔註 1〕　顧頡剛先生認爲堯舜「禪讓」傳說是墨家所造，同其說者有童書業、楊向奎、楊寬、劉起釪諸先生，馮友蘭的觀點與此大同小異，其謬已辯之於《緒論》中。

《荀子・正論篇》一見「擅讓」之語。唐儒注曰：「擅與禪同，墠亦同義。謂除地爲墠，告天而傳位也。後因謂之禪位。」〔註2〕按《說文》：禪，「祭天也」（《示部》）；嬗，「一曰傳也」（《說文・女部》）。是「禪讓」之「禪」本當作「嬗」。「禪」爲祭天之義，借作封墠之「墠」，蓋以神其事〔註3〕。而封禪者「皆受命然後得封禪」（《管子・封禪》），故「禪」又借爲嬗讓之「嬗」，是亦有受命更姓之義也〔註4〕。「讓」本只是「相責讓」（《說文・言部》）義，「經傳多以爲謙讓字」〔註5〕。曰「讓」，蓋高尚其人之德也。顯然，「禪」與「讓」有著完全不同的義涵。曰「禪讓」，蓋兼具了受命更姓與謙讓的意義。那麼傳說中的堯舜「禪讓」是怎樣的一個情形呢？

### （一）堯舜「禪讓」的細節

史料堙滅，堯舜「禪讓」的眞實情形已無從確知，此處所謂堯舜「禪讓」的細節，只能從文獻記載的堯舜傳說中去考求。在傳世與出土的先秦文獻中，記述堯舜「禪讓」傳說最爲詳細的莫若《尚書・堯典》。戰國文獻所稱述的堯舜「禪讓」傳說，如果不是寓言，蓋多直接或間接淵源於《尚書》的《虞書》部分，只是由於橫遭秦火，其中的許多內容已經損佚罷了，如舜之禪禹的詳情。下面來考察《堯典》中有關堯禪舜的具體記述。

「禪讓」的過程由帝堯提出了「禪」位的動議開始。有學者將放齊舉薦胤子朱、驩兜舉薦共工、眾臣舉薦鯀治洪水皆視作「禪讓」提名，顯然是對《堯典》之文的誤解〔註6〕。從《堯典》的記述來看，帝堯欲異位四岳之語，才是明確地提出了「禪」位的動議。四岳不敢受，而眾臣舉薦了舜。

> 帝曰：「咨！四岳，朕在位七十載，汝能庸命，巽朕位？」岳曰：
> 「否德，忝帝位。」曰：「明明揚側陋。」師錫帝曰：「有鰥在下，
> 曰虞舜。」帝曰：「俞！予聞，如何？」岳曰：「瞽子，父頑，母嚚，
> 象傲，克諧以孝，烝烝乂，不格姦。」帝曰：「我其試哉！」

「朕在位七十載」者，是帝堯自言年歲已老。帝既年老，謂四岳能「順

---

〔註2〕〔清〕王先謙撰：《荀子集解》下冊，北京：中華書局，1988 年 9 月，第 331 頁。

〔註3〕〔漢〕許愼撰，〔清〕段玉裁注：《說文解字注》，第 7 頁上。

〔註4〕吳銳：《禪讓與封禪新考》，《東嶽論叢》第 20 卷第 1 期，1999 年 1 月，第 95 頁。

〔註5〕〔漢〕許愼撰，〔清〕段玉裁注：《說文解字注》，第 100 頁上。

〔註6〕朱小豐：《論禪讓制度》，《社會科學研究》，2003 年第 3 期，第 125～130 頁。

用天命」〔註7〕，欲使之踐帝位，即禪位於四岳也。四岳以己德鄙，不堪帝位之任而推辭不受。帝堯乃命眾臣不論貴賤尊卑，不拘一格推舉合適的人才，眾臣乃向帝舉薦虞舜。帝堯問眾臣舜是何等樣人？四岳告訴帝說：舜是一個瞎老頭的兒子，「父頑，母囂，象傲」，生活在一個環境十分惡劣的家庭之中，然舜能和以孝，厚治其身，不至於姦惡，自脩其身。帝聞舜能脩其身，於是決定試用考察他。

> 女于時，觀厥刑於二女。釐降二女于嬀汭，嬪于虞。帝曰：「欽哉！」慎徽五典，五典克從；納于百揆，百揆時敘；賓于四門，四門穆穆；納于大麓，烈風雷雨弗迷。帝曰：「格汝舜，詢事考言，乃言底可績，三載，汝陟帝位。」舜讓于德，弗嗣。正月上日，受終于文祖。

舜既能脩身，帝堯試舜，先妻之以二女，考察他是否可以「齊家」。「舜飭下二女於嬀汭，如婦禮」（《史記・五帝本紀》），施法度於帝之二女以齊家。帝堯感到很滿意，於是進一步試舜治國之事。先使之典五常之教，父義、母慈、兄友、弟恭、子孝，無有違教；次使之入處百揆，官無廢事；再使之賓迎四方諸侯來朝者，皆有美德。舜既能治國，復驗之以天命，納之於大麓，風雨不迷，陰陽和調。考察三年，謀事考言，舜皆可致功，於是堯知舜可以為帝，乃命舜踐帝位。舜推讓一番，於「正月上日，受終于文祖」。

「舜讓于德弗嗣」一語，《史記》作「舜讓於德不懌」（《五帝本紀》）。集解引徐廣曰：「《今文尚書》作『不怡』。怡，懌也。」索隱曰：「古文作『不嗣』，今文作『不怡』，怡即懌也。謂辭讓於德不堪，所以心意不悅懌也。」〔註8〕怡或作「台」，「不台」有兩義：「以薄德不為百姓所說，為遜讓之詞，六字作一句讀，是一義；請更擇有德，不以有天下為榮，『舜讓于德』一句，『不台』一句，又一義。」〔註9〕其實《蔡傳》已經指出，今本「舜讓于德弗嗣」一語亦有兩種理解：一曰「讓于有德之人也」，一曰「謙遜自以其德不足為嗣也」〔註10〕。于省吾先生認為「台」假借為「斁」，「《詩傳》斁，厭也。

---

〔註7〕　注1「集解」引「鄭玄曰」，〔漢〕司馬遷撰，〔宋〕裴駰集解，〔唐〕司馬貞索隱，〔唐〕張守節正義：《史記》第一冊，第22頁。

〔註8〕　注13，〔漢〕司馬遷撰，〔宋〕裴駰集解，〔唐〕司馬貞索隱，〔唐〕張守節正義：《史記》第一冊，第23頁。

〔註9〕　〔清〕王先謙撰：《尚書孔傳參正》上冊，第76頁。

〔註10〕　〔宋〕蔡沈注：《書經集傳》，第4～5頁。

『舜讓于德弗嗣』者，讓應讀『贊襄』之襄，于猶以也，言舜以德贊襄而不厭也。」〔註11〕

此處一個更重要的問題是「受終于文祖」一句當作何理解。帝堯明確提出來讓舜「陟帝位」，《堯典》既云「舜讓于德弗嗣」，卻緊接著又曰「正月上日，受終于文祖」。「受終于文祖」者當指舜，毫無疑問。但舜「受終于文祖」是什麼意思呢？是推讓一番接受了帝堯的要求登上了帝位嗎？「禪讓」的程序是否至此已經完成？從下文的記載來看，舜於此時應該沒有正式稱帝，帝堯也沒有退位。下文曰：「二十有八載，帝乃殂落。」帝指帝堯。「殂落」，死也（《說文·歺部》、《爾雅·釋詁》）。是堯崩之時尚保留著「帝」的身份，而舜不得亦同時稱帝。孔子曰：「天無二日，民無二王。」（《孟子·萬章上》）既然舜至堯崩之時且未踐帝位，那麼「受終于文祖」一句又當如何理解呢？

《史記》曰：「於是帝堯老，命舜攝行天子之政，以觀天命。」曰：「堯立七十年得舜，二十年而老，令舜攝行天子之政，薦之於天。」曰：「舜入于大麓，烈風雷雨不迷，堯乃知舜之足授天下。堯老，使舜攝行天子政，巡狩。舜得舉用事二十年，而堯使舜攝政。攝政八年而堯崩。三年喪畢，讓丹朱，天下歸舜。」（《五帝本紀》）按《史記》的理解，舜「受終于文祖」者，是始代堯「攝行天子之政」也。傳曰：「終，謂堯終帝位之事。」正義曰：「舜既讓而不許，乃以堯禪之明年正月上日，受堯終帝位之事於堯文祖之廟。」又曰：「受終者，堯為天子於此事終而授與舜，知終謂堯終帝位之事，終言堯終舜始也。」〔註12〕按傳與正義的說法，「終」是帝堯「終帝位之事」，而不是終帝位。舜所「受終于文祖」者，亦是於文祖之廟受堯所終「帝位之事」，即開始攝行天子事，而非受堯之帝位也。堯老而舜攝，是為後世通說。

舜既「受終于文祖」，《堯典》接著記述曰：

在璿璣玉衡，以齊七政。肆類于上帝，禋于六宗，望于山川，徧于群神。輯五瑞，既月乃日，覲四岳羣牧，班瑞于羣后。

《史記》曰：「於是帝堯老，命舜攝行天子之政，以觀天命。」（《五帝本

---

〔註11〕于省吾著：《雙劍誃尚書新證》卷一《堯典》，北京：中華書局，2009年4月，第45頁。

〔註12〕《尚書正義》卷三《舜典第二》，〔清〕阮元校刻《十三經注疏》上冊，第126頁下。

紀》）按照《史記》的說法，舜「攝行天子之政」乃是一個「觀天命」的考察階段。那麼如何「觀天命」呢？注疏多認為「在璿璣玉衡，以齊七政」，是舜欲「觀受禪是非」者（《宋書・天文一》引鄭玄語），是舜「以審己當天心與否」也。「七政」皆齊，舜知己受帝堯之禪當於天心，乃「類于上帝，禋于六宗，望于山川，徧于群神」，以攝位事告於天地山川羣神也。祭祀禮畢，又斂諸侯之「五瑞」而復班之，以與諸侯「正始」〔註13〕。綜而言之，舜既「受終于文祖」，又「觀天命」知己當受禪，乃告祭天地山川羣神，與諸侯正始，才算完成了「禪讓」的程序。雖然舜於此時尚未有天子的名義，但已於實際上「攝行天子之政」了。

不過，上述理解誠有值得商榷的地方。如上文云舜「納于大麓，烈風雷雨弗迷」，是已表明其合受天命，故而堯禪之，何必「受終于文祖」之後更「觀天命」哉？宋儒即認為「觀天命」的說法殊無道理。若林氏認為「齊七政」蓋是舜考制度以「協時月正日，同律度量衡」，為巡狩做的準備工作〔註14〕。朱子亦認為那「只是從新整理起，此是最當先理會者，故從此理會去」〔註15〕。所以蔡傳曰：「此言舜初攝位，整理庶務，首察璣衡以齊七政，蓋歷象授時所當先也。」〔註16〕無論是巡狩的準備工作，還是居攝之首政，都與考察舜受禪是否合乎天命無關了。本文第二章中對這句話的解釋，即是採用了朱子、蔡傳的意見。「類于上帝」亦不必為告攝〔註17〕，《王制》云「天子將出，類乎上帝」（《禮記》）是也。又據《大傳》，天子斂瑞班瑞所以考黜諸侯者也〔註18〕，儘管其中或因舜之初攝而帶有「正始」的性質。這樣理解亦無不妥，因為「齊七政」、祭祀、班瑞等皆是天子之事，舜能做這些事情，因實際已在「攝行天子之事」。但「攝行天子之事」畢竟不是真正登上天子之位，禪讓的程序還有最後一步沒有完成。

舜真正登上天子之位則是在堯崩之後。《堯典》曰：

> 二十又八載，帝乃殂落，百姓如喪考妣。三載，四海遏密八音。

---

〔註13〕《尚書正義》卷三《舜典第二》正義，〔清〕阮元校刻《十三經注疏》上冊，
　　　　第126頁中下、127頁上中。〔宋〕蔡沈注：《書經集傳》，第6頁。

〔註14〕〔宋〕林之奇撰：《尚書全解》卷二《舜典》，清文淵閣《四庫全書》本。

〔註15〕〔宋〕黎靖德編：《朱子語類（五）》，第1997頁。

〔註16〕〔宋〕蔡沈注：《書經集傳》，第5頁。

〔註17〕〔清〕王先謙撰：《尚書孔傳參正》上冊，第82頁。〔清〕皮錫瑞撰：《今文
　　　　尚書考證》，第49頁。

〔註18〕〔漢〕伏勝撰，〔漢〕鄭玄注，〔清〕陳壽祺輯校：《尚書大傳・唐傳・堯典》。

月正元日，舜格于文祖。

帝，帝堯。殂落，死也（《說文·歺部》、《爾雅·釋詁》）。「二十又八載，帝乃殂落」，是指舜「受終于文祖」之後二十八年，帝堯乃崩。百姓，注疏或訓為「百官」，或訓為「萬民」〔註19〕。《爾雅》曰：「父為考，母為妣。」（《釋親》）又曰：遏，「止也」；密，「靜也」（《釋詁》）八音，金、石、土、革、絲、木、匏、竹（《周禮·春官·大師》）。《史記》曰：「堯辟位凡二十八年而崩。百姓悲哀，如喪父母。三年，四方莫舉樂，以思堯。」（《五帝本紀》）「月正元日」者，鄭氏曰：「即位乃改堯正，故云『月正元日』。」〔註20〕孔傳曰：「月正，正月。元日，上日也。」「格于文祖」者，「舜服堯喪三年畢，將即政，故復至文祖廟告」。正義曰：「舜既除堯喪，以明年之月正元日，舜至於文祖之廟，告己將即正位為天子也。」〔註21〕則此下經文始稱舜曰「帝」，其命百官授職，皆踐帝阼之後事也。

根據上面的考察，對於堯之禪舜的細節，大致可以得出幾點認識：一，帝堯年老而欲禪，乃命眾臣不拘一格，公開舉薦人選；二，舜能脩身，故被舉用，成為帝位候選人；三，舜經歷一番嚴格的考察，由齊家到治國，並經受了天命的考驗；四，舜德能兼備，又合受天命，帝堯方才「禪讓」於他；五，舜「受終于文祖」只是開始攝行天子之政，並非真正登上了帝位；六，「禪讓的」完成是在帝堯崩後三年喪畢，舜真正踐阼稱帝以後。顯然，舜能脩身齊家治國是帝堯決定禪位於他的原因，既能脩身齊家治國，然後得平天下。《堯典》之外，若《左傳·文十八年》及清華簡《保訓》亦皆以舜有大功德而得紹堯緒也。由此而論，「選賢與能」（《禮記·禮運》）或曰「尊賢」正是堯之禪舜的精神實質。

堯之禪舜的細節已考之於上矣，那麼舜之禪禹的細節如何呢？雖然《尚書》中相關的篇章已佚，我們由《堯典》、《皋陶謨》中有關禹之傳說的記述，仍可推知其所以得紹舜緒者，蓋亦不外乎先脩身齊家治國然後得以平天下也，是亦體現著「尊賢」的精神實質。

---

〔註19〕顧頡剛、劉起釪著：《尚書校釋譯論》第一冊，第 188～189 頁。
〔註20〕《尚書正義》卷三《舜典第二》正義引，〔清〕阮元校刻《十三經注疏》上冊，第 126 頁下。
〔註21〕《尚書正義》卷三《舜典第二》，〔清〕阮元校刻《十三經注疏》上冊，第 130 頁上。

## （二）先秦文獻中的「讓國」傳說

傳說中堯舜「禪讓」的事蹟發生於三代以前，自夏以降「父死子繼」與「兄終弟及」成爲正式的君位傳承制度。文獻中不見三代有「禪讓」的傳說，但卻記載著一些諸侯公子「讓國」的事蹟，那麼「讓國」與「禪讓」之間有沒有關係呢？爲了比較的方便，先依堯舜「禪讓」的細節界定「讓國」的基本要件：一是須有「讓」與「受」的兩方，二是將屬於自己的「國」主動自願地讓與他人。按照這個界定，吳太伯和仲雍、伯夷和叔齊、邾婁叔術、宋公子茲父、楚公子啓等皆是殷周之際以至春秋時期「讓國」的典範，而若宋公子弗父何、公子目夷、曹公子臧、鄭公子去疾、吳公子季札、楚公子申、衛公子郢辭而不受，宋宣公、穆公兄終弟及，魯隱公、衛叔武「攝政」監國皆不得謂「讓國」矣〔註22〕。

### 1. 太伯、仲雍「讓國」

太伯，經傳又作「大伯」或「泰伯」。太伯、仲雍皆是周大王之子，《左傳》、《國語》中都有大伯「逃立」（《左傳·閔元年》、《國語·晉語一·十六年公作二軍》）或「不嗣」（《左傳·僖五年》）的記述。孔子曰：「泰伯，其可謂至德也已矣！三以天下讓，民無得而稱焉。」（《論語·泰伯》）泰伯之時周尚爲小邦，孔子云其「三以天下讓」者，蓋就泰伯讓季歷傳至文武終有天下而言。「三讓，謂固遜也。」〔註23〕經傳止云太伯讓季歷，其次還有仲雍之讓，《史記·吳太伯世家》記述其事尤詳：

> 吳太伯，太伯弟仲雍，皆周太王之子，而王季歷之兄也。季歷賢，而有聖子昌，太王欲立季歷以及昌，於是太伯、仲雍二人乃犇荊蠻，文身斷髮，示不可用，以避季歷。季歷果立，是爲王季，而昌爲文王。太伯之犇荊蠻，自號句吳。荊蠻義之，從而歸之千餘家，立爲吳太伯〔註24〕。

---

〔註22〕 阮芝生先生認爲「讓」有「讓與」和「辭讓」二義，故將宋宣公、宋公子目夷、曹公子臧、鄭公子去疾、吳公子季札、楚公子申、衛公子郢等亦算作「眞心讓國」者。見阮芝生：《論禪讓與讓國——歷史與思想的再思考》，《中央研究院第二屆國際漢學會議論文集：歷史與考古組》上冊，臺北：中央研究院，1989 年 6 月，第 500 頁。

〔註23〕 〔宋〕朱熹撰：《論語集注》卷四《泰伯第八》，〔宋〕朱熹撰《四書章句集注》，第 102 頁。

〔註24〕 學術界對於太伯、仲雍是否逃到江東建立了吳國有不同意見，如許倬雲先生傾向於認爲太伯到達江東建立了勾吳，楊寬先生則認爲太伯、仲雍建立了虞

太伯、仲雍、季歷是周太王的三個兒子，太伯與仲雍長於季歷，而弟季歷賢，其子昌聖，太王欲傳國於季歷以及昌，故太伯與仲雍逃之。從這段記述可以得出有關太伯、仲雍「讓國」的四點認識：一，「立適以長不以賢」（《公羊傳‧隱元年》），太伯、仲雍應依次優先於季歷繼有周邦；二，太王欲立季歷以及昌，是以太伯、仲雍逃之以讓季歷；三，太伯、仲雍、季歷同是周太王之子，太伯、仲雍所讓者弟也；四，太伯、仲雍其時並非已做了周邦的君主，所讓與季歷者只是繼承周邦的資格。

### 2. 伯夷、叔齊讓國

伯夷、叔齊是孤竹國的公子，孔子贊頌他們「不念舊惡，怨是用希」（《論語‧公冶長》）；「求仁得仁」（《述而》）；「不降其志，不辱其身」（《微子》）。《莊子》曰：「世之所謂賢士，伯夷叔齊。伯夷叔齊辭孤竹之君而餓死於首陽之山，骨肉不葬」（《盜跖》）。伯夷、叔齊「讓國」的傳說，亦以《史記》記述最詳：

> 伯夷、叔齊，孤竹君之二子也。父欲立叔齊，及父卒，叔齊讓伯夷。伯夷曰：「父命也。」遂逃去。叔齊亦不肯立而逃之。國人立其中子。於是伯夷、叔齊聞西伯昌善養老，盍往歸焉。及至，西伯卒，武王載木主，號爲文王東伐紂。伯夷、叔齊叩馬而諫曰：「父死不葬，爰及干戈，可謂孝乎？以臣弑君，可謂仁乎？」左右欲兵之。太公曰：「此義人也。」扶而去之。武王已平殷亂，天下宗周，而伯夷、叔齊恥之，義不食周粟，隱於首陽山，采薇而食之。及餓且死，作歌，其辭曰：「登彼西山兮，采其薇矣。以暴易暴兮，不知其非矣。神農、虞、夏忽焉沒兮，我安適歸矣？於嗟徂兮，命之衰矣！」遂餓死於首陽山。（《伯夷列傳》）

伯夷、叔齊是孤竹君二子，伯長叔幼，孤竹君欲立叔齊，伯夷讓於叔齊，及孤竹君死而叔齊復讓於伯夷，結果二子皆不肯立而逃去。二子「讓國」的情形與吳太伯、仲雍有許多相似之處：第一，伯長叔幼，按制度伯夷應優先於叔齊繼有孤竹；第二，孤竹君欲立叔齊，故伯夷不肯違父志而逃去；第三，

---

國（位於今山西平陸以北），吳應是虞的分支，可能是周公東征以後所分封（許倬雲著：《西周史（增訂本）》，北京：生活‧讀書‧新知三聯書店，1994年12月，第86～89頁。楊寬著：《西周史》，上海：上海人民出版社，2004年4月，第62～63頁）。本章此處在於考察「讓國」與「禪讓」的異同，與太伯、仲雍逃至何處沒有緊要關係，故仍從傳統文獻記述。

伯夷、叔齊皆是孤竹君之子，亦是兄弟相讓也；第四，伯夷、叔齊其時尚未繼位，他們相讓與者亦只是繼承孤竹的資格。

### 3. 邾婁叔術讓國

據《公羊傳》的記載，魯孝公幼時有邾婁顏公淫於魯宮以納賊，孝公因養母得以不死而訴諸天子，天子為孝公誅顏以立叔術，其文曰：

> 天子為之誅顏而立叔術，反孝公于魯。顏夫人者，嫗盈女也，國色也。其言曰：「有能為我殺殺顏者，吾為其妻。」叔術為之殺殺顏者，而以為妻，有子焉謂之盱。夏父者，其所為有於顏者也。盱幼而皆愛之，食必坐二子於其側而食之。有珍怪之食，盱必先取足焉。夏父曰：「以來，人未足而盱有餘。」叔術覺焉，曰：「嘻！此誠爾國也夫！」起而致國于夏父。夏父受而中分之，叔術曰：「不可。」三分之，叔術曰：「不可。」四分之，叔術曰：「不可。」五分之，然後受之。（《昭三十一年》）

周天子為孝公誅邾婁顏而立叔術，叔術已為邾婁之君而後讓之。叔術所以讓國與夏父者，乃是因夏父是邾婁顏公之子，按照「父死子繼」的世襲制度，夏父固當立為邾婁之君也。「叔術者，邾婁顏公之弟也，或曰羣公子。」「羣公子謂庶弟也。」〔註25〕則叔術之讓夏父，雖非如太伯、仲雍和伯夷、叔齊之兄弟間相讓，卻也是家族內部的讓與。

### 4. 宋公子茲父讓國

宋公子茲父即宋襄公，因庶兄公子目夷仁賢，故欲讓之：

> 宋公疾，大子茲父固請曰：「目夷長且仁，君其立之。」公命子魚，子魚辭曰：「能以國讓，仁孰大焉？臣不及也，且又不順。」遂走而退。（《左傳·僖八年》）

公子茲父為大子，以庶兄公子目夷長且仁，故欲讓國與目夷。公子目夷以大子能「讓國」為大仁，且又為適，故辭不受。可見宋公子茲父是因賢而讓，然其讓與者仍不外乎兄弟之間。其時公子茲父尚為大子，故所謂「讓國」亦只是讓與的繼國之資格，而非如邾術以君而讓者也。

### 5. 楚公子啟讓國

楚公子啟又名公子閭，其「讓國」的事蹟見於《左傳》，《史記》亦記有

---

〔註25〕 《春秋公羊傳注疏》卷二十四《昭三十一年》注疏，〔清〕阮元校刻《十三經注疏》下冊，第2331頁上。

此事而文稍異，蓋傳說異辭也。茲依次臚列如下：

> 秋七月，楚子在城父，將救陳。卜戰不吉，卜退不吉。王曰：「然則死也。再敗楚師，不如死。棄盟逃讎，亦不如死。死一也，其死讎乎！」命公子申為王，不可。則命公子結，亦不可。則命公子啟，五辭而後許。將戰，王有疾。庚寅，昭王攻大冥，卒于城父。子閭退曰：「君王舍其子而讓羣臣，敢忘君乎？從君之命，順也。立君之子，亦順也。二順不可失也。」與子西、子期謀，潛師閉塗，逆越女之子章，立之而後還。（《左傳・哀六年》）

> 昭王病甚，乃召諸公子大夫曰：「孤不佞，再辱楚國之師，今乃得以天壽終，孤之幸也。」讓其弟公子申為王，不可。又讓次弟公子結，亦不可。乃又讓次弟公子閭，五讓，乃後許為王。將戰，庚寅，昭王卒於軍中。子閭曰：「王病甚，舍其子讓羣臣，臣所以許王，以廣王意也。今君王卒，臣豈敢忘君王之意乎！」乃與子西、子綦謀，伏師閉塗，迎越女之子章立之，是為惠王。（《史記・楚世家》）

由上述兩段文字的記述來看，楚公子啟「讓國」的情形有似乎邾婁叔術，以章為昭王之子，父死子繼而讓之也。亦是叔之讓姪，屬於家族內部的讓與。不同之處在於公子啟並非做了楚王後再讓之，而是讓與了繼為楚王的資格，是同於太伯、伯夷所讓者。

綜上所述，可以看出諸侯公子「讓國」的事蹟存在著差異，也存在著重要的共同之處。就彼此的差異而論：「讓國」的動機或原因不同，吳太伯、仲雍和伯夷是為了順父之志，叔齊當是基於「立適以長」的考量，邾婁叔術和楚公子啟是信守「父死子繼」的傳承制度，只有宋公子茲父才是因賢而讓，彼此之間存在較大的差異。「讓國」行為的結果也不一樣，若吳太伯和仲雍、邾婁叔術、楚公子啟皆「讓國」成功，伯夷、叔齊皆逃去，宋公子茲父最後仍繼立為宋公。相同之處則是：雖名曰「讓國」，諸公子所讓與的實際上只是一個繼國的資格，惟邾婁叔術是以國君身份而讓者。諸公子的「讓國」行為皆發生於兄弟或叔姪之間，皆在「世襲制」的範圍之內，主要是體現了「讓國」者個人「謙讓」道德品格。顯然，「讓國」與以「尊賢」為基本精神「禪讓」之間存在著本質的區別。明白了這一點，下面考察堯舜「禪讓」傳說的演變才不致於偏離方向。

## 二、堯舜「禪讓」傳說的興起

　　文獻中不見三代有「禪讓」的事蹟，亦不見在孔子以前有對堯舜「禪讓」傳說的專門討論。若清華簡《保訓》篇記述舜受堯緒之事，只是要闡明「用中」的意義〔註26〕。《左傳・文十八年》記述舜繼堯爲天子，則是強調舜的功績。第一節已經說明，《堯典》是記述堯舜「禪讓」細節的最早文獻，不過堯舜「禪讓」只是其中「知人」「官人」的一項具體行政，絲毫看不出《堯典》有強調「禪讓」的色彩。《堯典》是孔子編撰並以教弟子〔註27〕，孔子於《堯典》中不去渲染堯舜「禪讓」的特殊性，但與弟子的答問中無可亦無必回避對這一重大問題的討論。自孔子以降，文獻中對於堯舜「禪讓」傳說的稱述增多起來，由孔子經七十子、子思子、墨子以至《容成氏》的形成，可以視作是堯舜「禪讓」傳說逐步興起的過程，當然也是「禪讓說」逐步興起的過程。那麼這是個怎樣的過程呢？

### （一）孔子對堯舜「禪讓」的態度

　　堯舜「禪讓」傳說中體現的「尊賢」精神顯然契合孔子的思想主張，孔子在《堯典》中詳細地記載下了這個傳說的全部過程，即在某種程度上代表了孔子對待這個傳說的態度，至少他沒有批評或否定的意思。而在上博簡《子羔》和《禮記・禮運》篇中，孔子對於堯舜傳說、「大同」與「小康」社會的討論，則更明白地流露出甚至表達了他對於「禪讓」的眞實態度。

　　目前學術界對《子羔》篇的寫成年代尚無定論，文章顯然不會是孔子或子羔親自寫定，但也沒有證據表明它是後世的依託〔註28〕。《上海博物館藏戰國楚竹書（二）》中有馬承源先生對《子羔》篇作的釋文，又有一些學者對釋文與編連提出了修正意見。此處採用裘錫圭先生重新訂正的釋文，姑先抄錄

---

〔註26〕《保訓》釋文，李學勤主編《清華大學藏戰國竹簡（壹）》下冊，第 143 頁。

〔註27〕顧頡剛、劉起釪著：《尚書校釋譯論》第一冊，第 381～384 頁。

〔註28〕如裘錫圭先生即懷疑：「《子羔》篇不像是子羔跟孔子問答的實錄，應該是作者借孔子之口鼓吹尚賢和禪讓的一篇作品。」彭裕商先生則認爲《子羔》與郭店楚簡《唐虞之道》都是儒家内部鼓吹「禪讓」的那一派的作品。但他們都沒有或不能爲自己的懷疑和判斷提出明確的證據。見裘錫圭：《新出土先秦文獻與古史傳說》，裘錫圭著《中國出土古文獻十講》，上海：復旦大學出版社，2004 年 12 月，第 30 頁。彭裕商：《禪讓說源流及學派興衰——以竹書〈唐虞之道〉、〈子羔〉、〈容成氏〉爲中心》，《歷史研究》，2009 年第 3 期，第 4～15 頁。

如下〔註29〕：

　　子羔問於孔子曰：參王者之乍也，皆人子也，而其父賤而不足偶也與〔註30〕？抑亦成天子也與？孔子曰：善，而問之也。久矣，其莫……也，觀於伊而得之，娠三年而畫於背而生，生而能言，是禹也。契之母，有娀氏之女也，遊於瑤臺之上，有鷞銜卵而措諸其前，取而吞之，娠三年而畫於膺，生乃呼曰：「欽！」是卨也。后稷之母，有邰氏之女也，遊於串咎之内，終見芺攸而薦之，乃見人武，履以祈禱曰：帝之武。尚使……是后稷之母也。參王者之乍也如是。
子羔曰：然則參王者孰爲……

　　……曰：有虞氏之樂正宫宯之子也。子羔曰：何故以得爲帝？孔子曰：昔者而弗世也，善與善相受也，故能治天下，平萬邦，使亡有小大肥磽〔註31〕，使皆得其社稷百姓而奉守之。堯見舜之德賢，故讓之。子羔曰：堯之得舜也，舜之德則誠善與？抑堯之德則甚明與？孔子曰：均也。舜齒於童土之田，則……之童土之黎民也。孔子曰：……吾聞夫舜其幼也，敏以學詩，其言……或以文而遠。堯之取舜也，從諸卉茅之中，與之言禮，説專……和。故夫舜之德其誠賢矣，播諸畎畝之中而使君天下而稱〔註32〕。子羔曰：如舜在今之世則何若？孔子曰：亦紀先王之遊道，不逢明王，則亦不大使。孔子曰：舜其可謂受命之民矣。舜，人子也，而參天子事之。〔註33〕

　　一些學者認爲《子羔》篇是鼓吹「禪讓」的作品〔註34〕，這是否符合實

---

〔註29〕 此處只抄錄釋讀的文字並省去簡號，闕損文字以「……」代替，兼採用他説者出注説明。

〔註30〕 「賤而」之「而」據上博簡釋文補。馬承源：《子羔》，馬承源主編《上海博物館藏戰國楚竹書（二）》，上海：上海古籍出版社，2002 年 12 月，第 193頁。

〔註31〕 「肥磽」據上博簡釋文。馬承源：《子羔》，馬承源主編《上海博物館藏戰國楚竹書（二）》，第 184 頁。

〔註32〕 「播」字據上博簡釋文。馬承源：《子羔》，馬承源主編《上海博物館藏戰國楚竹書（二）》，第 192 頁。

〔註33〕 裘錫圭：《談談上博簡〈子羔〉篇的簡序》，裘錫圭著《中國出土古文獻十講》，第 325～326 頁。裘先生訂正此篇「釋文」，也採用了許多其他學者的研究成果，裘先生的文中皆有説明，此處不再一一出注。

〔註34〕 裘錫圭、彭邦本、彭裕商、艾蘭等學者即持此觀點，分別見裘錫圭《新出土

際呢？需要根據它的具體內容才能做出正確地判斷。可以很清楚地看出，《子羔》篇分為前後兩個部分，其實是子羔向孔子請教了兩個問題：第一個問題是「參王」的身世，第二個問題是舜「何故以得為帝」。由上下文來看，第二問題很可能是由第一個問題所引發出來。所以，從全篇文字來看，《子羔》絕非是一篇專門談論堯舜「禪讓」的作品。再就涉及堯舜「禪讓」的文字來看，子羔主要是問舜「何故以得為帝」，而孔子的回答也主要是稱頌舜的德行，「舜之德其誠賢矣」，故帝堯禪之天下而參天子事之。可見，《子羔》中記述堯之禪舜的文字也主要是表達「明德尊賢」的思想，而非鼓吹「禪讓」。《子羔》篇不是鼓吹「禪讓」的作品，孔子亦沒有在與子羔的答問中鼓吹「禪讓」。

《子羔》篇沒有鼓吹「禪讓」，但從孔子的言辭之中仍可以清晰地感覺到他對於堯舜「禪讓」的贊賞與嚮往之情。孔子曰：「昔者而弗世也，善與善相受也，故能治天下，平萬邦，使亡有小大肥磽，使皆得其社稷百姓而奉守之。」「善與善相受」而天下治平，那該是一個多麼美好的社會呀！然曰「昔者」，是今已非矣，言辭之中無不歎婉之意。其實，在孔子與子羔的答問中也隱含了「禪讓」能否在當下實現的問題。子羔問：「堯之得舜也，舜之德則誠善與？抑堯之德則甚明與？」孔子曰：「均也。」蓋孔子認為堯之禪舜必須具備兩個條件：既須舜之德「誠善」，亦須堯之德「甚明」。故子羔問：「如舜在今之世則何若？」孔子乃曰：「不逢明王，則亦不大使。」考孔子之意，蓋以「今之世」無「明王」，「禪讓」的事情很難發生。「明王」可以再逢嗎？孔子沒有明確否定那種可能，或許那在他「大平世」的理想之中〔註35〕，但「今之世」似無以再逢矣。

孔子已經認識到「明王」之世與「今之世」是兩種性質不同的社會，已經認識到「明王」之世向「今之世」的社會變遷，而傳承制度與社會性質密

<hr>

先秦文獻與古史傳說》、彭邦本《先秦禪讓傳說新探——傳世文獻與出土資料的綜合考察》、彭裕商《禪讓說源流及學派興衰——以竹書〈唐虞之道〉、〈子羔〉、〈容成氏〉為中心》、艾蘭《楚竹書〈子羔〉與早期儒家思想的性質》諸文。

〔註35〕 《公羊傳》何注有衰亂、升平、大平三世之說（《春秋公羊傳注疏》卷一《隱元年》，〔清〕阮元校刻《十三經注疏》下冊，第2200頁中），康南海曰：「孔子撥亂升平，託文王以行君主之仁政，尤注意太平，託堯舜以行民主之太平。」（〔清〕康有為撰：《孔子改制考》卷十二《孔子改制法堯舜文王考》，民國《萬木草堂叢書》本）

切相關，所以「今之世」實行「禪讓」的條件已經不存在。這一點可以從《禮記·禮運》篇中孔子對於「大同」與「小康」的議論中看得更爲清楚：

> 孔子曰：「大道之行也，與三代之英，丘未之逮也，而有志焉。大道之行也，天下爲公，選賢與能，講信脩睦，故人不獨親其親，不獨子其子，使老有所終，壯有所用，幼有所長，矜寡孤獨廢疾者皆有所養。男有分，女有歸。貨，惡其弃於地也，不必藏於己；力，惡其不出於身也，不必爲己。是故謀閉而不興，盜竊亂賊而不作，故外戶而不閉，是謂大同。今大道既隱，天下爲家，各親其親，各子其子，貨力爲己，大人世及以爲禮。城郭溝池以爲固，禮義以爲紀。以正君臣，以篤父子，以睦兄弟，以和夫婦，以設制度，以立田里，以賢勇知，以功爲己。故謀用是作，而兵由此起。禹湯文武成王周公，由此其選也。此六君子者，未有不謹於禮者也。以著其義，以考其信，著有過，刑仁講讓，示民有常。如有不由此者，在執者去，眾以爲殃，是謂小康。」

「天下爲公」和「天下爲家」是對「大同」與「小康」是兩種社會性質的描述，注疏解「天下爲公」是「禪位授聖不家之」，「天下爲家」是「傳位於子」〔註36〕，未免失之偏頗。「天下爲公」之世「選賢與能」，正是堯舜「知人」之政，包括「禪讓」的傳說在其中。在孔子的描述中，那個「選賢與能」的「公天下」社會十分美好，認爲那是一個「大道之行」的時代，但事實是已經成爲過去。「今大道既隱」是爲「小康」社會，「天下爲家」，「大人世及以爲禮」，即父死子繼或兄終弟及。生活於這個「家天下」社會中就必須遵守它的「世及」之禮，「禹湯文武成王周公由此其選也」，「如有不由此者，在執者去，眾以爲殃」。孔子論述這種制度變遷，實際是表明堯舜的「禪讓」已不可能在「今之世」實現。孔子本人順應或曰認可這種制度變遷，也認可「禪讓」向「傳子」的轉變，曰：「唐虞禪，夏后、殷、周繼，其義一也。」（《孟子·萬章上》）「義者，宜也。」（《中庸》）

存世文獻中孔子討論堯舜「禪讓」的記載僅此而已，但其態度已表露的十分明白：贊賞甚至嚮往傳說中的堯舜「禪讓」，但不奢望於當世去實現它。孔子對於堯舜「禪讓」的這種態度，與他「祖述堯舜，憲章文武」的思想學術路徑

---

〔註36〕 《禮記正義》卷二十一《禮運第九》注疏，〔清〕阮元校刻《十三經注疏》下冊，第 1414 頁上、中。

完全一致。或以孔子爲「記述禪讓」者，不無道理〔註 37〕。孔子之於堯舜「禪讓」，應該主要是取其「尊賢」之精神。不過，孔子對於堯舜「禪讓」的贊賞之辭，也隱含甚至彰顯出他對於「世襲」制度的批評。尤其是他把「選賢與能」和「大道之行」關聯起來，「大人世及以爲禮」與「大道既隱」關聯起來，對於兩種制度的褒貶顯見。這一褒一貶的態度，尤其是對堯舜「禪讓」傳說中體現的「尊賢」精神的推崇與表章，爲堯舜「禪讓」傳說的進一步宣揚埋下了伏筆。

孔子對於堯舜「禪讓」的態度必然於一定程度上決定了七十子及子思子等儒家第二代第三代學者對於堯舜「禪讓」的態度，孔子不鼓吹「禪讓」，七十子以及子思子等儒家的第二代第三代的學者亦當不會鼓吹禪讓，至少在目前傳世與出土的文獻中還找不到這樣的證據。不過到了子思子的時代，堯舜「禪讓」傳說所體現的「尊賢」精神大幅度張揚，同時興起的墨子學說更是變「尊賢」爲「尚賢」，堯舜「禪讓」傳說成爲墨學鼓吹「尚賢」主義的典型歷史案例。

### （二）墨子「尚賢」與墨家「鉅子」制度

#### 1. 墨子的「尚賢」主義

據說墨子曾「學儒者之業，受孔子之術」（《淮南子‧要略訓》）。無論此說眞假，戰國學術濫觴於孔門，在當時孔門弟子遍布列國的背景下，墨子無論如何也不可能完全擺脫孔子及儒家的影響。儒家「道堯舜」，墨子亦「道堯舜」，儒家稱《詩》《書》，墨子亦稱《詩》《書》，儒家倡「泛愛」「尊賢」，墨子倡「兼愛」「尚賢」，這其間顯然都有一種繼承的關係〔註 38〕。不過墨子出於儒而反儒，不僅對儒家的一些主張予以直接的批判，即那些繼承儒家的方面也要生出不同來。

儒家主張「尊賢」而不曰「尚賢」，意味著在儒家的思想主張中與「賢」相對的「親」也有重要的位置。在儒家的思想體系裏，「親親」與「尊賢」是完全統一的，所以他們在「祖述堯舜」的同時也可以「憲章文武」，「從周」的同時也可以贊美堯舜，認同宗法世襲制的前提下也可表章堯舜「禪讓」所體現的「尊賢」精神。但到了墨子那裏，儒家思想體系中許多本來是統一的

---

〔註 37〕 彭裕商：《禪讓說源流及學派興衰——以竹書〈唐虞之道〉、〈子羔〉、〈容成氏〉爲中心》，《歷史研究》，《歷史研究》，2009 年第 3 期，第 11 頁。

〔註 38〕 任繼愈先生對此有類似的看法。見任繼愈著：《墨子與墨家（增訂版）》，北京：商務印書館，1998 年 12 月，第 18 頁。

主張被割裂了,「愛親」與「愛眾」截然對立起來,「親親」與「尊賢」截然對立起來,所以墨子倡「兼愛」,倡「尚賢」。

墨子極力鼓吹他的「尚賢」主義,曰:「尚欲祖述堯舜禹湯之道,將不可以不尚賢。」(《墨子‧尚賢上》)蓋墨子認為堯舜禹湯之道就是「尚賢」,「甚尊尚賢,而任使能」(《尚賢中》)是堯舜禹湯文武王天下的法門,「堯有舜,舜有禹」以及禹、湯、武王皆舉賢而致「天下和,庶民阜」(《尚賢下》)。墨子特別注意到了「堯有舜」所體現的「尚賢」精神,不僅在於堯舉舜為臣的層面上,更在於堯禪舜的層面上,因此特別將之作為「尚賢」的典型案例:

> 故古者堯舉舜於服澤之陽,授之政,天下平;禹舉益於陰方之中,授之政,九州成。(《尚賢上》)

> 古者舜耕歷山,陶河瀕,漁雷澤,堯得之服澤之陽,舉以為天子,與接天下之政,治天下之民。(《尚賢中》)

> 是故昔者舜耕於歷山,陶於河瀕,漁於雷澤,灰於常陽,堯得之服澤之陽,立為天了,與接天下之政,治天下之民。(《尚賢下》)

《尚賢》三篇是墨家三派所傳墨子「尚賢」思想的不同記錄〔註39〕,文字略有差異而基本內容一致。墨子稱述堯之禪舜的傳說,乃是要說明古之聖王皆以「尚賢」為「為政」之本,堯能「尚賢」,舉舜立為天子故而「天下平」。言中之意不僅是說舜之「賢」,更重要地是強調帝堯能「尚賢」。根據墨子的稱述,舜「耕於歷山,陶於河瀕,漁於雷澤,灰於常陽」,顯然是一介布衣,而帝堯竟舉而授之政,立為天子,難道還有比這樣的「尚賢」更高尚更值得讚揚更令人嚮往的事例嗎?將這樣的傳說作為鼓吹「尚賢」的歷史依據和典型案例,必然增加「尚賢」主義的誘惑力和說服力。

但墨子似乎並沒鼓吹「禪讓」的意思在其中,他認為堯舜有天下皆是因為「兼愛」「尚賢」,「尊天事鬼」而「天鬼賞之」(《尚賢中》)。更重要者,墨子是在向王公大人鼓吹他的「尚賢」主義,其目的只是希望王公大人君人民,主社稷,治國家能「修保而勿失」,他的「尚賢」的內容,亦只是「聽其言,跡其行,察其所能而慎予官」,「可使治國者使治國,可使長官者使長官,可使治邑者使治邑」(《尚賢中》),上不過為卿相,下只是關市澤林之長而已。所以,從墨子的著述來看,他並沒有明確宣揚或鼓吹「禪讓」的意思。不過在墨家的組織中實行鉅子制度,非世襲而是任賢,其可稱為「禪讓」乎?

---

〔註39〕任繼愈著:《墨子與墨家(增訂版)》,第22頁。

## 2. 墨家「鉅子」制度

　　墨子的學派有著嚴密的組織，組織的首領稱爲「鉅子」或曰「巨子」。《莊子》云墨徒「以巨子爲聖人，皆願爲之尸，冀得爲其後世，至今不決」（《天下》）。顧頡剛先生認爲墨家鉅子制度是「禪讓」的「小規模的試驗」——鉅子「是墨家中最賢的人，掌了生殺的大權」，管理墨家全部徒黨，有如無冕帝王，「他去職時，由他選擇一位最賢的同志，把位子讓給他」，鉅子制度正如堯之禪舜〔註 40〕。方授楚先生考證墨家鉅子制度是終身制，墨子本人爲第一任鉅子，禽滑釐爲第二任鉅子，「迨至孟勝至少爲第三任之鉅子矣」〔註 41〕。方氏以墨子、禽滑釐爲第一、二任鉅子只是推測，今墨家鉅子於文獻可考者止見孟勝、田襄子、腹䵍三人。

　　那麼鉅子制度是否是對「禪讓」的試驗呢？且看文獻記載：

　　　　墨者鉅子孟勝，善荊之陽城君，陽城君令守於國，毀璜以爲符，約曰：「符合聽之。」荊王薨，羣臣攻吳起，兵於喪所，陽城君與焉，荊罪之。陽城君走，荊收其國。孟勝曰：「受人之國，與之有符，今不見符，而力不能禁，不能死，不可。」其弟子徐弱諫孟勝曰：「死而有益陽城君，死之可矣；無益也，而絕墨者於世，不可。」孟勝曰：「不然。吾於陽城君也，非師則友也，非友則臣也，不死，自今以來，求嚴師必不於墨者矣，求賢友必不於墨者矣，求良臣必不於墨者矣。死之，所以行墨者之義，而繼其業者也。我將屬鉅子於宋之田襄子，田襄子，賢者也，何患墨者之絕世也！」徐弱曰：「若夫子之言，弱請先死以除路。」還歿頭前於孟勝。因使二人傳鉅子於田襄子。孟勝死，弟子死之者百八十。三人以致令於田襄子〔註 42〕，欲反死孟勝於荊。田襄子止之曰：「孟子已傳鉅子於我矣，當聽。」遂反死之。墨者以爲不聽鉅子不察，嚴罰厚賞不足以致此。（《呂氏春秋‧離俗覽‧上德》）

〔註40〕　顧頡剛：《禪讓傳說起於墨家考》，呂思勉、童書業編著《古史辨（七）》下冊，
　　　　　第 50～52 頁。

〔註41〕　方授楚著：《墨學源流》，上海：中華書局、上海書局聯合出版，1989 年 2 月，
　　　　　第 118 頁。

〔註42〕　「三」或當屬上句，此處脫「二」字；或「三」是「二」之誤；或上文「二」
　　　　　是「三」之誤。（許維遹撰：《呂氏春秋集釋》下冊，北京：中華書局，2009
　　　　　年 9 月，第 522 頁）

　　墨者有鉅子腹䵍居秦，其子殺人。秦惠王曰：「先生之年長矣，非有他子也，寡人已令吏弗誅矣，先生之以此聽寡人也。」腹䵍對曰：「墨者之法曰：『殺人者死，傷人者刑。』此所以禁殺傷人也。夫禁殺傷人者，天下之大義也，王雖爲之賜，而令吏弗誅，腹䵍不可以不行墨者之法。」不許惠王而遂殺之。子，人之所私也，忍所私以行大義，鉅子可謂公矣。（《呂氏春秋・孟春紀・去私》）

　　由上述兩處記載來看，鉅子確實是墨家中的「賢者」，鉅子制度確實是「傳賢」，十分符合墨子「尚賢」的主張。但是，與其將鉅子制度看作是「禪讓」的「試驗」，不若看作是對「尚賢」主義的踐行。鉅子的傳承顯然沒有堯之禪舜那樣的慎重過程，孟勝傳鉅子於田襄子實際上是其一人的意志，既沒有徵詢其他墨徒的意見，也沒有像堯考察舜那樣對田襄子的能力進行具體的考察。此足見墨家鉅子權力之大，非止於無冕的帝王，有甚於堯舜那眞正的帝王。鉅子在墨家組織中有至高的權威，正符合墨子「尚同」的思想。也許，墨家鉅子的設置主要還不是爲了踐行其「尚賢」「尚同」的主張，而更多地是出於維繫墨家組織存續的考慮，孟勝之傳田襄子即不使墨者「絕世」也。

　　其實，墨徒踐行「尚賢」的主張也不理想。《去私》章云「墨者有鉅子腹䵍居秦」，則墨家鉅子非唯一乎？墨子死後「墨分爲三」，當非只有一鉅子也。又《莊子》曰：「相里勤之弟子五侯之徒，南方之墨者苦獲、已齒、鄧陵子之屬，俱誦《墨經》，而倍譎不同，相謂別墨；以堅白同異之辯相訾，以觭偶不仵之辭相應；以巨子爲聖人，皆願爲之尸，冀得爲其後世，至今不決。」（《天下》）蓋墨徒中存在分歧，若苦獲、已齒、鄧陵子之屬各自爲賢，皆爭爲鉅子，已非墨子「尚賢」本義，更非堯舜「禪讓」之義矣。

　　墨子沒有宣揚「禪讓」的意圖，墨家的鉅子制度亦非「禪讓」，但墨子及墨徒鼓吹「尚賢」主義例舉堯舜「禪讓」傳說的做法，在「尚賢」風氣日熾的大背景下，必然刺激了堯舜「禪讓」傳說的進一步宣揚。

### （三）《容成氏》中的「古史」

　　上博簡《容成氏》是一篇大致形成於戰國中期中前葉的文獻〔註43〕，它

〔註43〕 裘錫圭先生推測《容成氏》的作者不會遲於孟子；彭邦本認爲《容成氏》是戰國中期的文獻；彭裕商先生認爲《容成氏》產生於戰國中期以前，至少流行於戰國中期。分別見裘錫圭：《新出土秦文獻與古史傳說》，裘錫圭著《中國出土古文獻十講》，第32頁。彭邦本：《先秦禪讓傳說新探──傳世文獻與出土資料的綜合考察》，四川大學博士論文，2006年12月，第27頁。彭裕商：

以「授賢」向「授子」制度的演變爲線索，記述了上古以至周武王的古史傳說。經整理，《容成氏》共存五十三簡〔註44〕，本文綜合學術界的研究成果重訂其簡序爲：1～3，35B，4～7，43，9～11，13～14，8，12，23，15，24～30，16～22，31，33～34，32，35A，38～41，36～37，42，44～53〔註45〕，竹簡編號仍舊。按照「授賢」與「授子」制度的不同，可以將《容成氏》記述的「古史」劃分爲兩個時期，簡34記啓「攻益自取」是兩個時期發生轉換的一個節點。下面就來詳細考察其內容。

1. 「授賢」時期

按照簡文，「傳賢」時期又可以分爲三個部分，第一部分包括1～3簡：

> ……盧氏、赫胥氏、喬結氏、倉頡氏、軒轅氏、神農氏、祝融（？）氏、𤅫𨔶氏之有天下也，皆不授其子而授賢，其惠酋清，而上愛下，而一其志，而寢其兵，而官其材。於是乎喑聾執燭，矇瞽鼓瑟，跛躃守門，侏儒爲矢，長者懸鎛，僂者攻數，癭者煮鹽，疣者漁澤，瑕棄不癈。凡民罷羸者，教而誨之，飲而食之，思役百官而月請之。故當是時也，亡并……〔註46〕

李零先生認爲第一簡前當脫一簡，作「昔者訟成是、□□是、□□是、□□是、□□是、□□是、□□是、□□是、□□是、□□是、□□是、□□是、□□是、尊」〔註47〕。如此，則這一部分內容共提到二十一位「古帝」，有的見於傳世文獻記載，有的不見於傳世文獻記載。按照《容成氏》的說法，這二十一位「古帝」有天下「皆不授其子而授賢」，故「其惠酋清，而上愛下，而一其志，而寢其兵，而官其材……」這大概即是孔子所描述的「天下爲公」

《禪讓說源流及學派興衰——以竹書〈唐虞之道〉、〈子羔〉、〈容成氏〉爲中心》，《歷史研究》，2009年第3期，第4～15頁。

〔註44〕李零：《容成氏》，馬承源主編《上海博物館藏戰國楚竹書（二）》，第247～293頁。以下《容成氏》引文，如無特殊說明，皆據李氏釋讀

〔註45〕陳劍：《上博簡〈容成氏〉的竹簡拼合與編連問題小議》，朱淵清、廖名春主編《上博館藏戰國楚竹書研究續編》，上海：上海書店，2004年7月，第327～334頁。白於藍：《〈上博簡（二）〉〈容成氏〉編連問題補議》，《華南師範大學學報（社會科學版）》第4期，2004年8月，第91～94、105頁。

〔註46〕引文只抄錄釋讀的文字並省去簡號，闕損文字以「……」代替。祝融（？）、懸鎛、罷羸，據單育長釋讀。瑕棄，據周鳳五釋讀。分別見：單育長：《新出楚簡〈容成氏〉研究》，北京：中華書局，第25、26頁。周鳳五：《楚簡文字零釋》，苗栗第一屆應用出土資料國際學術研討會會議論文，2003年4月。

〔註47〕李零：《容成氏》，馬承源主編《上海博物館藏戰國楚竹書（二）》，第250頁。

的社會，「授賢」就是「選賢與能」，「而上愛下，而一其志，而寢其兵」云云同於「講信修睦」，「喑聾執燭，矇瞽鼓瑟，跛躃守門」云云蓋指才盡其用，各有所養。無疑，這段「不授其子而授賢」的歷史時期就是「大道之行」的「大同」之世。

第二部分包括簡 35B，4～5 和第 6 簡開頭六字，其文如下：

……氏之有天下，厚愛而薄斂焉，身力以勞百姓……於是乎不賞不罰，不刑不殺，邦無飢人，道路無殤死者。上下貴賤，各得其所，四海之外賓，四海之內貞。禽獸朝，魚鱉獻，有無通。匡天下之政十又九年而王天下，三十又七年而歿終。

第 6 簡「歿終」以下記述帝堯的傳說，按照先秦文獻記載帝堯之前至少尚有黃帝、顓頊、帝嚳三位「古帝」，那麼簡 35B 前後應該有脫簡。從上述殘存的文字中看不出它記述的是哪位「古帝」，其位於帝堯之前者當帝嚳耶？其云「匡天下之政十又九年而王天下」，蓋如《堯典》所記帝舜之事，先攝政而後踐天子位乎？考其政治，則云邦無飢人，道無殤死，貴賤各得其所，四海升平，蓋亦以賢者有天下之效耶？其事當詳於上述二十一帝，可惜文字已經損佚。

第三部分包括第 6 簡「歿終」以下部分，簡 7，43，9～11，13～14，8，12，23，15，24～30，16～22，31 和第 33 簡「是以為名」以上的文字，主要記述了堯、舜、禹治理天下和立為天子的傳說。文字更詳，惟錄其要者：

昔堯處於丹府與藋陵之間，堯賤施而時時，賞不勸而民力[註48]，不刑殺而無盜賊，甚緩而民服。於是乎方百里之中，率天下之人就，奉而立之，以為天子。……會在天地之間，而包在四海之內，畢能其事，而立為天子。堯乃為之教曰：「自內焉，余穴窺焉，以求賢者而讓焉。」堯以天下讓於賢者，天下之賢者莫之能受也。萬邦之君皆以其邦讓於賢……□□□賢者，而賢者莫之能受也。於是乎天下之人，以堯為善興賢，而卒立之。

昔舜耕於鬲丘，陶於河濱，漁於雷澤，孝養父母，以善其親，乃及邦子。堯聞之而美其行。堯於是乎為車十又五乘，以三從舜於畎畝之中。……聽不聽。堯有子九人，不以其子為後，見舜之賢也，而欲以為後。

---

〔註48〕 賞，據李零先生釋文。李零：《容成氏》，馬承源主編《上海博物館藏戰國楚竹書（二）》，第 254 頁。

> ……舜聽政三年，山陵不疏，水潦不涾，乃立禹以爲司工。……
> 舜乃老，視不明，聽不聰。舜有子七人，不以其子爲後，見禹之賢
> 也，而欲以爲後。禹乃五讓以天下之賢者，不得已，然後敢受之。

按照簡文，堯之爲天子是天下之人奉而立之，然帝堯之前無天子乎？考簡文又云堯「以天下讓於賢者，天下之賢者莫之能受」，然後天下之人「卒立之」，下文舜禹受禪皆先讓而後受之，則堯亦當有所受也。筆者疑記述堯的文字有較多損佚，蓋前帝禪位於堯，堯讓天下之賢者而「天下之賢者莫之能受」，於是萬民擁戴而終踐天子之位也。舜、禹立爲天子的經過皆比較詳細。舜亦賢明，堯爲天子而舉舜，老而禪焉。舜爲天子舉禹，禹賢能治水，舜亦老而禪焉。堯、舜、禹以賢能爲天子，故與前面的二十一位「古帝」一樣皆將天下治理的很好。但是，禹沒有能成功「傳賢」，歷史由此發生了重大變化。

2.「傳子」時期

禹子啓破壞了「授賢」制度，開創了「授子」制度的歷史時期。這個重大轉折見於第 33 簡「禹有子五人」以下之文和簡 34 的記述：

> 禹又有子五人，不以其子爲後，見皋陶之賢也，而欲以爲後。
> 皋陶乃五讓以天下之賢者，遂稱疾不出而死。禹於是乎讓益，啓於
> 是乎攻益自取。

按照簡文的說法，禹其實亦是要「授賢」底，先讓於皋陶，皋陶「稱疾不出而死」，於是又讓於益。但禹子啓竟「攻益自取」，「以賢爲後」變成了「以子爲後」，從此「授賢」制度被「授子」制度取代，歷史進入了一種不同的形態。禹之讓賢，皋陶「稱疾不出而死」，子啓「攻益自取」，未免爲世人「留下許多想像空間」〔註49〕。後世多有以不能「授賢」責備禹者，然此處簡文似並無責備禹的意思，亦非考辨啓如何「自取」，而只是用了了幾字說明傳承制度的這種轉變，爲下面歷史的治象張本。

簡 32，35A，38～41，36～37，42 以至簡 44～53，皆記「三代」歷史。啓既「攻益自取」，開始了「授子」的時代，從此再無發生「不授子而授賢」的事情。雖云「授子」，實不能萬世一系。簡文曰：「啓王天下十又六世而桀作〔註50〕，桀不述其先王之道」，窮兵黷武，奢靡驕淫，於是有湯興而滅之。

---

〔註49〕 陳麗桂：《談〈容成氏〉的列簡錯置問題》，朱淵清、廖名春主編《上博館藏戰國楚竹書研究續編》，第 343 頁。
〔註50〕 世，李零先生釋文本作「年」。蓋謂「啓王天下十又六世而桀作」，作「年」

湯滅桀而立爲天子,非因「授子」亦非「授賢」,而是通過「革命」的手段。但湯通過「革命」的手段立爲天子後仍是襲用了「授子」的制度。同樣,殷亦蹈夏轍,「湯王天下三十又一世而紂作,紂不述其先王之道」,驕淫奢侈,民不堪命,於是文王、武王興而滅之。簡文止於武王「素甲以陳於殷郊」,下面應闕佚了許多文字,從傳世文獻的記載來看,武王以「革命」手段立爲天子後亦襲用「授子」制度,周同樣也沒有避免後世子孫衰敗的命運。

《容成氏》在記述二十一帝曰「皆不授其子而授賢」,記堯傳舜曰「有子九人,不以其子爲後,見舜之賢也,而欲以爲後」,記舜傳禹曰「有子七人,不以其子爲後,見禹之賢也,而欲以爲後」,記禹之欲禪亦曰「又有子五人,不以其子爲後,見皋陶之賢也,而欲以爲後」云云,皆刻意強調「不授其子」,將兩種制度作比較的意圖十分明顯。從簡文可以很清楚地看出,在禹之前「皆不授其子而授賢」的制度下,社會長治久安,政治長期清明,而在啓實行「不授賢而授其子」以後,社會一治一亂,政治陷入了治亂循環。相形之下,「授賢」與「授子」制度的优劣顯而易見。這可能是對於孔子在《禮記·禮運》篇中觀點的發揮,而更以「歷史的事實」作爲依據。「授賢」即是「禪讓」,對「禪讓」的推崇已內化到「古史」書寫的範式之中,似足以表明「禪讓」傳說在當時已經有了比較廣泛的傳播,並已經在當時的思想學術上產生了深刻的影響。

## 三、「禪讓說」與禪讓事件

從《容成氏》的書寫範式可以看出,授賢「禪讓」必然導致政治清明已成爲一種比較普遍的「歷史」認識,在這種認識下很容易將戰國的紛亂視作世襲制度帶來的惡性循環,那麼爲了擺脫戰亂的局面而將「禪讓」作爲一種達於太平的路徑,於思想學術上加以鼓吹並進一步付諸政治實踐,也就是自然的事情了。郭店楚簡《唐虞之道》可能是繼《容成氏》之後鼓吹「禪讓」的典型文獻,蓋爲戰國中後葉幾次「禪讓」嘗試的理論先導。無奈幾次「禪讓」嘗試多只是停留在口頭上,若燕王噲「禪讓」則最終演變爲一場嚴重的政治災難。下面即分三個部分考察「禪讓說」的理論內容及其實踐嘗試。

不可通。第四十二簡云「湯王天下三十又一世而受作」可證。兩簡「世」字似爲異體,其釋讀者誤爲「秊」乎?李銳先生亦認爲「年」當作「世」,35A簡端殘劃似「啓」。見李銳:《上博館藏楚簡(二)初箚》,「簡帛研究」网站,2003年元月5日:http://www.jianbo.org/wssf/2003/lirui01.htm。

## （一）《唐虞之道》中的「禪讓說」

郭店楚簡《唐虞之道》是一篇以「借史發揮」的形式直接鼓吹「禪讓」的文獻，它的寫成應不遲於戰國中期後葉的「燕噲禪讓事件」〔註 51〕，但亦不會太早，更不會是孔子或七十子或子思子的作品〔註 52〕。從學術思想演進的羅輯來看，《唐虞之道》的思想應是對於《容成氏》的發展，所以將其創作時間斷在戰國中期〔註 53〕，具體一點說，斷在戰國中期中後葉之際比較合適。《唐虞之道》全篇按內容共分為六個部分，依託堯舜「禪讓」的傳說系統闡發了「禪讓」的思想主張。茲據李零先生的校讀並參考其他學者的考釋成果〔註 54〕，一一考察它的內容〔註 55〕。

第一部分開宗明義，立下了全篇的思想基調：

　　　唐虞之道，禪而不傳。堯舜之王，利天下而弗利也。禪而不傳，
聖之盛也。利天下而弗利也，仁之至也。古昔賢仁聖者如此。身窮
不貪，沒而弗利，窮仁矣。必正其身，然後正世，聖道備矣。故唐
虞之〔道，至〕也〔註 56〕。

「唐」是帝堯有天下之號，「虞」是帝舜有天下之號，「唐虞」即指堯舜。「禪」即「禪讓」，「上德授賢之謂也」。「傳」指傳子。孔子曰：「唐虞禪，夏后殷周繼，其義一也。」（《孟子・萬章上》）王，是王天下之義。「利天下而

---

〔註 51〕　周鳳五先生推測《唐虞之道》「極可能出自孟子或其後學之手」，顯然不符合
　　　　　史實。見周鳳五：《郭店楚墓竹簡〈唐虞之道〉新釋》，《中央研究院歷史語言
　　　　　研究所集刊》第七十本第三分，民國八十八年九月，第 746 頁。
〔註 52〕　廖名春先生認爲《唐虞之道》是孔子的作品，彭邦本推測它「很可能出自七
　　　　　十子之手」，姜廣輝先生推斷它是子思子所作。分別見廖名春：《郭店楚墓竹
　　　　　簡與先秦儒學》，廖名春著《新出楚簡試論》，台北：台灣古籍出版有限公司，
　　　　　2001 年 5 月，第 15～44 頁。彭邦本：《先秦禪讓傳說新探——傳世文獻與出
　　　　　土資料的綜合考察》，四川大學博士論文，第 20 頁。姜廣輝：《郭店楚簡與〈子
　　　　　思子〉——兼談郭店楚簡的思想史意義》，《中國哲學》第二十輯，瀋陽：遼
　　　　　寧教育出版社，1999 年 1 月，第 82～83 頁。
〔註 53〕　丁四新著：《郭店楚墓竹簡思想研究》，第 382 頁。
〔註 54〕　李零著：《郭店楚簡校讀記》，北京：北京大學出版社，2002 年 3 月，第 95～
　　　　　99 頁。兼採他説者隨注説明。
〔註 55〕　引文只抄錄釋讀的文字並省去簡號，闕損文字可以確知字數者以「□」表示，
　　　　　不能確知字數者以「……」代替，研究者擬加的文字用〔 〕，下同。
〔註 56〕　〔道，至〕，據范毓周《郭店楚簡〈唐虞之道〉的釋文、簡序與分章》補，見「簡
　　　　　帛研究」网站，2002 年 2 月 11 日：http://www.jianbo.org/Wssf/2002/fanyuzhou
　　　　　03.htm。

弗利」，蓋指堯舜王天下在於爲天下興利除害，而非以天下爲己利。第二章中已經考明，堯舜之政治在於「安民」（《尚書‧皐陶謨》）。《國語‧魯語上》曰：「堯能單均刑法以儀民，舜勤民事而野死。」（《海鳥曰爰居》）堯舜「禪而不傳」，皆不以「天下之病」而利其子（《史記‧五帝本紀》），是「利天下而弗利」的最高表現。此處聖、仁當指郭店楚簡《五行》篇中的兩種德行，曰：「聞而知之，聖也」；「知而安之，仁也」〔註57〕。作者對「禪而不傳」和「利天下而弗利」的行爲評價甚高，認爲那是「聖之盛」，是「仁之至」，並認爲上古「賢仁聖者」皆是如此——其實就是「大同」之世「天下爲公」的圖景（《禮記‧禮運》）。「身窮不貪」之「窮」當如「君子固窮」之「窮」（《論語‧衛靈公》），是境遇窮困之義。「窮仁」之「窮」當《說文》之義，曰「極也」（《穴部》）。「窮仁矣」，「聖道備矣」之句是對「聖之盛」，「仁之至」兩句的進一步解說。堯舜能「窮仁」而「聖道備」，故曰其道「至也」。這一部分是全篇的主旨，作者就是要宣揚「禪讓」與「公天下」的主張。

　　第二部分述聖人所以教民有尊、有親、有敬、有孝、有弟、有順，蓋爲第三部分的理論闡發作鋪墊。第三部分論述「愛親」與「尊賢」的關係，主要是說明「禪讓」與「公天下」的正當性：

　　　　堯舜之行，愛親尊賢。愛親故孝，尊賢故禪。孝之殺，愛天下之民。禪之流，世亡隱德〔註58〕。孝，仁之冕也；禪，義之至也。六帝興於古，皆由此也。愛親忘賢，仁而未義也。尊賢遺親，義而未仁也。古者虞舜篤事瞽盲，乃戴其孝；忠事帝堯，乃戴其臣。愛親尊賢，虞舜其人也。禹治水，益治火，后稷治土，足民養〔也；契〕□□禮，夔守樂，遜民教也；咎繇入用五刑，出式兵革，罪輕法□□□□用威，夏用戈，征不服也。愛而正之，虞夏之治也。禪而不傳，義恒□治也〔註59〕。

　　孔子曰：「仁者人也，親親爲大；義者宜也，尊賢爲大；親親之殺，尊賢之等，禮所生也。」（《中庸》）「親親」即「愛親」，「愛親」與「尊賢」皆是

〔註57〕　李零著：《郭店楚簡校讀記》，第79頁。

〔註58〕　殺、流，據劉釗先生釋讀。見劉釗著：《郭店楚簡校釋》，第148頁。

〔註59〕　「〔也；契〕」以下據周鳳五先生釋讀，惟其中「愛而正之」之「正」和「禪而不傳」之「傳」據劉釗先生釋讀。分別見周鳳五：《郭店楚墓竹簡〈唐虞之道〉新釋》，《中央研究院歷史語言研究所集刊》第七十本第三分，第740頁。劉釗著：《郭店楚簡校釋》，第149頁。

儒家的主張，二者不是矛盾而是統一的關係。《唐虞之道》認爲「愛親」所以孝，「尊賢」所以禪。「殺，差也。」〔註60〕流，流布也。「孝之殺」、「禪之流」，蓋云將「孝」與「禪」的精神擴展出去，那便是「愛天下之民」，世間便不會有賢人被埋沒。所以「孝」是仁之冠，「禪」是義之至，正合於上面孔子表達的意思。「愛親」與「尊賢」不可分離，「愛親忘賢」是「仁而未義」，「尊賢遺親」是「義而未仁」。「六帝」之興皆由能「愛親尊賢」，堯舜尤是其典型，並特別舉了虞舜的傳說以爲憑據。「家天下」的局面下「大人世及以爲禮」，將「愛親」放在了第一位。此處將「愛親」與「尊賢」統一起來，是從理論上對於「世及」之禮的否定。

第四部分稱述堯禪舜的傳說，以明「利天下而弗利」之義：

> 巽乎脂膚血氣之情，養性命之正，安命而弗夭，養生而弗傷。知〔養性命〕之正者，能以天下禪矣〔註61〕。古者堯之與舜也：聞舜孝，知其能養天下之老也；聞舜弟，知其能事天下之長也；聞舜慈乎弟〔象□□，知其能〕爲民主也。故其爲瞽盲子也，甚孝；及其爲堯臣也，甚忠；堯禪天下而授之，南面而王天下，而甚君。故堯之禪乎舜也，如此也。古者聖人廿而冠，三十而有家，五十而治天下，七十而致政，四肢倦惰，耳目聰明衰，禪天下而授賢，退而養其生。此以知其弗利也。

「巽乎脂膚血氣之情，養性命之正，安命而弗夭，養生而弗傷」，強調的是全生養性的意義。這一點，可能是受了當時楊朱思想的影響。作者認爲，知「養性命之正」的意義，所以「能以天下禪」。《堯典》記帝堯「在位七十載」而求禪，上博簡《容成氏》云堯舜禹老而求禪，文字雖異，大致皆是「七十而致政」之義也。《容成氏》云「視不明，聽不聰」，此處云「四肢倦惰，耳目聰明衰」，斯皆所以「致政」也。「致政」可以傳子，此處獨云「禪天下而授賢」，蓋承第三部分的論述而言。「禪讓」然後「退而養其生」，是以知聖人不以天下爲利。於此，「禪而不傳」與「利天下而弗利」亦統一起來。

第五部分當已是全篇的結論：

---

〔註60〕《禮記正義》卷二十《文王世子第八》「親親之殺也」注，〔清〕阮元校刻《十三經注疏》下冊，第 1409 頁中。

〔註61〕「巽乎……能以天下禪矣」一句據周鳳五先生釋讀，見周鳳五：《郭店楚墓竹簡〈唐虞之道〉新釋》，《中央研究院歷史語言研究所集刊》第七十本第三分，第 741 頁。

　　古者堯生於天子而有天下〔註62〕，聖以遇命，仁以逢時，未嘗遇〔賢。雖〕秉於大時，神明均從，天地佑之，縱仁聖可舉，時弗可及矣。夫古者舜處於草茅之中而不憂，登爲天子而不驕。處草茅之中而不憂，知命也。登爲天子而不驕，不專也。求乎大人之興，美也。今之戴於德者，微年不戴，君民而不驕，辛王天下而不疑。方在下位，不以匹夫爲輕，及其有天下也，不以天下爲重。有天下弗能益，無天下弗損，極仁之至，利天下而弗利也。禪也者，上德授賢之謂也。上德則天下有君而世明，受賢則民興教而化乎道〔註63〕。不禪而能化民者，自生民未之有也。

　據《五帝德》和《帝繫》，堯是帝嚳之子，故云「生於天子而有天下」。堯爲天子，是「聖以遇命，仁以逢時」，故曰「〔雖〕秉於大時，神明均從，天地佑之，縱仁聖可舉，時弗可及矣」。其特別強調「時」的重要性，可能是源自《窮達以時》的思想。舜能「素其位而行」（《中庸》），處草茅之中而「知命」，登爲天子而「不專」。孟子曰：「舜之飯糗茹草也，若將終身焉；及其爲天子也，被袗衣，鼓琴，二女果，若固有之。」（《孟子·盡心下》）作者由此進一步指出，其「戴於德」者「不以匹夫爲輕」，「不以天下爲重」。「不以匹夫爲輕」，「不以天下爲重」故而「有天下弗能益，無天下弗損」。孔子曰：「巍巍乎！舜禹之有天下也，而不與焉。」（《論語·泰伯》）茲即「利天下而弗利」之義。「利天下而弗利」所以「上德授賢」，「上德授賢」所以世明而民化。所以，在作者看來，只有「上德授賢」才能化民，「不禪而能化民者，自生民未之有也」。

　　最後一部分曰：

　　　《虞詩》曰：「大明不出，萬物皆揞。聖者不在上，天下必壞。」

　　治之至，養不肖；亂之至，滅賢。仁者爲此進……如此也。〔註64〕

　　「大明，日也。」〔註65〕揞，「滅也」，「荊楚曰揞」（《方言》卷六）。「在上」，當指爲天子而言。《虞詩》說：「太陽不出，則萬物皆滅；聖人不爲天子，則天下必壞。」天下治理的最高境界，是不肖之人亦有所養；世道衰亂的最

〔註62〕　「生於」之「於」，據劉釗先生釋讀。見劉釗著：《郭店楚簡校釋》，第149頁。
〔註63〕　興教，據劉釗先生釋讀。見劉釗著：《郭店楚簡校釋》，第149頁。
〔註64〕　這一部分據劉釗先生釋讀。見劉釗著：《郭店楚簡校釋》，第150頁。
〔註65〕　《禮記正義》卷二十四《禮器第十》「大明生於東」注，〔清〕阮元校刻《十三經注疏》下冊，第1441頁上。

壞情況，則是毀滅賢者。下面的話有損佚，可能是說仁者爲天下能得以治理而出來做事，非以天下爲己利，故「禪而不傳」也。此處引《虞詩》以凸顯聖人爲天子的重要，而欲使聖人在位，必須「禪而不傳」，進一步強化了「禪讓」的主張。

　　由《唐虞之道》的內容可以看出，它大致從三個層面闡述了「禪讓」的主張：首先是從「愛親」與「尊賢」的層面，認爲「愛親」所以「尊賢」，擴充「愛親」之心則利天下，「尊賢」之至則禪；其次是從「養性命之正」的層面，認爲「養性命之正」必老而「致政」，老而「致政」是不以天下爲利，不以天下爲利故「禪而不傳」；最後是從治理效果的層面，認爲只有聖人爲天子才能「世明」「民化」，得出唯有「上德授賢」才能平治天下的結論。儘管《唐虞之道》論述的邏輯十分不嚴密，甚至可以說存在錯亂，一些論據和結論之間並不存在必然關係，但其觀點還是十分鮮明的，那就是認爲只有「禪而不傳」才能實現天下的優良治理。毫無疑問，《唐虞之道》是一篇鼓吹「禪讓」的理論著述。

　　學術界多認爲《唐虞之道》是儒家的作品〔註66〕，上面的考察也顯示其內容確與儒家有許多淵源，然其云不禪便不能「化民」，是直接抹殺禹湯文武的功德，豈儒者所當言？不過由其主張「愛親」與「尊賢」的統一看，也不可能是墨家的作品。與其勉強將《唐虞之道》歸入某一學派，不若說它以儒家思想爲主，同時也吸收了其他學派的理論比較合適〔註67〕。其實，先秦學術本非畛域森嚴，學者不必皆有家派。那麼《唐虞之道》到底是由什麼人寫成的呢？裘錫圭先生注意到《管子‧戒》篇的一些內容與《唐虞之道》有相似之處，並認爲《戒》篇襲用了《唐虞之道》的思想和內容〔註68〕。考《戒》篇在「內言」，當形成於稷下初期，即戰國中期中葉之時〔註69〕，那麼則不是《戒》篇的內容襲自《唐虞之道》，而應是《唐虞之道》繼承或發揮了《戒》篇的思想。《唐虞之道》的作者蓋亦與稷下有關，或曾遊學於稷下，是一位具

〔註66〕這方面的文獻很多，惟在參考文獻部分詳細列出。彭裕商先生對此也有簡要的綜述，見其《禪讓說源流及學派興衰——以竹書〈唐虞之道〉、〈子羔〉、〈容成氏〉爲中心》一文。

〔註67〕羅新慧：《〈容成氏〉、〈唐虞之道〉與戰國時期禪讓學說》，《齊魯學刊》總第177期，2003年第6期，第105頁。

〔註68〕裘錫圭：《讀〈郭店楚墓竹簡〉箚記三則》，裘錫圭著《中國出土古文獻十講》，第283～285頁。

〔註69〕鞏曰國：《〈管子〉成書與流傳研究》，山東大學博士論文，2004年4月。

有復古傾向的學者，他可能是希望通過「禪讓」的途徑改變當時戰亂不休的局面。

### （二）戰國中期的「禪讓」事件

郭店楚簡《唐虞之道》的出現，爲「禪讓說」提供了理論基礎，也表明「禪讓說」在當時已經形成一定的影響。這種影響不僅表現在學術思想層面，且已直接影響到了實際政治。文獻中記有秦孝公、魏惠王、燕王噲「禪讓」的傳說，秦孝公、魏惠王的「禪讓」只是停留於口頭上，燕王噲則實實在在地將「禪讓」付諸行動。下面就來詳細考察這幾次「禪讓」的情形。

### 1. 秦孝公禪商鞅的傳說

秦孝公禪商鞅的傳說見於《戰國策・秦一・商鞅亡魏入秦》章：

> 衛鞅亡魏入秦，孝公以爲相，封之於商，號曰商君。商君治秦，法令至行，公平無私，罰不諱強大，賞不私親近。法及太子，黥劓其傅。朞年之後，道不拾遺，民不妄取，兵革大強，諸侯畏懼。然刻深寡恩，特以強服之耳。孝公行之八年，疾且不起，欲傳商君，辭不受。

高誘云：「『傳』猶『禪』也。『傳』或作『傅』也。」〔註70〕本章第一節中已經考明，「禪」表示受命更姓之義，孝公不傳子而傳商鞅，即所謂「禪讓」也。秦孝公欲禪商鞅，蓋以商鞅治秦有功，能使秦「道不拾遺，民不妄取，兵革大強，諸侯畏懼」也。從這一點來看，秦孝公之禪商鞅有似於堯之禪舜、舜之禪禹也。秦孝公爲什麼會產生「禪讓」的想法呢？考秦孝公卒於公元前 338 年〔註71〕，其時已是戰國中期中後葉之際，人心方受「禪讓說」的浸淫，秦孝公蓋亦受此學說影響也。商鞅沒有接受秦孝公的「禪讓」，或者他清楚在那個時代「禪讓」已沒有了實現的基礎吧。不過，秦孝公欲禪的表示，卻可能成爲了商鞅日後被車裂的一個重要原因。傅，「相也」（《說文・人部》）。其時秦未設相，蓋以大良造當他國之相耶〔註72〕？然據《史記・商君列傳》，孝公將卒時商鞅已相秦十年，不當更相之。故或作「傅」者，當「傳」之誤也。

---

〔註70〕 注 16，〔西漢〕劉向集錄，范祥雍箋證，范邦瑾協校《戰國策箋證》上冊，上海：上海古籍出版社，2006 年 12 月，第 139 頁。
〔註71〕 楊寬著：《戰國史料編年輯證》卷八「周顯王三十一年」，第 384 頁。
〔註72〕 楊寬著：《戰國史料編年輯證》卷八「周顯王三十一年」，第 386 頁。

## 2. 魏惠王禪惠子的傳說

魏惠王禪惠子的傳說見於《呂氏春秋・審應覽・不屈》章：

> 魏惠王謂惠子曰：「上世之有國，必賢者也。今寡人實不若先
> 生，願得傳國。」惠子辭。王又固請曰：「寡人莫有之國於此者也，
> 而傳之賢者，民之貪爭之心止矣。欲先生之以此聽寡人也。」惠子
> 曰：「若王之言，則施不可而聽矣。王固萬乘之主也，以國與人猶尚
> 可。今施，布衣也，可以有萬乘之國而辭之，此其止貪爭之心愈甚
> 也。」

惠施相魏當在魏馬陵之敗（公元前 340 年）後〔註73〕，魏惠王云惠施賢
者，蓋以惠子解魏之困（《戰國策・魏二・齊魏戰於馬陵》）乎？魏惠王曰「上
世之有國，必賢者也」，蓋其必聞「禪讓」之說，或竟讀過《容成氏》、《唐虞
之道》那樣的文獻。魏惠王曰「禪讓」所以止民「貪爭之心」，惠子辭而不受
以為「止貪爭之心愈甚也」。其實魏惠王自己是一個十分貪婪的人，在位期間
四出攻伐，前後「五十戰而二十敗，所殺者不可勝數，大將、愛子有禽者」
（《呂氏春秋・審應覽・不屈》），將魏文侯、武侯兩代積累的尊賢紅利消耗淨
盡，使得魏國國勢大衰。魏惠王之禪惠子，只不過欲竊堯舜之名，然不知堯
舜所以稱其名者。《呂氏春秋・審應覽・不屈》章又曰：

> 惠王謂惠子曰古之有國者「必賢者也」，夫受而賢者，舜也，是
> 欲惠子之為舜也；夫辭而賢者，許由也，是惠子欲為許由也；傳而
> 賢者，堯也，是惠王欲為堯也。堯、舜、許由之作，非獨傳舜而由
> 辭也，他行稱此。今無其他，而欲為堯、舜、許由，故惠王布冠而
> 拘於鄄，齊威王幾弗受；惠子易衣變冠，乘輿而走，幾不出乎魏境。
> 凡自行不可以幸為，必誠。

第二章中已經詳細探討，堯舜之功德在於尊賢以安民，魏惠王不思尊賢
以安民，窮兵黷武而欲通過「禪讓」以邀堯舜之名，無疑於緣木求魚，孟子
對魏惠王之政亦多有批評（《孟子・梁惠王上》）。魏惠王治而不知所以為治，
故有「布冠而拘於鄄」之事〔註74〕。惠施去魏在魏惠王後元十三年（公元前

〔註73〕 錢穆著：《先秦諸子繫年》九三《惠施仕魏考》，北京：商務印書館，2005 年
1 月，第 327 頁。

〔註74〕 此事在魏惠王三十五年，當公元前 335 年。見楊寬著：《戰國史料編年輯證》
卷八「周顯王三十四年」，第 393～396 頁。

322 年）〔註75〕，因與張儀之爭而見逐，楚不敢受而納之宋（《戰國策·楚三·張儀逐惠施於魏》）。「易衣變冠，乘輿而走，幾不出乎魏境」，極言惠施去魏之狼狽也。惠施相魏在馬陵之役後，為魏擺脫當時的困局出了不少的力，然終不能扭轉魏之衰勢，蓋亦不知所以為治者也，故諸子譏之。

《戰國策》還記載了一則犀首以「禪讓」說張儀而逐史舉的事情。張儀逐惠施相魏之後，史舉非犀首於魏惠王。犀首欲窮之，謂張儀曰：「請令王讓先生以國，王為堯舜矣。而先生弗受，亦許由也。衍請因令王致萬戶邑於先生！」（《魏二·史舉非犀首於王》）張儀聽了很高興，因令史舉數見犀首，魏惠王因此不再信用史舉，史舉不得不去魏。犀首竟能以說惠王「禪讓」為辭博取了張儀的信任，可見魏惠王愛慕堯舜「禪讓」是多麼的著名，亦可見「禪讓說」在當時是多麼地興盛！其時已是魏惠王後元十四年（公元前 321 年）前後〔註76〕，不幾年又有燕王噲禪子之，引起一場嚴重的政治動盪。

### 3.燕王噲「禪讓」事件

秦孝公、魏惠王之禪尚停留於口頭上，商鞅、惠子亦可謂明智，但燕王噲則沒有那麼明智與幸運，在縱橫之士與子之共同策畫的陰謀下，「禪讓」竟在燕國成為事實。但畢竟缺少現實的基礎，最終演化為燕國的一場政治動亂，並幾為齊國滅亡。《戰國策·燕一》詳細記載了這件事情：

> 燕王噲既立，蘇秦死於齊。蘇秦之在燕也，與其相子之為婚，而蘇代與子之交。及蘇秦死，而齊宣王復用蘇代。燕噲三年，與楚、三晉攻秦，不勝而還。子之相燕，貴重主斷。蘇代為齊使於燕，燕王問之曰：「齊宣王何如？」對曰：「必不霸。」燕王曰：「何也？」對曰：「不信其臣。」蘇代欲以激燕王以厚任子之也。於是燕王大信子之，子之因遺蘇代百金，聽其所使。鹿毛壽謂燕王曰：「不如以國讓子之。人謂堯賢者，以其讓天下於許由，由必不受，有讓天下之名，實不失天下。今王以國讓相子之，子之必不敢受，是王與堯同行也。」燕王因舉國屬子之，子之大重。或曰：「禹授益而以啟為吏，及老，而以啟為不足任天下，傳之益也。啟與支黨攻益而奪之天下，是禹名傳天下於益，其實令啟自取之。今王言屬國子之，而吏無非太子人者，是名屬子之，而太子用事。」王因收印自三百

〔註75〕 楊寬著：《戰國史料編年輯證》卷九「周顯王四十七年」，第 447～448 頁。
〔註76〕 楊寬著：《戰國史料編年輯證》卷十「周顯王四十八年」，第 460 頁。

石吏而效之子之。子之南面行王事，而噲老不聽政，顧爲臣，國事
皆決子之。

子之三年，燕國大亂，百姓恫怨，將軍市被、太子平謀，將攻
子之。儲子謂齊宣王因而僕之，破燕必矣。王因令人謂太子平曰：「寡
人聞太子之義，將廢私而立公，飭君臣之義，正父子之位。寡人之
國小，不足先後。雖然，則唯太子所以令之。」太子因數黨聚眾，
將軍市被圍公宮，攻子之，不克。將軍市被及百姓乃反攻，太子平、
將軍市被死。已殉國，構難數月，死者數萬眾，燕人恫怨，百姓離
意。孟軻謂齊宣王曰：「今伐燕，此文、武之時，不可失也。」王因
令章子將五都之兵，以因北地之眾以伐燕。士卒不戰，城門不閉，
燕王噲死。齊大勝燕，子之亡。二年，燕人立公子平，是爲燕昭王。
（《燕王噲既立》）

燕王噲立於公元前 321 年，次年改元，改元三年即公元前 318 年禪子之。
子之三年即燕王噲六年燕國大亂，次年即公元前三一四年齊取燕，燕王噲及
子之皆死。諸侯謀將救燕，燕人亦畔，齊不得不從燕退兵，趙武靈王納燕公
子職而立之，是爲燕昭王。其時蘇秦或剛出仕而非已死〔註77〕，其與子之「爲
婚」之說未必是眞〔註78〕，蓋《戰國策》中的資料皆遊士所記，難免有錯漏
附會之處。但這不影響燕王噲「禪讓」事件的可信性，此事在《齊二‧韓齊
爲與國》、《燕一‧初蘇秦弟厲因燕質子》章以及《孟子‧公孫丑下》、《韓非
子‧外儲說右下》等篇文獻中皆有詳略不同的記載，主要內容基本一致。

從《燕一》的記述來看，燕王噲的「禪讓」事件可以分爲四個階段：首
先聽信蘇代之說而厚任子之，其次聽信鹿毛壽之言舉國屬子之，再次聽信或
人之言將人事權亦盡付子之，最後子之南面行王事。文中云「子之南面行王
事，而噲老不聽政，顧爲臣，國事皆決子之」，可能是子之繼而稱燕王，故燕
噲顧爲臣。其實燕王噲最初並非有意「禪讓」，而只是想實現燕國的強大，故
而問齊宣王於蘇代。蘇代爲齊使燕，子之正貴重於燕而主斷，基於裙帶關係
或是爲了討好子之，乃誘使燕王噲更信重子之。以燕國之僻小，燕王噲不思
加強內政，乃欲求霸，亦見其好高騖遠不達時務，故而有鹿毛壽說燕王噲行

〔註77〕 楊寬撰：《戰國史料編年輯證》卷十「周慎靚王三年」，第 490～491 頁。
〔註78〕 如《戰國策‧燕一‧初蘇秦弟厲因燕質子而求見齊王》云「燕相子之與蘇代
婚」，而《韓非子‧外儲說右下》篇則不記「爲婚」事，只云「蘇代爲齊使燕」
或「蘇代爲秦使燕」。

「禪讓」以要堯舜之名。鹿毛壽一名潘壽，可能是當時有些名氣的一個遊士（《韓非子·外儲說右下》），觀其說燕王噲「禪讓」之語，很似於犀首之說張儀，如果不是浮淺要名之輩，就是子之收賣的同黨。所以李學勤先生疑《唐虞之道》與蘇代、鹿毛壽有關〔註79〕，未免抬舉了他們。燕王噲亦好虛名，故乃眞聽鹿毛壽之說而舉國屬子之。但此時燕國之吏仍「無非太子人者」，燕王噲雖舉國屬子之而子之實不能有燕國。於是子之又嗾使人說燕王噲收太子之吏，將人事權亦盡付子之。至此子之南面行王事，而云「噲老不聽政，顧爲臣」，已是不得不耳。

《韓非子》云燕王噲苦身憂民，「不安子女之樂，不聽鍾石之聲，內不湮汙池臺榭，外不罼弋田獵，又親操耒耨以修畎畝」（《說疑》），蓋燕王噲是誠心欲致於至治，不過竟迷信於「禪讓」可以致堯舜之功，誠亦不知堯舜所以爲堯舜者也。燕王噲信重子之，眞以子之爲賢，然考《韓非子·內儲說上》所載子之問白馬之事，則其賢亦非舜禹之賢者也。蘇代既說燕王噲信重子之，「子之因遺蘇代百金，聽其所使」，實是結黨營私。蓋鹿毛壽、或人之言皆子之所指使也。比較第一節中堯舜「禪讓」的細節可以看出，燕王噲信重子之並非建立在廣泛徵詢意見的基礎之上，也沒有經過由脩身齊家以至治國的嚴格考察程序，可以說整個「禪讓」事件不過是子之夥同遊說之士精心設計的一場政治陰謀。

子之是用權謀控制了燕國，既非有舜禹治國的才能，亦非像舜禹那樣有廣泛的民眾基礎，「百姓不戴，諸侯弗與」（《戰國策·齊二·韓齊爲與國》），所以爲政三年，燕國大亂，百姓恫怨，將軍市被與太子平謀而攻之。上面記述中「將軍市被及百姓乃反攻」一語有誤，「將軍市被及」五字當爲衍文〔註80〕，甚或「將軍市被及百姓乃反攻」十字皆衍，蓋太子平與市被圍攻子之不下，子之反攻而太子與市被皆戰死也。燕國內亂，「構難數月，死者數萬眾，燕人恫怨，百姓離意」，齊國以討伐子之爲名乘機進攻燕國，五旬舉而取之（《孟子·梁惠王下》），「禽子之而醢其身」（《汲蒙紀年》）〔註81〕，並殺燕王噲（《戰國策·燕一·初蘇秦弟屬因燕質子》），最後，在燕人的反抗和諸侯的威脅下

〔註79〕李學勤：《先秦儒家著作的重大發現》，《中國哲學》第二十輯，瀋陽：遼寧教育出版社，1999年1月，第14頁。

〔註80〕楊寬撰：《戰國史料編年輯證》卷十「周愼覝王六年」，第501頁。

〔註81〕方詩銘、王修齡：《古本竹書紀年輯證》，上海：上海古籍出版社，1981年2月，第144頁。

齊國才退兵（《孟子·梁惠王下》、《公孫丑下》），燕昭王立。燕王噲「禪讓」不僅身死爲戮，還幾亡燕國，並對戰國後期的政治形勢產生了深遠的影響。

### （三）諸侯對「禪讓」的警惕

燕王噲禪子之的結局表明，「禪讓」在戰國時期已完全沒有政治與社會的基礎，不僅太子勢力會激烈反對，百姓不會擁戴，諸侯也不能容忍。孟子曰：「子噲不得與人燕，子之不得受燕於子噲。」（《孟子·公孫丑下》）蓋在「家天下」的社會裏，「大人世及以爲禮」（《禮記·禮運》），諸侯土地人民皆受之於天子，傳之於先君，固無權力私自授與他人。燕王噲禪子之的惡果，極大地刺激了諸侯對於「禪讓」的態度，這種刺激在 1970 年代河北平山縣中山王墓出土的銘文中表達的淋漓盡致〔註82〕。

#### 1. 一號墓西庫九號鐵足大鼎銘文

一號墓西庫九號鐵足大鼎銘文是中山王𗐿於十四年所作，其文曰：

> 於虖！語不廢哉！寡人聞之，與其溺於人施，寧溺於淵。昔者燕君子噲，睿弇夫悟，長爲人宗，閈於天下之物矣，猶迷惑於子之，而亡其邦，爲天下戮，而況在於少君虖？

這段文字是銘文開始的話，也是全篇銘文的中心思想所在，「與其溺於人施，寧溺於淵」就是全篇的主旨。銘文云燕王噲睿智明察，「長爲人宗」，猶尚「迷惑於子之」，而況少君乎？表達了中山王對「少君」的擔憂，他制作銘文的用意就是告誡自己——當然也有垂訓後世的意思，要牢記燕王噲亡邦戮身的教訓，勿「溺於人施」。蓋其時中山國正面臨著少君賢相的政治格局，故中山王有如是擔憂與警誡也。中山國的這個賢相就是老賙，下面的銘文詳述了他的功德：

> 先考成王，早棄羣臣，寡人幼童未通智，惟輔母是從。天降休命於朕邦，有厥忠臣賙，克順克卑，亡不率仁，敬順天惪，以左右寡人，使知社稷之任，臣宗之義，夙夜不懈，以引導寡人。今余方壯，知天若否，命論其德，省其行，亡不順道，考度惟型。於虖，哲哉！社稷其庶乎！厥業載祗。寡人聞之，事少如長，事愚如智，

---

〔註82〕 河北省文物管理處：《河北省平山縣戰國時期中山國墓葬發掘簡報》，《文物》總 272 期，1979 年第 1 期，第 1～13 頁。個別文字據楊寬先生的釋讀，見楊寬撰：《戰國史料編年輯證》卷十「周慎靚王六年」，第 504～506 頁。

此易言而難行祢。非佸與忠,其誰能之?其誰能之?惟吾老賙是克行之。於虖,攸哉!天其有刑於茲厥邦。是以寡人惊任之邦,而去之遊,亡憿惕之慮。昔者吾先祖桓王,昭考成王,身勤社稷,行四方,以憂勞邦家。今吾老賙親率三軍之眾,以征不宜之邦,奮桴振鐸,闢啓封疆,方數百里,列城數十,克敵大邦。寡人庸其惠,嘉其力,是以賜之厥命:「雖有死辠及三世亡不赦。」以明其惠,庸其功。

中山王𰋀幼而即位,全賴老賙的忠心輔佐,今老賙又平定燕子之之亂而為中山國開疆闢土,故中山王欲賜其「雖有死辠及三世亡不赦」的恩寵。老賙「奔走不聽命」,即不接受中山王赦免三世死辠的優待。中山王不得已而許之,極贊老賙知為人臣之義,曰:「謀慮皆從,克有功智祢。辭死辠之有赦,知為人臣之義祢。」然後復誡後人,曰:「於虖,念之哉!後人其庸,庸之毋忘爾邦。」「庸之毋忘爾邦」之下云「鄰邦難親,仇人在旁」,表面上看似告誡後人要提防鄰邦讎人,但實際上它亦語接上文,是告誡後人用老賙而勿忘「臣宗之義」,不要重蹈燕王噲「禪讓」的覆轍。銘文中不嫌辭費,稱頌老賙「克順克卑,亡不率仁,敬順天惠」,「亡不順道,考度惟型」,克行忠信,「知為人臣之義」,蓋亦有暗示老賙要篤守這些德行的意味。

### 2. 一號墓西庫夔龍紋方壺銘文

老賙是中山國的相邦,一號墓西庫夔龍紋方壺銘文就是相邦賙在中山王𰋀十四年奉命所作。這篇銘文明確表達了以燕噲事件警戒嗣王的意圖,曰:「詆燕之訛,以警嗣王。」下面來詳細考察它的內容:

惟朕皇祖文武,桓祖成考,是有純德遺訓,以施及子孫用,惟朕所放。慈孝宣惠,舉賢使能,天不斁其有願,使得賢才良佐賙,以輔相厥身。余知其忠信祢,而專任之邦,是以遊夕飲食,寧有憿惕。賙竭志盡忠,以左右厥辟,不貳其心,受任佐邦,夙夜匪懈,進賢措能,亡有報息,以明辟光。適遭燕君子噲,不顧大義,不忌諸侯,而臣宗易立,以內絕召公之業,乏其先王之祭祀,外之則將使上覲於天子之廟,而退與諸侯齒長於會同,則上逆於天,下不順於人祢。寡人非之。賙曰:「為人臣而反臣其宗,不祥莫大焉。將與吾君並立於世,齒長於會同,則臣不忍見祢。賙願從在大夫,以靖燕疆。」是以身蒙辠冑,以誅不順。燕故君子噲,新君子之,不用禮義,不顧逆順,故邦亡身死,曾亡一夫之救。遂定君臣之位,上

下之體，休有成功，叨闢封疆。天子不忘其有勳，使其老策賞仲
父，諸侯皆賀。夫古之聖王務在得賢，其即得民。故辭禮敬則賢人
至，寵愛深則賢人親，籍斂中則庶民附。於虖，允哉若言！明蔡之
於壺而時觀焉。祗祗翼翼，昭告後嗣，惟逆生禍，惟順生福，載之簡
冊，以戒嗣王。惟德附民，惟宜可長。子之子，孫之孫，其永保用
亡疆。

銘文同樣先高度評價了相邦𦙶的德行，然後詳述他征伐燕國的功績。中
山王認爲燕王噲禪子之是「上逆於天，下不順於人」，於是相邦𦙶帶兵往征
之，定其君臣之位並爲中山國開闢封疆。據《史記・趙世家》所記，趙武靈
王十一年「召公子職於韓，立以爲燕王，使樂池送之」。中山王蓋亦派遣相
邦𦙶參與其事，而順便侵佔了燕國的一些土地。中山王認爲燕王噲與子之「不
用禮義，不顧逆順，故邦亡身死，曾亡一夫之救」。中山王所謂「禮」，就
是「父死子繼」；所謂「義」，就是君君臣臣；所謂「順」，就是要謹守世及之
禮，臣宗之義。中山王告誡子孫要知逆順，尊賢明德，「永保用亡疆」，也
就是告誡子孫不要妄求「禪讓」的虛名。中山王特別命相邦𦙶制作這篇銘文，
除了表達對他的恩典，蓋亦是要將這種告誡明白地傳達於老𦙶，暗示他莫學
子之。

中山王的告誡對嗣子產生了切實地影響，一號墓東庫出土的有蓋圓壺腹
部銘刻著一篇嗣子䇂祭祀先王的祭文，用近三分之一的篇幅復述了相邦𦙶、即
司馬𦙶征討燕噲子之之亂開闢疆土的功績，蓋一則爲頌揚先王任賢之德，一則
亦告慰先王自己能謹守遺訓哉？中山王父子於燕王噲「禪讓」的事件念念不
忘，足見其戒慮之深，而中山王父子戒慮之深又足見燕王噲「禪讓」件事情
的影響之大，然其影響又不止於此也。

## 四、諸子對堯舜「禪讓」傳說的新解讀

燕王噲「禪讓」的惡果，不僅引起了諸侯對於「禪讓」的深深戒慮，也
引起了學者們對於「禪讓說」的反思，這種反思除了對燕王噲「禪讓」之合
法性的批判（《孟子・公孫丑下》），尤其表現爲對堯舜「禪讓」傳說的重新解
讀──因爲「禪讓說」正是依託於堯舜「禪讓」的傳說而鼓吹。從存世的先
秦文獻來看，當時及戰國後期一些重要的學者，如孟子、莊子、荀子、韓非
等，幾乎都提出了自己對於堯舜「禪讓」傳說的新解讀。

## （一）「天命」「民意」說

齊人伐燕，孟子與有謀焉（《孟子·公孫丑下》《戰國策·燕二·燕王噲既立》）。荀子於燕王噲「禪讓」前亦曾遊於燕而有諫止之事（《韓非子·難三》）〔註83〕。二子皆親歷了燕王噲「禪讓」的事件，目睹了它造成的惡果，故而不僅堅決反對「禪讓說」，還對堯舜「禪讓」傳說進行了深入討論並提出自己的解讀。

### 1. 孟子的討論與解讀

孟子在與弟子的答問中討論了有關堯舜「禪讓」的三個問題：一，堯是否臣於舜；二，堯是否以天下與舜；三，如何看待禹之後的「傳子」。

第一個問題，堯是否臣於舜？

> 咸丘蒙問曰：「語云：『盛德之士，君不得而臣，父不得而子。舜南面而立，堯帥諸侯北面而朝之，瞽瞍亦北面而朝之。舜見瞽瞍，其容有蹙。孔子曰：於斯時也，天下殆哉，岌岌乎！』不識此語誠然乎哉？」孟子曰：「否。此非君子之言，齊東野人之語也。堯老而舜攝也。《堯典》曰：『二十有八載，放勳乃徂落，百姓如喪考妣，三年，四海遏密八音。』孔子曰：『天無二日，民無二王。』舜既為天子矣，又帥天下諸侯以為堯三年喪，是二天子矣。」（《孟子·萬章上》）

語者，趙氏曰「諺語也」〔註84〕，朱子曰「古語也」〔註85〕，蓋傳說之辭也。自「不識此語誠然乎哉」以上皆是「語云」的內容，蓋當時有傳說堯臣於舜者。咸丘蒙惑於其說，故問於孟子。咸丘蒙之問的要點在於堯是否「帥諸侯北面而朝」於舜？孟子否定了這種傳說，曰「堯老而舜攝也」，並引《堯典》和孔子的話從「史實」和名分兩個方面予以論證。第一節中已經考察了堯舜「禪讓」的細節，孟子的說法合乎第一節中考察的結果。《堯典》、《容成氏》、《唐虞之道》皆云帝堯老而禪舜，即便舜於堯生時已踐天子阼，而堯既老而禪矣，又何朝焉？咸丘蒙所問倒是很符合燕王噲禪子之的情形：「子之南

---

〔註83〕 據錢穆先生考證，其時荀子不過二十四五歲，蓋學初有成也。見錢穆著：《先秦諸子繫年》一○三《荀卿看十五之齊考》，第387頁。

〔註84〕 《孟子注疏》卷九上《萬章章句上》，〔清〕阮元校刻《十三經注疏》下冊，第2735頁下。

〔註85〕 〔宋〕朱熹撰：《孟子集注》卷九《萬章章句上》，〔宋〕朱熹撰《四書章句集注》，第306頁。

面行王事，而噲老不聽政，顧爲臣，國事皆決子之。」(《戰國策·燕一·燕王噲既立》)蓋所謂堯臣於舜者，子之之黨附會以欺騙燕王噲者耶？

第二個問題，堯是否以天下與舜？

> 萬章曰：「堯以天下與舜，有諸？」孟子曰：「否，天子不能以天下與人。」「然則舜有天下也，孰與之？」曰：「天與之。」「天與之者，諄諄然命之乎？」曰：「否。天不言，以行與事示之而已矣。」曰：「以行與事示之者，如之何？」曰：「天子能薦人於天，不能使天與之天下；諸侯能薦人於天子，不能使天子與之諸侯；大夫能薦人於諸侯，不能使諸侯與之大夫。昔者堯薦舜於天而天受之，暴之於民而民受之，故曰，天不言，以行與事示之而已矣。」曰：「敢問薦之於天而天受之，暴之於民而民受之，如何？」曰：「使之主祭而百神享之，是天受之；使之主事而事治，百姓安之，是民受之也。天與之，人與之，故曰：天子不能以天下與人。舜相堯二十有八載，非人之所能爲也，天也。堯崩，三年之喪畢，舜避堯之子於南河之南。天下諸侯朝覲者，不之堯之子而之舜；訟獄者，不之堯之子而之舜；謳歌者，不謳歌堯之子而謳歌舜，故曰，天也。夫然後之中國，踐天子位焉。而居堯之宮，逼堯之子，是篡也，非天與也。《泰誓》曰：『天視自我民視，天聽自我民聽』，此之謂也。」(《孟子·萬章上》)

萬章問孟子：「堯以天下讓與舜，有這回事嗎？」按照戰國時的制度，父死子繼，堯崩自當是堯子繼爲天子，何以舜紹堯之緒而立爲天子了呢？人們知堯舜有「禪讓」之事，以爲是「堯以天下與舜」，故萬章惑而問之。孟子直截了當地回答「否，天子不能以天下與人。」孟子認爲天子受命於天，只能向天舉薦人才，而不能擅以天下與其所舉薦的人。堯薦舜於天而天受之，暴之於民而民受之，即《堯典》所謂「愼徽五典，五典克從；納于百揆，百揆時敍；賓于四門，四門穆穆；納于大麓，烈風雷雨弗迷」。所以堯之禪舜的實質，是「天與之，民與之」也。孟子提出「天命」「民意」來解釋舜之立爲天子的合法性問題，「天命」統一於「民意」。《泰誓》曰：「天視自我民視，天聽自我民聽。」《皋陶謨》曰：「天聰明自我民聰明，天明畏自我民明威。」歸根結底，「天命」反映的仍然是「民意」。孟子的「民意」說正合於《左傳·文十八年》所記：「是以堯崩而天下如一，同心戴舜，以爲天子，以其舉十六

相，去四凶也。」萬章之問應亦有燕王噲「禪讓」的背景在其中，云「堯以天下與舜」暗含著堯舜以天下私相授受的理解，而實際上堯舜禪讓絕非如此，倒是燕王噲禪子之純爲私相授受。

第三問題，如何看待禹之後的「傳子」？或曰如何看待「禪讓」向「傳子」制度的轉變？

> 萬章問曰：「人有言：『至於禹而德衰，不傳於賢而傳於子。』有諸？」孟子曰：「否，不然也。天與賢，則與賢；天與子，則與子。昔者舜薦禹於天，十有七年，舜崩。三年之喪畢，禹避舜之子於陽城。天下之民從之，若堯崩之後，不從堯之子而從舜也。禹薦益於天，七年，禹崩。三年之喪畢，益避禹之子於箕山之陰。朝覲訟獄者不之益而之啓，曰：『吾君之子也。』謳歌者不謳歌益而謳歌啓，曰：『吾君之子也。』丹朱之不肖，舜之子亦不肖。舜之相堯、禹之相舜也，歷年多，施澤於民久。啓賢，能夠承繼禹之道。益之相禹也，歷年少，施澤於民未久。舜、禹、益相去久遠，其子之賢不肖，皆天也，非人之所能爲也。莫之爲而爲者，天也；莫之致而至者，命也。匹夫而有天下者，德必若舜禹，而又有天子薦之者，故仲尼不有天下。繼世而有天下，天之所廢，必若桀紂者也，故益、伊尹、周公不有天下。伊尹相湯以王於天下。湯崩，太丁未立，外丙二年，仲壬四年。太甲顛覆湯之典刑，伊尹放之於桐。三年，太甲悔過，自怨自艾，於桐處仁遷義；三年，以聽伊尹之訓己也，復歸于亳。周公之不有天下，猶益之於夏，伊尹之於殷也。孔子曰：『唐虞禪，夏后、殷、周繼，其義一也。』」（《孟子·萬章上》）

「世及」觀念根深蒂固的人們將「傳賢」看作是一種高尚的道德行爲，認爲它優於「傳子」制度。堯禪舜，舜禪禹，但到了禹那兒，卻是他的兒子啓繼承了天子之位，因此後人認爲是禹德之衰，「不傳於賢而傳於子」。孟子不同意這樣的看法，認爲「傳賢」還是「傳子」取決於「天命」「民意」，「天與賢，則與賢；天與子，則與子」。堯禪舜，舜禪禹是「天命」「民意」所歸，啓之繼禹亦是「天命」「民意」所歸。實際上禹亦先曾禪於益，但禹崩三年之喪畢，天下之民不歸益而歸於啓，故啓遂踐天子之位。當然，這並非是益之不賢，乃是因爲他相禹「歷年少，施澤於民未久」之故。「傳賢」「傳子」既皆由於「天命」「民意」，所以二者並不有優劣之分而皆行其所宜也，所以益、

伊尹、周公、孔子雖賢聖而不得有天下。推此而論，燕王噲與子之既無堯舜之德，卻要在「世及」觀念根深蒂固的社會裏私相授受強爲「禪讓」之事，身死爲戮不亦宜乎！

### 2. 荀子的討論與解讀

「禪讓說」刻意地突出了堯舜在「禪讓」中的個體德行與意志，將「禪讓」視作個體意志的選擇，燕王噲禪子之正是基於這種理解的效仿，所以荀子在《正論篇》中對於「堯舜禪讓」的說法進行了更爲嚴厲的批判。

> 世俗之爲説者曰：「堯舜擅讓。」是不然。天子者，執位至尊，無敵於天下，夫有誰與讓矣？道德純備，智惠甚明，南面而聽天下，生民之屬莫不振動從服以化順之，天下無隱士，無遺善，同焉者是也，異焉者非也，夫有惡擅天下矣？

「擅與禪同」〔註86〕，「擅讓」即「禪讓」也。擅，「專也」（《說文·手部》）。曰「擅讓」，更突出了個體意志的色彩。當時世俗傳說「堯舜擅讓」，荀子不以爲然。荀子認爲，天子勢位至尊，無有匹敵者可讓；道德純備，智惠甚明，天下從服化順，亦無可用擅。荀子此處提出了「擅讓」的兩個要件：一是有勢位匹敵者，二是有不能理之事。堯舜皆至德爲天子而平天下，故無可讓亦毋用擅也。

> 曰：「死而擅之。」是又不然。聖王在上，圖德而定次，量能而授官，皆使民載其事而各得其宜，不能以義制利，不能以僞飾性，則兼以爲民。聖王已沒，天下無聖，則固莫足以擅天下矣。天下有聖而在後者，則天下不離，朝不易位，國不更制，天下厭然與鄉無以異也，以堯繼堯，夫又何變之有矣？聖不在後子而在三公，則天下如歸，猶復而振之矣。天下厭然與鄉無以異也；以堯繼堯，夫又何變之有矣？唯其徙朝改制爲難。故天子生則天下一隆，致順而治，論德而定次；死則能任天下者必有之矣。夫禮義之分盡矣，擅讓惡用矣哉！

堯舜於德於位既毋庸「擅讓」，或又謂堯舜預求聖賢，至死而禪之。荀子認爲也不是那樣。天下有聖王的時候毋庸「擅讓」已論之於上，聖王既沒，天下無聖也沒有可以「擅讓」的了。若聖王既沒而天下復有聖者在其後，則天下之人自然嚮往而歸之，「天下不離，朝不易位，國不更制」，又何擅之有？

---

〔註86〕 〔清〕王先謙撰：《荀子集解》下冊，第331頁。

堯舜同德，以舜繼堯猶以堯繼堯也，哪用得著什麼「擅讓」呢？荀子似乎認為「擅讓」必然「徙朝改制」，蓋將「擅讓」與改朝換代等同起來了。荀子不認同堯舜「擅讓」的說法，但並未否定舜之繼堯、禹之繼舜的「史實」，只是給予了新的解釋——聖以繼聖，「天下厭然與鄉無以異也」。「天下厭然與鄉無以異」者，是荀子亦認為舜之繼堯、禹之繼舜是「民意」所歸了。

> 曰：「老衰而擅。」是又不然。血氣筋力則有衰，若夫智慮取舍則無衰。曰：「老者不堪其勞而休也。」是又畏事者之議也。天子者，埶至重而形至佚，心至愉而志無所詘，而形不為勞，尊無上矣。衣被則服五采，雜間色，重文繡，加飾之以珠玉；食飲則重大牢而備珍怪，期臭味，曼而饋，代睪而食，雍而徹乎五祀，執薦者百人侍西房；居則設張容，負依而坐，諸侯趨走乎堂下；出戶而巫覡有事，出門而宗祝有事，乘大路、趨越席以養安，側載睪芷以養鼻，前有錯衡以養目，和鸞之聲，步中《武》、《象》，趨中《韶》、《護》以養耳，三公奉軶持納，諸侯持輪挾輿先馬，大侯編後，大夫次之，小侯、元士次之，庶士介而夾道，庶人隱竄，莫敢視望；居如大神，動如天帝，持老養衰，猶有善於是者與不？老者，休也，休猶有安樂恬愉如是者乎？故曰：諸侯有老，天子無老，有擅國，無擅天下，古今一也。

按照《堯典》、《容成氏》、《唐虞之道》等文獻的記載，堯舜確實是老衰而「禪讓」的，荀子也不認同這樣的說法。荀子認為血氣筋力可以有衰老，但智慮取舍則不會衰老，尤其天子勢重形佚，養尊處優，「居如大神，動如天帝」，無所謂老衰之說，故亦無所謂「擅天下」之事。不過荀子最後說「諸侯有老，天子無老，有擅國，無擅天下，古今一也」，是荀子只反對「擅天下」之說而不反對「擅國」乎？何所謂「擅國」？是指趙武靈王「內禪」那樣的情形嗎？趙武靈王最後亦未得善終，蓋荀子此論在武靈王餓死沙丘之前乎？荀子為什麼認為可以「擅國」呢？他既認同「擅國」，卻為何反受非於燕王噲（《韓非子‧難三》）呢？「擅國」之說未免突兀。

荀子反對「擅讓」的說法，堯舜既非「死而擅之」，亦非「老而擅之」，而是根本不存在「擅讓」之事。認為所謂「堯、舜擅讓」者，「是虛言也，是淺者之傳，陋者之說也，不知逆順之理，小大、至不至之變者也，未可與及天下之大理者也」。總而言之，雖然「擅國」之說有些突兀，荀子反對「禪讓

說」，否定堯舜有「擅讓」之事的態度還是十分明白底，將舜之繼堯，禹之繼舜歸結爲「民意」的觀點還是十分清楚底。

### （二）「逍遙」「葆生」說

莊子及其後學對於現實的批評，以及提出自己思想主張的方式，一般都不是直截了當，而是託於寓言。莊子及其後學對於堯舜「禪讓」的批評也採用了寓言的形式，而其中所表達出的義涵似亦可以看作另類的解讀。

《莊子·逍遙遊》中記堯讓天下於許由：

> 堯讓天下於許由，曰：「日月出矣而爝火不息，其於光也，不亦難乎！時雨降矣而猶浸灌，其於澤也，不亦勞乎！夫子立而天下治，而我猶尸之，吾自視缺然。請致天下。」許由曰：「子治天下，天下既已治也。而我猶代子，事將爲名乎？名者，實之賓也。吾將爲賓乎？鷦鷯巢於深林，不過一枝；偃鼠飲河，不過滿腹。歸休乎君，予無所用天下爲！庖人雖不治庖，尸祝不越樽俎而代之矣。」

《呂氏春秋·愼行論·求人》章亦記述了這則寓言。帝堯推崇許由甚高，將己比作爝火和浸灌，而以許由爲日月和時雨，認爲許由爲天子必致天下太平。帝堯自視缺然不足，故欲讓天下於許由。然許由認爲帝堯治天下天下已治矣，自己若代堯爲天子只是「爲名」「爲賓」，「爲名」「爲賓」不過「一枝」「滿腹」。許由不爲「名」「賓」，無所用天下，故不受其讓。《逍遙遊》的主旨在明「逍遙」之義，郭氏曰：「夫小大雖殊，而放於自得之場，則物任其性，事稱其能，各當其分，逍遙一也，豈容勝負於其間哉！」〔註87〕堯爲天子，許由布衣，蓋亦「各靜其所遇」，「各得其實」，行事雖異，「其於逍遙一也」〔註88〕。然帝堯以許由賢於己而欲以天下讓之，是不能安其所得，任其逍遙也。蓋莊生寓言，實非堯之「禪讓」而任許由之逍遙也。

《讓王》篇是莊子後學的著述，又編出堯舜「禪讓」子州支父、善卷、石戶之農、北人無擇等許多寓言來：

> 堯以天下讓許由，許由不受。又讓子州支父，子州支父曰：「以我爲天子，猶之可也。雖然，我適有幽憂之病，方且治之，未暇治天下也。」夫天下至重也，而不以害其生，又況他物乎！唯無以天下爲者，可以託天下也。

---

〔註87〕注2，〔清〕郭慶藩撰：《莊子集釋》上冊，第1頁。
〔註88〕注4，〔清〕郭慶藩撰：《莊子集釋》上冊，第26頁。

舜讓天下於子州支伯，子州支伯曰：「予適有幽憂之病，方且治
之，未暇治天下也。」夫天下大器也，而不以易生，此有道者之所
以異乎俗者也。

子州支父與子州支伯蓋爲一人〔註89〕，兩則寓言一託於堯，一託於舜，
其內容則大致相同。第一則寓言蓋承接《逍遙遊》篇而作，《呂氏春秋・仲春
紀・貴生》也有記載。堯讓天下於許由，許由不受，復讓於子州支父。子州
支父說自己可以爲天子，只是自己方有「幽憂之病」，正在治療之中，無暇於
治天下也。子州支父視養生重於天下，與《唐虞之道》全生養性「七十而致
政」的說法或有共同淵源。子州支父不以有天下害其生，作者認爲唯有這種
人才可以託付天下。蘊含之義，爲爭天下而可以害其生者，無不可以害矣，
誠不可託付天下也。第二則寓言的意義大致與第一則寓言相同，只是稱贊子
州支伯是「有道」之人。

舜以天下讓善卷，善卷曰：「余立於宇宙之中，冬日衣皮毛，夏
日衣葛絺；春耕種，形足以勞動；秋收斂，身足以休食；日出而作，
日入而息，逍遙於天地之間而心意自得。吾何以天下爲哉！悲夫，
子之不知余也！」遂不受。於是去而入深山，莫知其處。

舜見子州支伯不受，乃復讓天下於善卷。善卷說自己生於天地之間，冬
穿皮毛，夏穿葛絺，春耕秋斂，日出而作，日入而息，自安其所得，逍遙自
在，何以有天下爲意耶？以舜不能理解自己，而逃遁於深山。此則寓言大義
同於帝堯讓許由，明善卷亦以自得爲逍遙而譏舜之「禪讓」也。

舜以天下讓其友石戶之農，石戶之農曰：「捲捲乎后之爲人，葆
力之士也！」以舜之德爲未至也，於是夫負妻戴，攜子以入於海，
終身不反也。

舜以天下讓其友北人無擇，北人無擇曰：「異哉后之爲人也，居
於畎畝之中而遊堯之門！不若是而已，又欲以其辱行漫我。吾羞見
之。」因自投清泠之淵。

舜復讓天下於石戶之農和北人無擇，《呂氏春秋・離俗覽》亦有記述。石
戶之農以治天下爲累，譏舜以勤苦讓己，故攜子逃於海島。所謂「葆力之士」，
蓋言舜「心志堅固，〔筋〕力勤苦，腰背捲捲，不得歸休」也〔註90〕。北人無

---

〔註89〕 注1，〔清〕郭慶藩撰：《莊子集釋》下冊，第966頁。
〔註90〕 注1，〔清〕郭慶藩撰：《莊子集釋》下冊，第967頁。

擇更以舜不能安其自得，以布衣遊於堯之門受堯之天下為汙行，而又恥舜以此汙行辱己，乃自投清泠之淵。二子一以有天下為累其生，一以有天下為辱其行，一逃於海島而不歸，一自投於清泠之淵，皆譏舜受堯之天下復行「禪讓」也。

莊周之徒任逍遙而重生，本不以有天下為意，非如孟、荀以治國平天下為己任，故對堯舜「禪讓」有如是之態度。

### （三）「偪奪」「不慈」之說

燕王噲禪子之，自己反為臣，結果自己與太子皆身死為戮，幾亡燕國。面對這種血淋淋的事實，使得人們不得不認真思考堯舜「禪讓」傳說的可信性，對於堯之禪舜、舜之禪禹的「和諧」過程提出了懷疑和新解讀。如《楚辭·九章》曰：「堯舜之抗行兮，瞭杳杳而薄天。眾讒人之嫉妒兮，被以不慈之偽名。」（《哀郢》）《莊子·盜跖》曰：「堯不慈，舜不孝。」「堯殺長子，舜流母弟。」《呂氏春秋·仲冬紀·當務》篇記有盜跖此語，《離俗覽·舉難》亦曰「人傷堯以不慈之名，舜以卑父之號」云云。蓋皆是從「家天下」的標準去評判堯舜「禪讓」的行為。若《紀年》載「舜囚堯」而「偃塞丹朱」云云〔註91〕，情形象極燕王噲之事，蓋即時人據燕王噲事件對堯舜「禪讓」傳說所作的新解讀。

韓非曰：「舜偪堯，禹偪舜」云云者，皆姦邪臣反為之說也（《韓非子·說疑》）。韓非其實也很尊崇堯舜的德行，並從法術勢的角度解讀堯舜「政治」。不過韓非更堅持一種物質進步主義的史觀，極力反對效法堯舜德治，反對效仿堯舜「禪讓」的做法，完全從「物質進步」的視角看待堯舜「禪讓」傳說。

> 堯之王天下也，茅茨不翦，采椽不斲；糲粢之食，藜藿之羹；冬日麑裘，夏日葛衣：雖監門之服養不虧於此矣。禹之王天下也，身執耒臿，以為民先；股無胈，脛不生毛：雖臣虜之勞不苦於此矣。以是言之，夫古之讓天子者，是去監門之養而離臣虜之勞也，古傳天下而不足多也。今之縣令，一日身死，子孫累世絜駕，故人重之。是以人之於讓也，輕辭古之天子，難去今之縣令者，薄厚之實異也。（《韓非子·五蠹》）

---

〔註91〕 方詩銘、王修齡：《古本竹書紀年輯證（修訂本）》，第66、68頁。

　　顯然，韓非是從個體物質奉養的角度來看待堯舜「禪讓」傳說。他承認堯舜「禪讓」這一「事實」，但不認爲那是由於堯舜的道德高尚，不認爲那種行爲就值得贊揚，而是認爲他們做天子十分勤苦，其讓天子之位，乃是「去監門之養而離臣虜之勞也」。到了戰國之世，不僅天子的奉養已與堯舜時有天壤之別，即便一介縣令的奉養也遠非堯舜所能比，去天子之位已非「去監門之養而離臣虜之勞」，而是去除以天下爲奉養，所以不可能再行「禪讓」也就不足爲怪了。

> 天下皆以孝悌忠順之道爲是也，而莫知察孝悌忠順之道而審行之，是以天下亂。皆以堯、舜之道爲是而法之，是以有弑君，有曲父。堯、舜、湯、武或反君臣之義，亂後世之教者也。堯爲人君而君其臣，舜爲人臣而臣其君，湯、武爲人臣而弑其主、刑其尸，而天下譽之，此天下所以至今不治也。夫所謂明君者，能畜其臣者也；所謂賢臣者，能明法辟、治官職，以戴其君者也。今堯自以爲明而不能以畜舜，舜自以爲賢而不能以戴堯，湯、武自以義而弑其君長，此明君且常與而賢臣且常取也。故至今爲人子者有取其父之家，爲人臣者有取其君之國者矣。父而讓子，君而讓臣，此非所定位於一教之道也。臣之所聞曰：「臣事君，子事父，妻事夫，三者順則天下治，三者逆則天下亂。此天下之常道也，明王賢臣而弗易也。」今夫上賢任智無常，逆道也；而天下常以爲治，是故田氏奪呂氏於齊，戴氏奪子氏於宋。此皆賢且智也，豈愚且不肖乎？是廢常上賢則亂，舍法任智則危。故曰：「上法而不上賢。」記曰：「舜見瞽瞍，其容造焉。」孔子曰：「當是時也，危哉！天下岌岌，有道者，父固不得而子，君固不得而臣也。」臣曰：孔子本未知孝悌忠順之道也。然則有道者進不得爲臣主，退不得爲父子耶？父之所以欲有賢子者，家貧則富之，父苦則樂之；君之所以欲有賢臣者，國亂則治之，主卑則尊之。今有賢子而不爲父，則父之處家也苦；有賢臣而不爲君，則君之處位也危。然則父有賢子，君有賢臣，適足以爲害耳，豈得利焉哉！所謂忠臣不危其君，孝子不非其親，今舜以賢取君之國，而湯、武以義放弑其君，此皆以賢而危主者也，而天下賢之。古之烈士，進不臣君，退不爲家，是進則非其君，退則非其親者也。且夫進不臣君，退不爲家，亂世絕嗣之道也。是故賢堯、舜、湯、武

而是烈士，天下之亂術也。瞽瞍爲舜父而舜放之，象爲舜弟而殺之。放父殺弟，不可謂仁；妻帝二女而取天下，不可謂義。仁義無有，不可謂明。《詩》云：「普天之下，莫非王土；率土之濱，莫非王臣。」信若《詩》之言也，是舜出則臣其君，入則臣其父，妾其母，妻其主女也。（《韓非子・忠孝》）

關於舜臣堯與瞽瞍的說法，孟子已明辨之矣（《孟子・萬章上》），韓非沒有見到或根本不信從孟子的觀點而更提出自己的解釋。韓非認爲：父之養賢子是爲「家貧則富之，父苦則樂之」，君畜賢臣爲了「國亂則治之，主卑則尊之」，所以，臣事君，子事父，妻事夫皆在於「順」。「順」就是君「能畜其臣」，臣能「能明法辟、治官職，以戴其君」；父能能畜其子，子能富其家戴其父。按照這樣的標準，堯舜「禪讓」是堯不能畜舜，舜不能戴堯；舜臣瞽瞍是舜不孝；湯放桀，武王伐紂是臣弒其君。堯舜非忠非孝，實不足法。「故人臣毋稱堯舜之賢，毋譽湯武之伐，……已有天下而無以天下爲者，堯、舜是也。」（《韓非子・忠孝》）

且不論舜臣堯及瞽瞍之事是否符合「史實」，很顯然韓非是在評價標準上與孟、荀存在巨大的差異。韓非純粹從工具理性的角度界定父子與君臣關係，他不討論君權的來源及其合法性，而是將存在視爲合理，將君權本身視爲合法，似乎在他的邏輯中君權本身不具有可討論性，所可討論的惟有在這一前提下如何維護君權，並實現君權效益的最大化。在韓非的邏輯中，臣是君的工具，子是父的工具，父與君的利益乃是絕對目的，工具當然爲目的服務，所以子須絕對順從父的利益，臣須絕對順從君的利益，而不能有任何「僭越」，方是明君明父賢臣孝子之行。韓非從「君本」的角度對堯舜「禪讓」的解讀，顯然不可能同於孟、荀從「民本」角度的理解。這種極端君權專制的主張，後來竟被移植到儒家「三綱」的概念之下，而混淆視聽兩千餘年。

燕王噲「禪讓」的惡果激起了政治上的警醒和學術上的批判反思，「禪讓說」消沉下去，但堯舜「禪讓」作爲一種美好的傳說，仍爲學者們津津樂道。如孟子曰：「如其道，則舜受堯之天下，不以爲泰。」（《孟子・滕文公上》）荀子曰：「堯授能，舜遇時，尚賢推德天下治。」「舜授禹，以天下，尚得推賢不失序。」（《荀子・成相篇》）至於戰國後期，學術中似又泛起對「禪讓」的一絲憧憬。如《商君書》曰：「故堯舜之位天下也，非私天下之利也，爲天

下位天下也。論賢舉能而傳焉，非疏父子親越人也，明於治亂之道也。」（《修權》）《鶡冠子》曰：「上賢爲天子，次賢爲三公，高爲諸侯。易姓而王，不以祖籍爲君者，欲同一善之安也。」（《泰錄》）又曰：「堯傳舜以天下，故好義者以爲堯智，其好利者以爲堯愚。」「爲彼世不傳賢，故有放君。」（《備知》）《呂氏春秋》曰：「堯有子十人，不與其子而授舜；舜有子九人，不與其子而授禹，至公也。」（《孟春紀‧去私》）曰：「堯舜，賢主也，皆以賢者爲後，不肯與其子孫，猶若立官必使之方。」《說苑‧至公》篇記秦嬴亦有堯舜「官天下」之慕也。

## 小　結

　　堯舜「禪讓」的精神實質是「尊賢」，因於孔子、七十子、子思子對「尊賢」精神的表章及墨子對「尚賢」主義的鼓吹，堯舜「禪讓」的傳說得到了廣泛的宣揚，「禪讓」也逐步被一些學者狹隘地解讀爲政治清明的充分條件並成爲一種歷史書寫的範式，進一步乃有復古傾向的學者尋求仿效傳說中的堯舜「禪讓」以改變治亂循環戰亂不休的局面而有依託於堯舜「禪讓」傳說的「禪讓說」之鼓吹，成爲戰國中期、尤其是戰國中後葉的一種重要的政治思潮，但畢竟戰國之世已不存在「禪讓」的社會政治基礎，又爲野心家與縱橫之士所利用，最終在燕國造成了一場嚴重的政治災難，從而引致了政治上對於「禪讓」的警惕及學術上對於堯舜「禪讓」傳說的反思與新的解讀，「禪讓說」消沉下去，惟有學者們保留的對於傳說中堯舜「禪讓」的一絲憧憬依然延續了下來。茲即是堯舜「禪讓」傳說在先秦時期演變的基本脈絡。

　　「禪讓說」的發生是基於一種改造現實的美好願望，但卻忽略了「時宜」的因素。孔子曰：「唐虞禪，夏后、殷、周繼，其義一也。」（《孟子‧萬章上》）孔子非不慕堯舜之「禪讓」也，然他知道時勢已移，「大人世及以爲禮」（《禮記‧禮運》）矣。孔子之後，「時宜」的觀點也一直爲理性的學者所秉承。如郭店楚簡有《窮達以時》云：「舜耕於歷山，陶埏於河濱，立而爲天子，遇堯也。」〔註92〕《禮記‧禮器》篇云：「堯授舜，舜授禹，湯放桀，武王伐紂，時也。」孟子所謂「天與賢則與賢，天與子則與子」，亦是「時宜」的意思。

---

〔註92〕李零著：《郭店楚簡校讀記》，第 86 頁。或認爲《窮達以時》是孔子的作品，未免失之過早（見廖名春著：《新出楚簡試論》，第 15～44 頁）。

《秦客卿造謂穰侯》曰：「故以舜、湯、武之賢，不遭時，不得帝王。」(《戰國策‧秦三》)《莊子‧秋水》曰：「昔者堯舜讓而帝，之噲讓而絕；……帝王殊禪，三代殊繼。」《慎人》曰：「舜之耕漁，其賢不肖與為天子同……其遇時也，登為天子……」(《呂氏春秋‧孝行覽》)蓋「禪讓」還是「世襲」，惟因時宜而然，不明「時宜」之義，勢變時移當繼而強禪者必有禍殃。因時制宜，則不否定「禪讓」在未來的可能性。